● 人力资源管理从入门到精通必备丛书

绩效管理
从入门到精通
第②版

胡劲松 著

清华大学出版社
北京

内 容 简 介

如何发掘组织和人才的最大价值，达成企业的战略目标，是绩效管理工作的核心诉求。本书以绩效管理岗位职责和能力要求为主线，从绩效专员、绩效经理和人力资源总监的职业能力要求出发，全面梳理并建立企业绩效管理过程中的知识体系和管理体系。

本书分为入门篇、提升篇和精通篇3个部分。入门篇主要介绍整个绩效体系及流程中的具体操作技术，通过入门篇的学习，读者可以了解绩效考核的基本方法和针对具体对象的考核方案，解决绩效考核中的常见问题；提升篇主要介绍战略绩效考核体系、绩效分析和管理层的考核等内容，通过提升篇的学习，读者可以掌握从战略到执行的绩效管理系统的设计方法，系统分析和解决绩效问题，在绩效管理领域独当一面；精通篇主要介绍绩效变革文化的导入、支持系统的建立及未来趋势的预测，通过精通篇的学习，读者可以将绩效管理与企业运营结合起来，引领绩效变革，形成全新绩效思维。

本书引领读者掌握企业绩效管理全方位的解决方案，从战略思想和战术运用上让读者掌握绩效管理之道，灵活应用于现实的不同情境。本书不仅适合人力资源从业人员学习，也适合企业各级管理者借鉴，还可以作为企业培训管理咨询界以及高校相关专业本科生和MBA的参考用书。

本书免费提供相关表单等配套资源，请读者扫描封底二维码获取。

本书封面贴有清华大学出版社防伪标签，无标签者不得销售。
版权所有，侵权必究。举报：010-62782989，beiqinquan@tup.tsinghua.edu.cn。

图书在版编目(CIP)数据

绩效管理从入门到精通 / 胡劲松著. —2版. —北京：清华大学出版社，2023.10（2024.11重印）
(人力资源管理从入门到精通必备丛书)
ISBN 978-7-302-64555-9

Ⅰ.①绩… Ⅱ.①胡… Ⅲ.①企业绩效－企业管理 Ⅳ.① F272.5

中国国家版本馆CIP数据核字(2023)第167106号

责任编辑：	施　猛　王　欢
封面设计：	熊仁丹
版式设计：	方加青
责任校对：	马遥遥
责任印制：	曹婉颖

出版发行：	清华大学出版社		
	网　　址：https://www.tup.com.cn, https://www.wqxuetang.com		
	地　　址：北京清华大学学研大厦A座	邮　　编：100084	
	社 总 机：010-83470000	邮　　购：010-62786544	
	投稿与读者服务：010-62776969, c-service@tup.tsinghua.edu.cn		
	质量反馈：010-62772015, zhiliang@tup.tsinghua.edu.cn		
印 装 者：	北京同文印刷有限责任公司		
经　　销：	全国新华书店		
开　　本：	185mm×260mm	印　张：21.25	字　数：440千字
版　　次：	2013年7月第1版　2023年10月第2版		印　次：2024年11月第2次印刷
定　　价：	69.00元		

产品编号：084515-01

序

"上甘岭"上出英雄，实践方能见真知

非常高兴能为我学生的这本专著作序。作者一直在各行业中的领先企业摸爬滚打，实践中大小"战役"经历无数，看到得意弟子能将多年从业心得及自身对管理理论的探索，融合到一本集工具、案例、方法、思想于一体的著作中，我感到由衷欣慰。

回想起来，作者在学生时代就非常执着，有一股闯劲儿，不但学业力争上游，更是勇于实践，用现在的话来讲，那时候他身上就充满了"创业"精神。从国内一流的央企、全球领先的通信巨头到移动互联网时代的弄潮儿，从实习生到管理者，作者肩负着越来越重的企业责任，也不断地进行着自身的突破。江浙人多有从商的思维，但从这个学生身上，我看到了使命必达的勇气。他热爱所从业的公司，奉献了无比的热情，这种正能量在企业界乃至社会都是弥足珍贵的。更为可贵的是，他乐于与人分享经验，并从中收获喜悦。也许正像他所说："我有事业心，但更渴望和一群志同道合之士共图大业。"帮助他人获得成功也许能让他获得更大的满足。

读书如读人，这本书务实的风格，正是作者本人的写照。这本书不同于我看过的诸多管理书籍，"理论丰满、实践骨感"，本书如作者般非常务实，从理论到实践，书中的很多表格、模板都来自一线的应用场景，"花架子少，真功夫多"，只要学了就能用。这本书又不同于纯粹的工具书，工具琳琅满目却让人无所适从，书中的知识系统就如作者一样不甘平庸，有创新、有高度、有思想，传人以道，很好地实现了思想性和操作性的均衡。这本书也不同于那些所谓文艺范的专业书籍，文风轻佻、哗众取宠，书中案例、引言、点评如作者本人一般亲和淳朴，许是作者多年以来一直以成就他人为己任，他本人在无形之中透露出大气、豪爽的气质，因此，读他的书也令人有如沐春风之感。

在这本书中，作者以其独特的视角，对绩效管理的体系建设和实践操作进行了细致的介绍，并对未来的绩效管理趋势进行了大胆的分析和预测。无论是初入职场的人力资源新人，还是经验丰富的中高层管理者，从入门到精通，这本书提供了全面的解决方案，这正是本书的难能可贵之处。多年的职业生涯使作者有幸在这些典型的中国企业中亲历或见证了很多大事，他个人的际遇浮沉亦是这个时代企业变迁的缩影，各种艰辛，非入局者不可知。我想，从艰苦卓绝的"上甘岭"过来的人，都有无限的热忱把自己多年的体会与读者分享。四十终不惑,厚积方薄发,一切理论都从实践中来,也必将重回实践中去并得到升华,这应该是作者给自己确立的新使命吧。

祝贺本书面世,期待作者有更多优秀的著作和大家分享。

原中国石油大学油气产业发展研究中心主任

博士生导师、教授

董秀成

前言

承蒙读者厚爱，《绩效管理从入门到精通》从2015年出版到现在，经多次印刷，已经拥有数万名读者，在各大读书平台广受欢迎。作为一本专业书籍，本书之所以会产生"长销"效应，我想是因为本书验证了绩效管理能给企业和员工带来价值，能够帮助企业和员工成长，促使企业与员工互相成就。

当然，在这八年中，企业内外部环境发生了很大变化，行业风口也一再转换，尤其在中国经济经历二十余年的持续高增长后面临新挑战的当下，靠资本催熟规模、拉高估值上市从而提前变现的神话越来越稀缺，投资者更加理性，企业经营者也比过往更加追求增长的稳健和效率。同时，全球政治经济局势的不确定，也对企业应对这一变局的能力提出了新的要求。

一方面，在存在诸多不确定性的当下，企业更需要有确定性的原则。绩效管理遵循"目标—执行—检视—持续改进"的第一性管理原则，赋予企业穿越低谷险滩、走过生死线的定力。为了帮助企业更好地审视外部经营环境，洞察新形势下的市场机遇，本次改版增加了战略绩效管理部分的内容，帮助企业拥有从外到内的客户视角，确保战略目标的稳健执行和组织能力的持续成长。作为HR领导者，要有经营思维、战略思维，掌握战略绩效管理方法，要看到事，更要看到势，学会打造"事必成"的"势能"。

另一方面，越是不确定的环境，越需要激发个体的潜力，每个个体都能成为发动机，才能使企业组织既有合力，又有更强的创造力和适应力，从而在下一个时代到来的时候抢得先机。近年来，盛行于硅谷科技界的目标与关键成果法(objectives and key results，OKR)在各行业应用得越来越广泛，那么OKR能取代绩效管理吗？许多企业在应用OKR的过程中，因为对OKR的片面理解，要么把绩效管理作为传统理念扔到了故纸堆，要么在实施一段时间OKR以后因为见不到效果又回归之前的老路。为了更好地帮助大家认知OKR，理清OKR和绩效管理的关系，在介绍绩效管理新趋势的章节中，本书专门增加了绩效管理和OKR的内容。

2023年，面对新挑战、新局面，希望绩效管理的思想和方法能帮助大家增强战略定力和执行力，在不确定的时代能活得更顽强，更有质量。

胡劲松
2023年7月于中国北京

目录

第1篇 入门篇

绪　言　厚积薄发　拨云见日——写给步入绩效管理岗位的HR伙伴们 …… 2
第1章　绩效管理与绩效考核 ………………………………………………… 6
　　1.1　绩效管理概述 ………………………………………………………… 6
　　1.2　绩效考核概述 ……………………………………………………… 11
第2章　绩效计划制订 ……………………………………………………… 16
　　2.1　绩效目标 …………………………………………………………… 16
　　2.2　绩效指标 …………………………………………………………… 18
　　2.3　绩效衡量标准 ……………………………………………………… 20
　　2.4　绩效指标权重 ……………………………………………………… 22
　　2.5　绩效行动计划 ……………………………………………………… 24
　　2.6　绩效计划的沟通与发布 …………………………………………… 25
第3章　绩效过程管理 ……………………………………………………… 29
　　3.1　绩效过程管理的内容 ……………………………………………… 29
　　3.2　绩效沟通与辅导 …………………………………………………… 31
第4章　绩效考核实施 ……………………………………………………… 35
　　4.1　为推进绩效考核"松土" …………………………………………… 35
　　4.2　员工绩效考核实施流程 …………………………………………… 36
　　4.3　绩效考核的组织与职责 …………………………………………… 37
　　4.4　选择合适的考核模式 ……………………………………………… 40
　　4.5　绩效考核启动 ……………………………………………………… 43
　　4.6　员工绩效考核数据的收集 ………………………………………… 48
　　4.7　员工考核结果的确定 ……………………………………………… 52
第5章　员工绩效反馈与改进 ……………………………………………… 59
　　5.1　绩效反馈的方式与适用场景 ……………………………………… 59
　　5.2　绩效面谈 …………………………………………………………… 60

5.3 绩效结果公示 ………………………………………………………… 68
5.4 绩效改进 …………………………………………………………… 70

第6章 员工绩效投诉的处理 ………………………………………………… 75
6.1 绩效投诉的类型和处理技巧 ……………………………………… 75
6.2 绩效投诉的处理流程 ……………………………………………… 77

第7章 员工绩效考核结果应用 ……………………………………………… 83
7.1 员工绩效考核结果应用方向 ……………………………………… 83
7.2 绩效考核结果应用于薪酬 ………………………………………… 84
7.3 绩效考核结果应用于培训与开发 ………………………………… 87
7.4 绩效考核结果应用于人员调配 …………………………………… 90

第8章 员工绩效考核管理工具 ……………………………………………… 93
8.1 量表法 ……………………………………………………………… 93
8.2 比较法 ……………………………………………………………… 95
8.3 描述法 ……………………………………………………………… 98

第9章 关键要素考核表的设计 …………………………………………… 102
9.1 分层分类的考核设计 …………………………………………… 102
9.2 考核表的设计 …………………………………………………… 104

第10章 中基层管理者绩效考核量化设计 ……………………………… 111
10.1 中基层管理者绩效考核设计思路 …………………………… 111
10.2 战略发展领域管理者量化考核 ……………………………… 115
10.3 技术研发领域管理者量化考核 ……………………………… 118
10.4 采购供应领域管理者量化考核 ……………………………… 122
10.5 生产领域管理者量化考核 …………………………………… 125
10.6 营销领域管理者量化考核 …………………………………… 129
10.7 人力行政领域管理者量化考核 ……………………………… 133
10.8 财务领域管理者量化考核 …………………………………… 140

第11章 专业技术类员工绩效考核量化设计 …………………………… 148
11.1 专业技术类员工绩效考核管理办法 ………………………… 148
11.2 技术研发领域岗位员工量化考核 …………………………… 153
11.3 采购供应领域岗位员工量化考核 …………………………… 155
11.4 生产领域岗位员工量化考核 ………………………………… 157
11.5 质量领域岗位员工量化考核 ………………………………… 160
11.6 营销领域岗位员工量化考核 ………………………………… 161
11.7 人力行政领域岗位员工量化考核 …………………………… 164

| | 11.8 财务领域岗位员工量化考核 | 168 |

第12章 操作辅助类员工绩效考核量化设计 ... 173
- 12.1 操作辅助类员工绩效考核管理办法 ... 173
- 12.2 生产操作工量化考核 ... 178
- 12.3 库管员量化考核 ... 180
- 12.4 配送员量化考核 ... 181
- 12.5 导购员量化考核 ... 183
- 12.6 呼叫中心座席员量化考核 ... 184
- 12.7 前台接待量化考核 ... 185
- 12.8 行政文员量化考核 ... 186

第2篇 提升篇

绪言 中坚力量 从战略到执行——写给那些"有担当"的绩效经理 ... 190

第13章 战略绩效考核方法 ... 191
- 13.1 目标管理考核法 ... 191
- 13.2 360度考核法 ... 194
- 13.3 关键绩效指标考核法 ... 197
- 13.4 关键成功要素考核法 ... 201
- 13.5 平衡计分卡考核法 ... 203
- 13.6 基于素质的绩效考核法 ... 206
- 13.7 各类考核方法的选择与组合 ... 210

第14章 战略绩效体系设计 ... 212
- 14.1 确定企业使命、愿景和核心价值观 ... 212
- 14.2 确定企业战略与战略地图 ... 214
- 14.3 部门战略解码 ... 221
- 14.4 分解落实指标 ... 224

第15章 绩效指标体系建设与优化 ... 229
- 15.1 绩效指标体系构建 ... 229
- 15.2 绩效指标库建设与维护 ... 230
- 15.3 绩效指标的选取程序 ... 234

第16章 公司管理层绩效考核 ... 237
- 16.1 董事会考核 ... 237
- 16.2 公司高层管理团队绩效考核 ... 241
- 16.3 总经理绩效考核 ... 246

第17章 绩效结果分析 ··· 250
17.1 绩效结果分析方法 ··· 250
17.2 员工绩效结果分析 ··· 253
17.3 组织绩效结果分析 ··· 263

第3篇 精通篇

绪 言 顶层设计 创新之道——写给勇敢引领绩效变革的HRD们 ··· 270

第18章 构建战略绩效管理体系的支持系统 ··· 271
18.1 计划管理 ··· 271
18.2 预算管理 ··· 278

第19章 高绩效文化变革 ··· 284
19.1 高绩效文化与绩效变革 ··· 284
19.2 创建高绩效文化 ··· 287

第20章 绩效管理的新趋势 ··· 295
20.1 战略性绩效管理发展动态 ··· 295
20.2 绩效管理和互联网思维 ··· 299
20.3 绩效管理和OKR ··· 307

后 记 如何应对不确定的未来 ··· 315

参考文献 ··· 317

附 录 企业常用绩效考核指标汇总 ··· 318

第1篇 入门篇

绩效专员和助理的主要职责：

- ➢ 协助绩效考核体系的建设和完善，实施绩效考核流程；
- ➢ 组织绩效考核的述职与评议，收集并整理部门考核指标和考核表；
- ➢ 组织各级主管员工的绩效培训，汇总衡量数据，计算部门、个人绩效考核结果，建立绩效档案；
- ➢ 准确理解绩效与HR各模块之间的关系，落实应用考核结果；
- ➢ 处理被考核者的投诉、复议申请及相关后续工作。

读完本部分，您应该掌握如下技能：

了解绩效管理的基础知识及人力资源系统；

掌握员工绩效考核的基本方法；

能采用合适的绩效考核方案，对中基层管理者及各类员工进行考核；

能独立输出考核结果，实现应用闭环；

具有处理一般员工对绩效考核的投诉的能力。

绪言　厚积薄发　拨云见日
——写给步入绩效管理岗位的HR伙伴们

欢迎即将步入绩效管理岗位的HR伙伴们！无论你是入行不久的新HR，还是希望从事绩效管理工作的"老同志"，或是对绩效管理感兴趣的学生朋友，我以亲身体验告诉你，绩效管理是最具挑战性的人力资源管理工作。在你满怀激情接手这项工作的时候，就面临以下困境，你是否会为此而感到痛苦？

(1) 时值年底，即将迎来新一轮绩效考核，面对众多的部门和岗位，不知道如何设计考核表，怎么办？

(2) 好在你引入了目标考核法，部门主管却说："每个人都超额完成目标，都是优秀员工，那这个团队怎么进步呢？"怎么办？

(3) 好在企业经营业绩不错，你正要为员工们争取奖金，领导却说："我们赶上了猪都会飞的行业窗口期，这是我们运气好，但对手进步更快，我们为什么要多发奖金？"而满眼期待的员工们却拿着绩效承诺书让你兑现，怎么办？

(4) 好在有了奖金，领导却说："奖金不能平均发，要向高绩效员工倾斜。"领导让你识别高绩效员工，但真正了解员工的是他们朝夕相处的主管，你该如何识别？如果直接让各部门上报名单，领导又会说："我要一个统计员有何用？"怎么办？

(5) 好在你可以参考部门绩效考核排名，但排在后面的往往都是还未熟悉工作、贡献不如老员工的新员工，在这种情况下，新员工会成为牺牲品。怎么办？

很不幸，这一系列问题经常发生，你选择了绩效管理岗位，就选择了要面对这些冲突。作为一线绩效专员，应掌握绩效问题的解决之道。要解决问题，还得先从职责说起。绩效专员的核心价值和责任是什么？在履行职责时具体要做些什么？这是本部分要重点阐述的内容。为了让你能够出色地履行职责，本书作者根据多年的绩效考核工作心得整理了一系列贴近场景的问题解决之道。当然，要想提升功力，你需要不断地实践和思考，下面让我们一起来实现你从"菜鸟"到专家的跨越吧！

虽然绩效考核面临诸多挑战，但有越来越多的人把绩效考核看作人力资源各模块中的"通天柱"，认为它能上引战略下接地气。这种看法是对的，对于渴望让绩效考核成为企业价值驱动机的HR来讲，理解了绩效考核，就意味着理解了业务、理解了人、理解了组织和流程，因为绩效考核实际上把公司运营的核心要素串在一起；而一旦掌握了绩效考核的真谛，那么，你将可以更加深入地掌握公司的运营。如果你选择了绩效管理工作，那么祝贺你，你将有机会经历这一激动人心的过程。

好的，让我们先从一份自我测评开始吧。

> **小贴士：测测你对绩效管理的认知度**
>
> **一、不定项选择题**
>
> (1) 人力资源管理体系的基础是(　　)。
>
> A. 招聘　　　　　B. 培训　　　　　C. 任职资格
>
> D. 职位分析　　　E. 绩效考核　　　F. 薪酬
>
> (2) 下列属于绩效管理实施流程的是(　　)。
>
> A. 绩效实施管理　B. 绩效评估　　　C. 绩效计划
>
> D. 绩效反馈　　　E. 结果应用
>
> (3) 下级评价多用于(　　)。
>
> A. 进行实际的绩效考核　　　　　B. 进行管理人员开发
>
> C. 维护员工满意度　　　　　　　D. 处理公司内部矛盾
>
> (4) (　　)是指收集评价和传递员工在其工作岗位上的工作行为和工作成果信息的过程，是对员工工作中的优缺点的一种系统描述。
>
> A. 绩效反馈　　　　　　　　　　B. 工作分析
>
> C. 绩效考核　　　　　　　　　　D. 员工满意度管理
>
> (5) 组织使用包含外部和内部顾客的各种信息来源，综合运用这些信息来源的方法被称为(　　)。
>
> A. KPI指标　　　　　　　　　　 B. 平衡计分卡
>
> C. 经济增加值　　　　　　　　　D. 360度反馈
>
> (6) 员工绩效考核结果一般可以应用于(　　)方面。
>
> A. 培训　　　　　B. 招聘　　　　　C. 员工关怀
>
> D. 薪酬　　　　　E. 晋升调动　　　F. 任职资格

(7) 员工对绩效评定结果不认可，一般建议向(　　)等机构进行投诉。

A. 法院　　　　　B. 公司党委　　　　C. 工会

D. 人力资源部　　E. 公司管理层　　　F. 劳动仲裁

(8) 确定关键绩效指标，一般运用(　　)。

A. 抽样检测法　　　　　　　　B. 鱼骨图分析法

C. 关键成功要素分析法　　　　D. 头脑风暴法

(9) 平衡计分卡把对企业业绩的评价维度划分为(　　)。

A. 财务　　　　　B. 战略　　　　　C. 客户

D. 内部运营　　　E. 学习与发展

(10) 通过情景模拟来考核员工的方法被称为(　　)。

A. 关键事件记录评价法　　　　B. 评价中心法

C. 标杆比较法　　　　　　　　D. 人物比较法

二、是非题

(1) 绩效考核是淘汰后进员工的工具之一，如果员工没有达到绩效标准，公司可以据此将他淘汰。(　　)

(2) 绩效考核重在对结果进行考核，过程行为可以作为参考，结果一票否决才有执行力。(　　)

(3) 作为团队的管理者，应该对团队承担责任，对团队的考核结果就是对管理者的考核结果。(　　)

(4) 行为锚定评价法是量表法与关键时间评价法结合的产物。(　　)

(5) 为了客观地评价员工绩效，避免上级的主观判断，对于员工的绩效要尽可能地量化。(　　)

(6) 把绩效考核结果分为5档或4档，主要是考虑后续考核结果的应用。(　　)

(7) 目标管理的设计思想是通过有意识地为员工建立一个目标，实现影响其工作表现的目的，进而达到改善企业绩效的效果。(　　)

(8) 由第三方，如人力资源部进行考核，能够更加客观，所以，一般公司把人力资源部作为员工考核的责任主体。(　　)

(9) 员工的绩效考核周期主要依据公司财报的周期来确定。(　　)

(10) 为保障企业战略逐级分解，最终达成绩效目标，公司常采用个人绩效承诺计划或绩效合同管理方法。（　　）

答案：

一、不定项选择题

(1) D　　　(2) ABCDE　(3) B　　　(4) C　　　(5) D

(6) ABDEF　(7) BCDE　(8) BCD　　(9) ACDE　(10) B

二、是非题

(1) 否　　　(2) 否　　　(3) 否　　　(4) 是　　　(5) 否

(6) 否　　　(7) 是　　　(8) 否　　　(9) 否　　　(10) 是

以上测评题答得如何？导致答错的原因有二：一是存在知识盲区；二是对绩效考核理解有偏差。你对所有答案的解读和理念的碰撞都会在后续学习中得到引导，现在，让我们开始有关绩效管理与绩效考核的学习吧。

第1章　绩效管理与绩效考核

绩效考核到底是什么？它能给企业带来什么？如何进行绩效考核？相关制度如何设计？通过对本章的学习，你将找到答案，另外你还可以掌握绩效管理的定位与价值、绩效考核和绩效管理的关系以及绩效考核的实施流程等知识。

1.1　绩效管理概述

1.1.1　了解绩效与绩效管理

1. 绩效

绩效是什么？有人认为绩效就是结果，这个答案较为常见，符合很多管理者的认知，很多企业都喜欢打着以结果为导向的旗号，提倡员工别为工作绩效差找任何借口。但影响结果的因素是非常复杂的，甚至是个体不可控的。由于不了解导致结果的行为信息，结果就无法复制，所以又有人认为绩效是行为，企业可根据员工的结果判断行为的有效性，再以有效的行为产生期望的结果。还有人认为绩效是素质和能力，员工具备工作所需的素质和能力，企业自然会得到期望的结果。事实上，企业对绩效的定义会依据其价值导向有所偏重。总体而言，无论是结果、行为还是素质能力，绩效都是指组织期望的结果，是组织为实现其目标而展现在不同层面上的有效输出。

2. 绩效管理

绩效管理是企业基于战略，对绩效实现过程中各要素进行管理的一种方法。企业通过建立战略、分解目标、评价业绩，并将绩效成果用于各项管理活动之中，以激励员工持续改进业务，最终实现企业战略及目标。战略本质上就是一个期望系统，绩效管理则是从企业战略执行到闭环反馈的系统工程。

宏观层面的绩效管理包括企业战略制定和实施系统设计，称为战略绩效管理。支持绩效管理从企业战略分解到组织层面目标的系统，称为组织绩效管理体系。支持组织层面目标分解到个人绩效目标并落地实施的体系，称为员工绩效管理体系。企业分层绩效管理系统如图1-1所示。员工绩效的管理和激发是企业整体效率和效能提升的基础，而我们通常所称的绩效管理多指员工绩效管理，这也是绩效经理和专员绩效管理活动中的主要部分，是本部分重点介绍的内容。员工绩效管理是确立员工目标、明确目标意义，并以此促进员工取得优异绩效的管理过程。组织绩效管理和战略绩效管理将会在第2篇介绍。

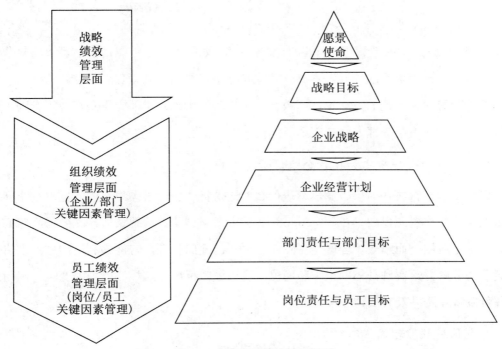

图1-1 企业分层绩效管理系统

绩效管理是一个完整的管理系统，事前计划、事中管理和事后考核三位一体，绩效考核则是绩效管理中的关键环节。企业内部通常所说的绩效考核是对组织成员的贡献进行评估和排序，在绩效管理的绩效考核环节，由考评责任主体对照员工的工作目标或绩效标准，评定任务完成情况、职责履行情况并将评定结果反馈给员工。绩效管理循环如图1-2所示。

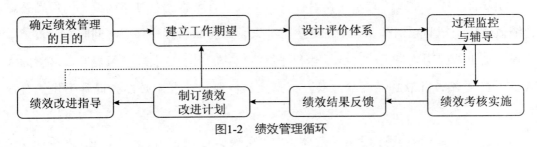

图1-2 绩效管理循环

1.1.2 绩效管理的核心价值

从人力资源各职能的配置来看，许多中小企业设置了专职的招聘管理人员、薪酬管理人员、人事管理人员等，但很少有中小企业设置专职的绩效管理人员，甚至有些人力资源专员也认为绩效管理是"奢侈品"，只有大企业才需要绩效管理，这是对绩效管理价值的误解。那么，为什么中小企业不需要设置专职的绩效管理岗位也能保持基本运转呢？原因在于，企业管理者承担了绩效管理的部分责任，如明确企业方向(战略绩效管理)、分解任务(组织绩效管理)、论功行赏(员工绩效管理)，在组织规模小、管理复杂度不高的时候，一个优秀的领导者本身就必须是一个优秀的绩效管理者。绩效管理是一种闭环的管理思想和系统的方法论，绩效管理工作对于组织来讲，无论是在战略管理、组织管理，还是在人员管理方面都有重要的价值。

1. 利用绩效管理确定和提升企业核心竞争力

促使企业获得成功的核心竞争力是什么？这是每个企业必须思考的问题，这个问题将影响企业战略资源投向。在确定了与企业核心竞争力相关的要素后，就要保障它们在管理中落地应用，而绩效管理就是保障这些要素落地的系统，它能够利用绩效计划将核心竞争力分解并落实到具体的组织和岗位，利用绩效标准跟踪核心能力的变化，利用绩效评价发现差距并及时反馈改进。

2. 利用绩效管理优化组织管理

组织设计要满足企业战略和流程管理的需要，绩效管理可以帮助组织明确目标，从而协同企业战略的实现。同时，组织也会根据管理层次、人员规模、授权范围等因素而相应调整。组织结构调整后，必须匹配绩效管理系统，才能让员工尽快进入角色，实现组织目标。

3. 利用绩效管理改进人员管理

绩效管理能增强员工对于工作目标的参与度，管理者能及时发现员工的问题并进行绩效讨论，把问题消灭在开端，避免把冲突留到考核或奖惩环节。同时，通过绩效管理，员工能够明确自己的任务目标和评价标准，能自动自发地学习提升，这就大大减少了管理者的日常监管成本，双方都聚焦于价值实现上，必然会提升工作的有效产出。

总之，绩效管理是现代企业管理体系中不可缺少的一部分，运用得当，对企业、管理者和员工都会有明显的帮助。即使绩效管理不能解决所有的管理问题，但它仍然为企业处理好大部分的管理问题提供了一个卓有成效的工具。

1.1.3 绩效管理的功能定位

一个高效能的人力资源管理系统是建立在企业愿景和战略的基础之上的，通过系统的有机分解和各领域的彼此支撑，来协同业务目标的实现。通过对企业战略的分析，在人力资源体系中，我们寻找到相应的核心能力并以某种组织形态与之匹配。组织绩效管理将战略目标分解到各业务单元和岗位，而岗位的绩效目标最终通过员工来实现，因此，提升每个员工的绩效，也就提升了企业整体的绩效。绩效管理在企业人力资源管理体系中占据核心地位，并与人力资源管理系统中的其他模块实现了对接，如图1-3所示。

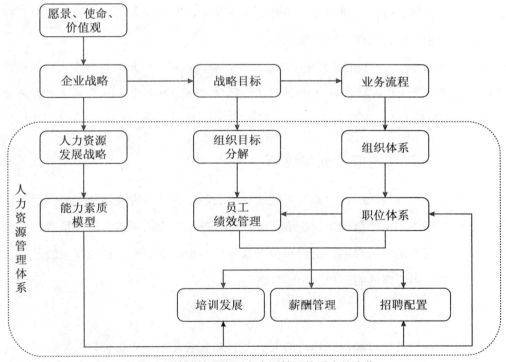

图1-3 绩效管理在人力资源管理体系中的定位

1. 绩效管理与职位分析

职位分析的目的是明确这个职位是干什么的、由什么样的人来干，据此确定该职位的工作职责、绩效衡量标准和任职资格。职位分析为绩效管理提供了一些基本依据，它是绩效管理的重要基础。

2. 绩效管理与培训发展

通过绩效评价，可以了解员工达成期望目标的能力差距或进一步提升的空间，据此制订员工的能力发展计划。绩效差距是培训需求的重要输入。

3. 绩效管理与薪酬管理

将绩效与薪酬挂钩，成为很多企业打破"大锅饭"、在待遇上向高绩效员工倾斜的重要做法。绩效和职位评估、任职能力成为决定员工薪酬的三大内部因素。一般来讲，职位评估决定固定薪酬，绩效决定浮动薪酬或奖金等。

4. 绩效管理与招聘配置

通过分析员工绩效，可以总结一些高绩效员工的特质，这也是很多企业设计人才甄选标准的重要参考依据。对于优秀员工的高绩效行为和特质的评估，有助于企业招募到合适的员工并节省大量的试错成本。同时，企业要想合理配置人员，也需要对员工有一定的了解，而这一切也依赖绩效考核的实施。

对于绩效管理在人力资源体系中的核心地位，有人评论："员工考核在人力资源管理中的作用，就好比油盐酱醋，不论你要做好哪道菜，都离不开它们……"那么，绩效管理应如何具体应用到人力资源各个模块？在后面的章节，我们会结合实践进行详细介绍。

1.1.4 绩效管理与企业价值链

企业的生存基础是面向客户的价值创造，围绕客户满意的价值链开展经营活动。现代人力资源管理体系由价值创造、价值评价和价值分配构成循环链。需求从客户中来，在客户需求得到满足的过程中，企业和员工获得发展和增值。人力资源管理的过程，实质上是各模块协同价值链的过程，如图1-4所示。

1. 价值创造

企业通过外部人才市场招聘和内部人员调配来获取人才，从而获得人才这一价值创造的源泉；企业通过对员工的培训和能力开发来实现人力资本的增值，并在员工能力转化为实践的过程中创造价值。

2. 价值评价

绩效考核、任职资格评定、职位评定等是企业对员工价值创造的过程和结果进行评价的常用模式。这三种评价模式都是对价值创造结果的全面评价，既评价结果又兼顾过程,但各有侧重。其中,相对而言,绩效考核侧重对岗位责任结果的评价;任职资格评定侧重对能力和行为的评价;职位评定则是对特定岗位的应有能力、应负责任及可预期的绩效贡献的综合评定。

3. 价值分配

为了持续获取价值创造的要素,对于一些关键环节应给予关注。其中,价值分配是关键的一环,可以采用的分配形式有组织权力分配和经济利益分配。

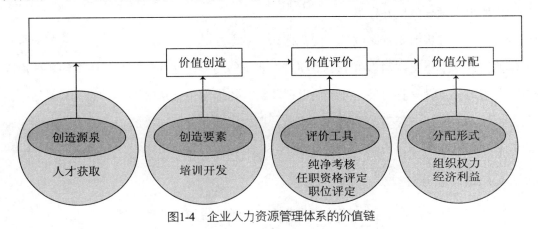

图1-4　企业人力资源管理体系的价值链

1.2 绩效考核概述

1.2.1 绩效考核的原则

1. 公开与开放原则

公开与开放是绩效考核体系运行良好的前提。企业在考核中坚持这一原则,目的在于最大限度地减少考核工作的神秘感。很多企业的考核评价标准不明确,考核实施起来不透明,导致考核沦为企业淘汰员工的一种手段,失去了绩效考核本身的最大价值——引导员工。

2. 公正客观原则

绩效考核要有理有据,避免考核结果由考核者主观臆断及受考核者个人感情的影响,在考核程序的设计中要避免晕轮效应、近期效应等造成的偏差。对于同一部门、岗位的员工,绩效考核的标准应该是一致的。绩效考核的导向要清晰,不同评价者对同一个人或一组人的评价结果应该具有一致性,考核结果应该能反映特定员工的工作内容和成果。

3. 系统连续性原则

绩效考核既是对员工能力、工作结果、工作行为和工作态度的多维评价,也是对员工未来行为表现的一种预测。绩效考核应该是企业的连续性管理行为,企业应通过不断地分析和监测,发现员工和组织的问题,持续进行改进。脉冲式的绩效考核无法形成改进的基线,员工无法有计划地改善工作。有些企业出于种种考虑,时而考核,时而不考核,时而重结果,时而又偏过程,这说明企业价值导向不清晰,这也将导致员工无所适从,只能根据领导的偏好行事。

曾经有一位售前支持岗位员工向我抱怨绩效考核结果没有达到期望值,我问他为什么,他反馈这半年支持销售跟了很多项目,非常努力,但这些项目最后由于销售的原因都没有落地。主管只看结果,导致他考评降级。他抱怨主管从来没有和他说只看结果。我说那好办,既然主管确认了他只看结果,那你就盯住能出结果的项目努力,只要主管的考评导向不变就行。

4. 反馈改进原则

在绩效考核之后,主管应及时与被考核者沟通,告知绩效考核结果,并听取被考核者的意见。同时,绩效考核结果应该作为人力资源各模块系统运行的输入,以保证价值链条的闭环。绩效考核要"有用",必然要和人力资源其他模块配套起来。很多企业为考核而考核,将考核结果锁进柜子里,这就使绩效考核失去了牵引作用。

1.2.2 绩效考核的内容

有效的绩效考核是风向标,它所指引的就是员工努力的方向。曾有一家业界知名手机企业为应对业绩下滑压力,要求管理者下班后进行巡视,把员工加班时间作为发放绩效奖金的重要参考因素,并且每到月底,在全公司进行工时排名。如此一来,员工停留在企业的时间就长了,但产出就一定高了吗?不一定,因为晚上必须加班,大家白天的效率反而都降低了。在这样的绩效考核导向下,企业的经营业绩不但没有扭转,反而日益下滑,最后该企业被迫退出手机市场。在绩效考核实践中,人力资源部门经常面临在业绩结果、行为过程、素质能力、品行态度等方面的取舍,这时,人力资源部门要清楚绩效考核到底考什么。

1. 考业绩

经营效益是企业生存和发展的基础,员工对企业的核心价值就是创造业绩。业绩考核是对员工所承担岗位工作的成果进行评估,其构成要素包括工作质量、工作结果、任务完成度等。结果导向无可厚非,但如何防止员工杀鸡取卵的短视行为,则是一个重要的课题。例如,某地区部主管在任期内签了很多订单,得到企业褒奖,调回总部晋升,但接手的新主管到任后发现很多订单根本不具备执行的条件,结果是空欢喜一场,也丢失了很多客户对企业的信任。为防止此类问题的发生,很多企业提出了全面绩效考核的概念,即业绩并不完全等于经营结果,也包括关键过程行为。包括平衡计分卡在内的很多绩效管理工具,都是全面绩效考核概念的延伸。

2. 考能力

有两个员工,一个员工敢于攻坚克难,但由于他的工作任务均具有挑战性,他鲜有结果,甚至经常失败;另一个员工明哲保身,不求进步,功劳不大,但也没什么差错。两者相比较,如果你说第二个员工业绩好,那肯定失之偏颇,因为如果都如他这样,没有人去追求卓越,企业将变成死水一潭。这就要求企业对员工的能力进行考核。事实上,能力与业绩有明显的差异,能力有较强的内在特性,难以衡量和比较;而业绩相对外在,可以较好地把握。而能力考核恰恰是企业依据职位对员工能力的要求,对员工在其岗位上显示和发挥出来的能力进行测评。在这方面,很多企业用针对不同岗位的素质能力模型对员工进行考核。

3. 考态度

一般而言,员工能力越强,工作业绩越好,但这也不是绝对的。其中一个重要的转化剂就是态度,或是意愿。因此,考核内容还应该包括员工的工作态度。企业不能容忍缺乏干劲和热情的员工,甚至懒汉的存在。在20世纪90年代,"一流"人才出国,"二流"人才去外企,华为能招到的只有"三流"人才,但正是这些"三流"人才通过艰苦奋斗做到了一流人才也难以做到的事,正是他们的努力使得华为不但在国内获得骄人成绩,而且还"雄赳赳气昂昂"地跨过太平洋,在与许多曾经的一流企业竞争时取得胜利。

能力、态度和业绩三者之间的关系如图1-5所示。

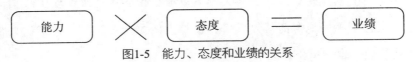

图1-5 能力、态度和业绩的关系

当然,在对员工态度进行考核的时候,要剔除那些内外部因素,仅对员工个人的态度和意愿进行考核。

1.2.3 绩效考核的基本流程

企业开始绩效考核之前，要清楚员工的绩效管理过程是一个循环，这个循环主要包括制订绩效计划和指标体系、绩效实施过程管理、绩效考核与评估、绩效反馈与面谈、绩效结果应用5个步骤。绩效计划是起点，没有方向，绩效就失去了牵引的意义；绩效结果要应用，否则绩效考核就失去了其权威性。绩效管理的基本流程如图1-6所示。

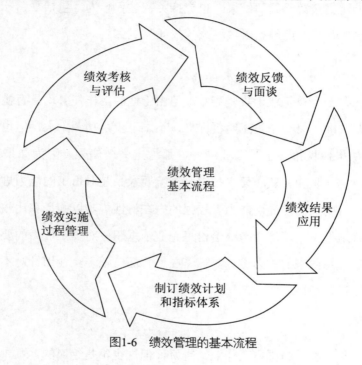

图1-6 绩效管理的基本流程

> **小贴士：华为如何用绩效考核导向提升团队战斗力**
>
> 华为在不断超越巨头的过程中，其人力资源管理尤其是高绩效文化的导向一直在为华为的发展新增助力。华为的核心价值观是"以客户为中心，以奋斗者为本，长期坚持艰苦奋斗，还有自我批判"。
>
> 由于公司价值导向清晰，加上行政干部多从内部选拔，无论对哪个团队进行考核，其考核原则基本都是一致的。华为的绩效考核由各级行政管理团队集体实施，在价值分配上坚定不移地向高绩效倾斜，使员工间拉开差距，是谓"让火车头加满油"，其政策倾斜遵循以下原则。
>
> (1) 以客户为中心，谁最接近客户价值的直接创造就向谁倾斜。"能听见炮声的人"往往有更多的机会获得高绩效，所以，一线作战单元优于一线作战平台，一

线作战平台又优于二线作战平台。鼓励最优秀的干部前赴后继奔赴一线,这也是华为虽全球作战,但优秀人才仍源源不断的重要原因。无论是晋升机会还是报酬,一线总是优于二线。当年,利比亚战乱时,中方公司纷纷撤离,华为选择和客户在一起。事后,核心员工连升三级,这充分体现了"以客户为中心"在华为价值分配中所占的分量。

(2) 华为文化离不开"奋斗"二字,"奋斗者"几乎成为华为人的一个标识。什么是奋斗?华为认为,奋斗体现在任何以客户为中心的准备活动和价值创造中。响应公司号召奔赴一线是奋斗,服从组织安排四海为家是奋斗,响应客户需求拼力一搏是奋斗,克服困难追求卓越是奋斗。在奋斗精神的导向下,每天晚上灯火通明的研发大楼,晚上10点如超市般热闹的班车发车点,遍布"奋斗者"的身影,也只有奋斗者能成为华为的股权分配受益者并担任行政管理干部。为了激发员工持续奋斗的动力,华为实行8年工龄清零、干部能上能下、干部周边轮岗……华为的发展史就是员工的持续奋斗史。

(3) "茶壶里的饺子要倒出来。"无论是对员工的评估还是对干部的考查,华为都注重绩效因素的可衡量性——贡献。所以,无论是对绩效的考核还是对任职资格的评定,评定者都非常关注是否有可衡量的"证据",所有的态度和能力都要用"证据"和"事实"说话。工龄没有价值,"圈子"没有价值,只有贡献才是公司认可的价值。华为实行以PBC(personal business commitments,个人业绩承诺)为基础的全面绩效管理考核体系,目标层层分解,所有员工围绕个人绩效目标展开工作,基层员工每半年考核一次,最后以结果论英雄。

(4) 华为看重的"态度"——六条核心价值观被融入员工考核,每半年进行员工自检和主管评价,时刻提醒员工公司的价值导向是什么,便于员工纠正自己的行为。同时,华为每年会对员工的劳动态度进行评价,员工对照华为员工行为准则进行自检,这种自我批判、持续对内检视的文化使整个队伍一直处于被激发的状态,保证了"堡垒不从内部攻破"。

(5) 相对于很多公司将考核结果变成考核档案的做法,华为几乎将绩效强相关地应用于华为的各项人力资源政策,无论是干部选拔、任职资格评定、奖金评定还是岗位晋升……绩效结果应用无处不在,绩效不行,一切免谈。这种坚定不移向高绩效倾斜的文化让华为的队伍体现出"狼性"的特质,在市场竞争中,不断"攻击前进"。

第2章 绩效计划制订

绩效计划制订是绩效管理的起点,也是绩效管理实施的关键和基础。绩效计划是由管理者和员工共同参与、投入的绩效契约,是对员工在绩效管理结束时所要实现的目标达成的共识,具体内容包括工作绩效目标、各项绩效目标的优先级及为了实现绩效目标所要采取的行动。

2.1 绩效目标

员工的绩效目标来自组织目标的分解,因此,从理论上讲,如果每个员工都完成了各自的绩效目标,整个组织就能完成组织目标。这体现了企业在目标管理上追求的一致性,可见,绩效目标的设定对企业和员工具有重要意义。

2.1.1 绩效目标的设计依据

全面合理的绩效目标应该以企业发展战略为导向,以工作分析为基础,结合业务流程,支持企业目标的实现。绩效目标的设计依据如下所述。

1. 目标分解

考核目标的制定应以企业发展战略为指导,根据企业年度经营计划,将企业的各项目标由企业到部门、由部门到个人,层层分解下去。

下面,以一家拟尽快赶超对手成为行业规模第一的企业为例,其绩效目标如图2-1所示。

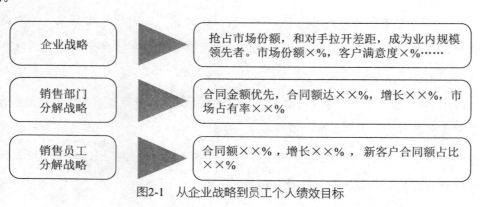

图2-1 从企业战略到员工个人绩效目标

2. 岗位分析

寻找与企业战略目标一致的要素,确定和这些要素相关的部门,把部门职责分解到员工个人的年度工作目标中,结合各个岗位的工作内容、性质,初步确定该岗位绩效考核的各项要素。例如,某企业今年的战略重心是扩大销售规模,加强销售力量是重点,将"加强销售力量"的目标分解到人力资源部,如表2-1所示。

表2-1　基于岗位职责的绩效目标设计(示例)("加强销售力量")

目标	相应职责/岗位模块	关键要素
建立导向冲锋的销售团队文化	员工关系/企业文化	销售团队文化规划 销售团队文化宣传 销售团队标杆建设
建立销售激励体系	薪酬福利/绩效管理	激发型激励政策建设 压力传递的绩效管理政策
销售团队能力提升	学习发展/培训管理	培训计划 培训时长 讲师队伍建设 知识库建设 培训系统建设
销售团队建设	招聘调配	销售队伍有效规划 核心员工稳定 招聘质量 招聘数量

3. 流程分析

流程分析是指梳理企业战略目标和价值链,寻找关键流程,综合考虑个人在业务流程中所扮演的角色、所承担的责任以及上下游之间的关系,最终确定各个员工的当期绩效目标。某企业价值链基础业务流程如图2-2所示。

图2-2　某企业价值链基础业务流程

流程分析可以参考如表2-2所示的模型。

表2-2 流程分析模型——提高资产利用率(示例)

战略主题	绩效指标	关键流程	关键流程绩效	可能涉及的岗位
提高资产利用率	总资产周转率	应收账款管理流程	应收账款周转率	销售经理
			过期应收账款比率	销售经理
			坏账比率	销售经理
			每位销售员应收账款周转率	销售经理
		存货管理流程	存货周转率	生产计划经理
			材料周转率	生产计划经理
			产成品周转率	生产计划经理/销售经理
		固定资产管理流程	在建工程按期完工指标	企业发展部门

2.1.2 绩效目标的内容

绩效目标包括绩效指标、衡量标准。绩效指标解决的是企业要关注"什么"才能实现战略目标的问题；而衡量标准关注的是被考核对象需要在各个指标上做得"怎样"或完成"多少"会被评为"好"或者"不好"。如有必要，一个绩效目标可以包括多个指标及衡量标准，因为过少的指标无法反映各岗位的关键绩效水平。如果指标无法量化，则需要有明确的考核项及衡量标准。但绩效目标又不能过多，否则员工无法抓住核心工作，也必然增加管理成本。一般意义上，基层员工的绩效目标不应该超过8个，绩效指标不应该超过10个。

2.2 绩效指标

绩效指标是对绩效目标的一种量化表达，是对绩效目标的承载。在绩效考核中，绩效指标的设计是一个难点，也是关键。很多企业设计了繁多的绩效指标，但没有抓到关键的牵引，无法实现企业战略目标，这些指标最终成为HR自娱自乐的表格。指标设计要精练，要能抓住"牛鼻子"，要能用最少的管理成本牵引绩效目标的达成，这才是高效的绩效指标设计。

2.2.1 绩效指标的设计原则

绩效指标的设计应符合SMART原则。

(1) 明确的、具体的(specific)。绩效指标要切中特定工作目标，不能太笼统，应该适度细化，并且要根据不同的情境而改变。

(2) 可衡量的(measurable)。绩效指标应是可量化或者是可以清晰描述的行为，而且这些绩效指标的相关数据或信息是可以获得的。

(3) 可达到的(attainable)。绩效指标在被考核对象付出努力的情况下，是可以实现的，即员工跳一跳够得着，如果绩效指标太容易实现则失去了考核的意义。

(4) 现实的(realistic)。绩效指标是实实在在的，是可以证明和观察的，而不是一种假设。

(5) 有时限性的(time-bound)。设计绩效指标要设定时间单位，即要设定完成这些绩效指标的截止期限。

> **小贴士：并非只有量化的指标才是可衡量的指标**
>
> 在设计绩效目标的时候，HR特别容易犯的一个错误是以为可衡量的目标一定要量化，从而陷入把指标当目标的误区。"微信之父"张小龙的目标是要做一个让所有用户喜欢使用，又让用户可以产生更多想象空间的产品。如果他把初始目标定义为用户的数量，那就会引导产品人员误入歧途，单纯追求用户下载量而舍弃用户体验。

2.2.2 绩效指标的选择

在众多的指标中选择合理的绩效指标，不是一件容易的事，具体可考虑以下几个方面。

(1) 战略目标匹配，即绩效指标应与战略及年度经营计划相匹配。

(2) 充分沟通，即指标设计者与被考核者对考核指标的理解应达成一致。

(3) 激励导向，即核心不是处罚，而是让员工通过努力得到奖励和认可。

(4) 当期利益和长期利益均衡。既要保证当期目标，又不能过度激励，使员工产生错误的"涸泽而渔"的想法。

(5) 客观和主观相结合。既尊重数据和事实，又尊重主观感受，当然，无论是客观还是主观的指标都应该是可衡量的。

(6) 指标的有效性，即评价指标所度量的结果要能正确反映工作绩效。

(7) 指标的获取成本，即指标应该能以较低成本获得，指标设计基于业务流程或职责，不为考核增加过多的管理成本。

(8) 指标的离散度。绩效指标应该对员工的业绩差距有一定的区分度。

2.3 绩效衡量标准

绩效衡量标准是用来衡量员工完成绩效目标的尺度，表示员工完成工作任务时需要达到的水平。标准必须具体，不能模棱两可，什么叫"好"，什么叫"差"，如何衡量，必须一目了然。当然，标准不是一成不变的，在必要的时候应该定期评估并进行调整。例如，淡、旺季的销售增长指标应是不同的。

2.3.1 绩效衡量标准的分类

绩效衡量标准可以按时间、成本、质量、数量等属性进行分类，一般称为TCQQ(time，cost，quality，quantity)，如表2-3所示。

表2-3 绩效衡量标准的属性

数量(Q)	成本(C)
产品的数量 处理零件的数量 接听电话的次数 销售额/利润 拜访客户的次数	费用预算 支出费用
质量(Q)	时间(T)
合格品的数量 错误比率 投诉数量	期限

> **小贴士：有人捡果子别忘了有人种树了**
>
> 目标的达成往往受到很多因素的影响，例如企业销售目标的达成是个系统工程，需要有好的规划、好的产品、好的品牌、好的客户金融政策、好的交付服务等。如果只让销售团队摘果子，那么就不会有人愿意种树了。因此，在衡量绩效标准的时候一定要全面考虑岗位、流程、企业目标等，不可顾此失彼。

2.3.2 绩效衡量标准的设计方法

设计绩效衡量标准时，人力资源部门可以根据不同情况采取线性增减法、阶梯评分法、直接扣分法等。

1. 线性增减法

线性增减法是一种比较容易使用的指标评分方法。优点是简单、易操作；缺点是没有设置最低值。例如，"生产计划完成率80%"这个指标，它代表员工没有完成任务，但也可以得分。这样的指标不符合指标目标完成值越高、难度越大的规律，不利于平衡和公平原则的实现。所以，一般来讲，采用线性增减法时都会设置一个底线，即低于多少为0分；也会设置一个上限，即超过多少加分(一般为其标准分值的1.2～1.5倍)，以避免单一指标影响整体考核结果。

线性增减法(示例)如表2-4所示。

表2-4　线性增减法(示例)

指标名称	指标含义	指标标准	评分方法	信息来源	考核周期
生产任务完成率	生产部实际完成任务量与计划数量的比例	100%	超额一个百分点，加2分，减少一个百分点，扣2分	总经理办公室	月度

2. 阶梯评分法

阶梯评分法在某种程度上解决了目标完成值越高、难度越大的公平性问题，可对能够量化的结果性指标进行分级，以使员工更清晰地了解组织期望。可以根据挑战度将考核标准分为若干档，下面以分三档为例进行说明。

(1) 基准标准，即及格线，代表企业的最低期望，达不到则认为不合格，无法满足企业战略目标的要求。原则上，员工完成大部分预定的执行措施就能达到基准标准。基准标准可以对应60分。

(2) 达标标准，即良好线，代表企业的目标期望，即在战略分解的情况下，如果所有员工都达到达标标准，则可以完成企业战略目标。原则上，员工经过努力，把预定措施落实到位就能达到达标标准。达标标准可以对应100分。

(3) 挑战标准，即优秀线，代表远超出企业期望，如果达成可以完成企业的挑战目标。原则上，员工需要付出巨大努力并有根本性突破才能达到挑战标准。由于难度增大，挑战标准和达标标准不应是线性关系，挑战标准可以对应120分。

阶梯评分法(示例)如表2-5所示。

表2-5　阶梯评分法(示例)

指标名称	指标含义	指标标准	基准标准	达标标准	挑战标准
销售计划完成率	销售部实际完成销售额与计划销售额的比例	100%	80%	100%	110%

具体计算方法如下所述。

当销售计划完成率<基准标准,考核得分=0。

当销售计划完成率=基准标准,考核得分=60。

当销售计划完成率≥挑战标准,考核得分=120。

当基准标准<销售计划完成率<达标标准,考核得分=60+40×(销售计划完成率-基准标准)/(达标标准-基准标准)。

当达标标准<销售计划完成率<挑战标准,考核得分=100+20×(销售计划完成率-达标标准)/(挑战标准-达标标准)。

3. 直接扣分法

直接扣分法一般适用于负向事件打分,根据标准要求,直接扣分,该类指标没有加分。

直接扣分法(示例)如表2-6所示。

表2-6 直接扣分法(示例)

指标名称	指标含义	指标标准	评分方法	指标权重	信息来源	考核周期
设备保障率	因设备维修、备件更换不及时而引起的生产停线次数	0次	出现1次,扣2分,扣完为止	20%	运营部	季度

具体使用的时候,人力资源部门可以采取组合形式来计算,即对于正向指标,采用线性增减法或者阶梯评分法;对于负向指标,采用直接扣分法。

2.4 绩效指标权重

员工在一定时期的工作目标往往是多元的、综合的,需要进行全面的绩效评价,所以绩效目标往往不止一个。因此,绩效计划还应该体现各绩效指标的权重或优先级。绩效指标权重反映企业重视的绩效领域,对于员工的行为有明显的引导作用。权重的设计应当突出重点目标,体现管理者的引导意图和价值理念。例如本年度重视产品质量,则应该增加返修率、次品率、直通率等质量类指标的权重,"质量第一"的导向要体现在权重之中,但权重设计为多少合适呢?对绩效指标的权重进行不同组合,可以得出迥异的评价结果。

2.4.1 绩效指标权重设计的原则

绩效指标的权重设计,大多以经验为依据,简单的操作方法是业务部门建议,人力资源部审核。但权重设计也不能太随意,可以参考如下原则。

(1) 一般基层岗位的考核指标有5～10个,而每一个指标的权重一般设定为5%～30%,不能太大,也不能太小。如果指标权重太大,可能会使员工只关注这类权重指标而忽略其他指标;而如果指标权重过小,则不能引起员工的足够重视导致这个指标被忽略,失去其存在的意义。

(2) 越是高层岗位,财务性经营指标和业绩指标的权重就越大;越是基层岗位,流程类指标的权重就越小,而和岗位职责相关的工作结果类指标的权重更大。

(3) 对于多数岗位来说,根据"定量为主,定性为辅,先定量后定性"的指标设计原则,一般优先设计定量类指标权重,而且定量类指标总权重要大于定性类指标总权重。

(4) 根据20/80法则,如果重要的指标有1个,那么其权重一般要超过60%;如果有2个,那么每个指标权重应在30%以上;如果有3个,那么每个指标权重应在20%以上。

(5) 为了便于计算和比较,指标权重一般都是5%的倍数,最小为5%,太小就无意义了。

2.4.2　绩效指标权重设计的方法

绩效指标权重设计的方法有主观经验法、等级排序法、对偶加权法、倍数加权法、历史环比法等。主观经验法就是依靠专家判断设计权重的方法,对决策者的能力要求很高,比较适合小规模企业。等级排序法就是让评价者对指标按重要性进行排序,把排序结果换算成权重,操作简单,但也比较主观。对偶加权法是对各考评要素进行比较,然后将比较结果进行汇总,从而计算出权重,在指标不多的情况下,这种方法比等级排序法更加可靠。倍数加权法则是选择某个考评要素设为1,将其他要素和其进行重要性对比。历史环比法适合延续性指标,可结合历史情况及当前目标进行调整。

在实际操作中,企业大多采用等级排序法结合专家意见来确定指标权重,因为这种做法比较简单易行。人力资源部可以请该岗位的任职者、上下游同事代表、直接主管、部门负责人、绩效经理和公司绩效委员会成员代表组成专家组,按如下步骤来进行。

(1) 先请定义指标的部门或人员对指标进行定义和计算方式的解读,确保专家组对指标的理解没有歧义。绩效经理在会前应尽量收集更多的历史数据和组织战略目标要求,供专家借鉴参考,并在评定前对专家进行权重设置原则的相关培训。

(2) 请专家组对指标的重要性进行两两比较并排序，得出票数最高的指标排序组合方式，即为指标的重要程度最终次序。重要程度越高，排序越靠前，权重相应就越大，反之亦然。排序时专家可以背靠背进行再汇总，这样效率比较高，但由于缺少讨论可能导致有些信息不对称；也可以由专家组开会讨论，但要防止因某代表的权威影响大家发表意见。

(3) 在排序确定后，根据指标权重的设计原则，由专家组对各指标所占权重进行设计，然后由绩效经理进行汇总平均，并将该结果反馈给各专家。专家根据反馈结果，对各自设计的指标权重进行调整，最后由绩效经理负责汇总平均(取整数)，得出最终的指标权重。

需注意，即使是凭经验确定指标权重，也要有依据并遵循一定的规律，建议由与被考核岗位密切相关的多人参与综合评议，决定最终结果，而不是交给一个人随意决定。

2.5 绩效行动计划

绩效行动计划，即为了实现目标所要采取的行动。

2.5.1 绩效行动计划的作用

将绩效目标分解为具体行动和措施，才能有力地支持目标的实现。如果想不到任何关键行动，那么干脆就放弃或变更这个绩效目标，绩效管理不能靠天吃饭。

绩效行动计划无须列示员工在绩效周期中的所有过程行为，而应呈现其中的关键行动举措。一般而言，绩效目标和绩效行动计划在绩效考核得分中的权重比为7∶3或者6∶4，绩效目标是牵引，绩效行动是保障。绩效目标的达成有其偶然性，如果员工的关键绩效行动实施不到位，同样影响员工的绩效评价。

2.5.2 绩效行动计划的制订

制订员工绩效行动计划时，可考虑绩效目标、岗位职责和业务流程这三个方面。

(1) 员工为支持绩效目标的实现而采取的关键行动。绩效目标大多数是对结果的描述，绩效行动计划则是支持结果实现的关键举措，对这些工作，同样需要进行优先级排序及权重设计。一般情况下，可以根据绩效目标中绩效指标的权重来选择关键行动。

(2) 绩效行动计划可以是绩效目标中部分定性指标的补充，主要体现在岗位职责的日常例行工作中。如果有些结果类指标的收集成本过高，则可以在绩效行动计划中用定性指标进行描述。

(3) 绩效行动计划是业务流程的落地部分，一般是指支持当期业务流程的重点项目型工作，有周期性，也有明确的项目验收标准。

某企业生产部经理绩效行动计划如表2-7所示。

表2-7　某企业生产部经理绩效行动计划

工作目标	权重
产品产量达到_____	30%
产品质量合格率达到_____	20%
百万元产值生产成本控制到_____万元	10%
人均产值提升率在_____%以上	10%
小计	70%
行动计划	权重
1. 制订科学的生产计划并引进先进的生产设备	10%
2. 引入目标成本管理	10%
3. 品管员工技能培训不少于5场，5小时/人	5%
4. 生产员工技能培训不少于3场，4小时/人	5%
小计	30%

人力资源主管应协助员工针对绩效计划制订详细、周密的行动计划。同时，主管在以后的绩效辅导与实施过程中，还应该监督员工行动计划的实施情况。

2.6　绩效计划的沟通与发布

2.6.1　绩效计划的沟通

首先，制订绩效计划是一个双向沟通的过程，如果是管理者单方面地布置任务，员工被动地接受，即使完成了绩效计划也无法使员工发挥主观能动性。如果人力资源部门把重心放到绩效计划的沟通中，协助主管和员工就绩效目标达成深度共识，这将是一个成功的开始。在这个沟通过程中，主管和员工需要传递的一些关键信息如图2-3所示。

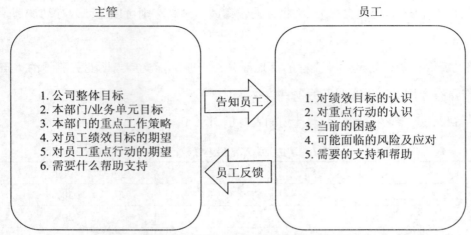

图2-3 制订绩效计划过程中主管与员工的沟通要点

其次,管理者在最终确定员工的绩效计划之前,应该和员工的上下游、统计数据提供方、合作人员进行沟通,以便能够更清晰地明确他们的期望,并寻求他们的承诺和支持,综合考虑这些相关利益方的诉求,形成一个比较全面周到的绩效计划。在确定绩效计划之后,管理者与员工都要在绩效计划书上签字。绩效计划可以一式两份,管理者和员工人手一份,也可以在人力资源部备案一份。

2.6.2 绩效计划的发布

绩效计划要合理,如果绩效计划不具有挑战性,就无法激发员工的潜力;如果绩效计划远超出员工能力,那么也会让员工因无力实现目标而产生挫败感。一般来讲,员工跳一跳够得着的目标是比较合理的目标。表2-8是某企业目标责任制员工绩效计划PBC(模板),可供参考。

表2-8 某企业目标责任制员工绩效计划PBC(模板)

姓名		员工编号		部门		职位		考核周期	___年___月—___年___月
工作目标设定									
工作目标部分	序号	考核指标名称	计算方法	考核标准			权重	考核信息来源	
				基准(60)	达标(80)	挑战(120)			
	1						20%	……部门	
	2						10%	……部门	
	3						10%		
	4						10%		
	5						10%		

(续表)

姓名		员工编号		部门		职位		考核周期	___年__月—___年 __月
工作目标部分		6						10%	
		7							
		8							
		"工作目标"权重之和						70%	
重点行动计划部分		重点行动计划				考核标准	权重		
		1					5%		
		2					5%		
		3					5%		
		4					5%		
		5					5%		
		6					5%		
		"重点行动"权重之和					30%		
		总权重					100%		
目标设定确认签字栏									
被考核者签字:		日期:		评价者签字:		日期:			

在制订完绩效计划之后,很多企业往往就将其束之高阁,而没有进行纵向和横向传递,这也是很多企业绩效管理失效的原因。针对这一问题,企业中高层管理者的绩效计划应该在企业层面发布,员工的绩效计划可以在本团队内部发布。发布中高层管理者的绩效计划能更好地实现目标协同,一个优秀的管理者可以利用目标协同的过程,向团队传递进取精神,激发成员的士气和使命感。中高层管理者和员工的绩效计划沟通和发布方式如表2-9所示。

表2-9 中高层管理者和员工的绩效计划沟通和发布方式

适用对象	发布方式	特点	不足
中高层管理者	年度/半年度大会	以动员为主,参会人员众多,信息发布的效率比较高,可以充分地展示发布者个人的影响力,各级管理者公开承诺,对提升团队士气和凝聚力有积极的作用	由于人员众多,双向沟通不是很充分
	正式文件发布	以公示为主,具有正式、有权威性的特点,方便员工查阅,对管理者有兑现的压力	信息安全风险高,缺乏解读和双向沟通,可能导致员工对绩效计划理解不一致

(续表)

适用对象	发布方式	特点	不足
中高层管理者	座谈、讨论会	以沟通为主，可以进行充分的互动交流，员工对绩效计划的理解可以达成共识，并在会后通过会议纪要进行传递	人数有限，效率较低，不够正式
中基层员工	部门例会	各员工可以就各自计划进行交流，公开承诺，向员工传递压力，也利于各团队内部的协同	团队需要有良好的合作氛围
	内部邮件	操作便捷，覆盖面广，快速通达	保密性差，关键信息需要过滤
	宣传板报	形象生动，基层员工易于接受，对管理者有承诺的压力	信息展示有限，信息受众有限

当然，由于绩效计划内容较多，为了更加直观，可以对信息进行加工整合，对保密信息进行处理，在一定范围内进行"晾晒"，也能鼓励承诺者之间展开竞赛。如某企业××部门专家当期绩效目标在宣传板报上的公示，如表2-10所示。

表2-10 绩效目标公示(示例)

绩效周期：2023年1月1日—2023年6月30日
公示部门：技术开发部

赵××	钱××	孙××
岗位职责： ● 关注重点项目开发，对重点项目成功负责 ● 负责技术规划和技术方向的招聘	岗位职责： ● ×系列产品交付保障，项目按时准入 ● 对关键市场的技术进行风险评估 ● 整机接地方案评估 ● 无线性能指标提升	岗位职责： ● 电池行业新技术分析及技术路标规划 ● 技术团队组建 ● 新技术和产品管理
期望绩效目标： ● 无线性能达到业界先进水平 ● 产品顺利通过准入测试，性能指标不低于竞品 ● 至少一项技术方案在产品中落地	期望绩效目标： ● ××产品无线性能指标优于业界竞品，进度无延迟 ● 项目准入周期缩短 ● 返修问题减少	期望绩效目标： ● 领先竞争对手推出高能量密度、纳米陶瓷涂层技术产品 ● 电源功率密度达到××

> **小贴士：信息传递并不意味着信息一致**
>
> 在绩效计划沟通时，双方一定要注意对方与自己对目标理解的一致性。听到不一定听懂，听懂不一定理解，所以绩效计划一定要有双向确认的环节。要让员工有主动性，就从制订一个高水准的绩效计划开始吧！更何况这个绩效计划还能在处理劳动纠纷中发挥价值。

第3章 绩效过程管理

在制订了绩效计划、确定了指标之后，员工就开始按照计划开展工作。绩效管理不仅要关注结果，更要关注绩效形成的过程。在绩效形成的过程中，人力资源部门应该要求管理者对被考核者的工作进行指导和监督，以便及时发现问题，并随时根据实际情况对绩效计划进行调整。某些行业由于受外部竞争环境及内部变革等因素影响较大，即使按照季度设立绩效目标，也需要根据实际情况的变动及时调整。

3.1 绩效过程管理的内容

绩效过程管理的主要工作内容包括：收集员工工作完成情况的信息；了解员工在工作中遇到的困难和障碍；提供员工所需要的培训和支持。这一阶段，员工的直接主管应负起主要的组织责任，绩效经理则需要检查绩效完成进度。

3.1.1 绩效过程检查

管理者掌握的有关员工绩效过程的信息，一般来自报告、观察、周边反馈、工作记录等。

1. 报告

通过报告了解信息是多数企业进行日常绩效管理的常用办法，主管多以例会、月报、周报、日报及事件驱动报告等方式对员工的日常工作进行管理，以实现员工及时自检、主管及时反馈。需要注意的是，如采用单纯的报告模式，更多依靠员工的自我检视，员工在自我保护等意识下，容易报喜不报忧，这就导致管理者不能充分掌握信息，很难做出全面的判断，因此管理者需要通过其他信息来源获得补充信息。

2. 观察

观察法是指主管直接观察员工在工作中的表现，并对员工的表现进行记录的方法。主管应更多地离开办公桌，走出办公室，经常与员工保持接触，观察他们的表现，适时给予他们支持和帮助，为他们提供所需的资源，帮助他们更加高效地工作。当员工表现好的时候，应给予鼓励，激励他们更加努力地工作；当员工表现不好时，主管也应及时指出，使员工在第一时间发现自己的错误并改正，重新回到通往绩效目标的轨道上来。为了让主管了解一线工作，我曾对各级主管提出"五到"的要求——手到、眼到、耳到、身到、心到。

3. 周边反馈

主管在日常工作中应多了解周边相关部门的反馈，如果发现存在抱怨和投诉应及时处理，帮助员工把问题消灭在萌芽状态。对于周边相关部门反馈的正面信息，也应及时掌握并对员工进行肯定。

4. 工作记录

主管应通过工作记录的方式将员工的关键工作表现和结果记录下来，形成绩效档案。建立绩效档案可以帮助员工回顾绩效过程，为其提供有用的建议，提高员工的绩效能力；可以帮助管理者更加高效地做好管理工作，熟悉每个部属的表现，以便更加有针对性地对他们进行指导；可以为以后要做的绩效考核工作提供原始依据，使考核更加公平和公正。员工工作记录表(通用)如表3-1所示。

表3-1 员工工作记录表(通用)

部门： 员工：

正向事件			
关键工作成果		记录时间	
关键工作态度		记录时间	
关键工作能力		记录时间	
负向事件			
工作成果不足		记录时间	
工作态度不足		记录时间	
工作能力不足		记录时间	

> **小贴士：工作记录表是绩效回顾时的好帮手**
>
> 对于管理经验不是很丰富的主管，日常工作记录表是非常好用的管理工具，它可以帮助主管避免考核时的近期效应。在绩效沟通的时候，它也是非常客观的证据提示。但我们更建议在日常考核过程中一旦发现问题，及时帮助员工解决，尽量避免秋后算总账。

3.1.2 绩效计划进展展示

展示员工绩效计划的阶段性进展，能够让团队成员有更强的目标感与紧张度，通过比赛的方式，还能鼓励员工力争上游。员工绩效表现追踪表(工资发放)如表3-2所示。

表3-2 员工绩效表现追踪表(工资发放)(示例)

工作内容	考核指标	考核标准	实际表现
工资发放	发放的及时性	在规定的工资发放日发放工资	在规定的工资发放日次日发放
	发放的准确性	出错率小于4%	出错率为2%
	工资表保管的严格性	工资表完备率99%	工资表完备率95%
	员工满意度	90%的员工对工资发放工作表示满意	96%的员工对工资发放工作表示满意

此外，展示员工绩效计划进展可以使部门管理团队直观了解员工绩效动态，此处提供一个可视化的月度员工绩效计划进展展示方式，如表3-3所示。

表3-3 月度员工绩效计划进展展示(示例)

姓名	绩效状态	绩效计划完成率
×××	●	20%
×××		

备注：
(1) 绩效状态是对员工绩效计划进展的定性描述，可以用●、○、△来表示。●表示进展顺利，△表示需要观察，○表示要引起警示(也可以用红灯、黄灯、绿灯来表示)。
(2) 绩效计划完成率是对员工绩效计划进展的定量描述，以根据时间进度应完成的计划为分母，以实际完成的计划为分子进行测算。

绩效计划进展如需要展示，要注意员工对此的反馈意见。如果员工压力很大，有较强抵触情绪，或者对有关绩效标准的分歧较大，建议不要盲目推进。

3.2 绩效沟通与辅导

在整个绩效计划实施期间，都需要管理者不断地对员工进行指导和反馈，即进行持续的绩效沟通。有些主管在员工制定完目标之后就成了"甩手掌柜"，平时不闻不问，考核时又严格依照制定的目标来对员工进行考核，这就失去了绩效考核的意义。主管在员工遇到困难时要及时给予辅导和支持，以协助员工完成绩效目标，主管不可以"授权"为借口，对员工进行"放羊式"管理。

3.2.1 绩效沟通与辅导的内容

绩效沟通与辅导的内容包括对工作目标的重新审视、明确下一步的重点工作等。GROW(goal—reality—option—will)模型是企业在绩效沟通与辅导时通常采用的手段。员工经过一段时间的行动后，可能目标有所偏离，也可能碰到各种困难和问题，需要管理者的帮助，管理者通过GROW模型可与员工建立持续沟通的桥梁，激发员工潜能。绩效沟通与辅导的GROW模型如图3-1所示。

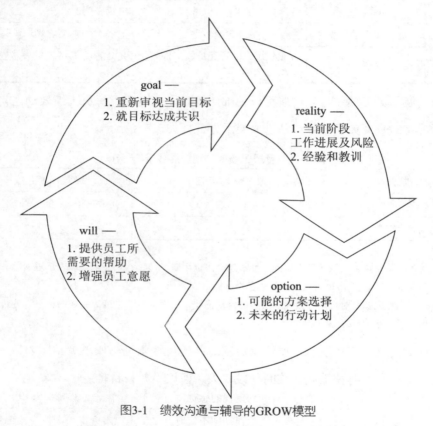

图3-1 绩效沟通与辅导的GROW模型

> **小贴士：如何避免GROW模型成为"割肉"模型**
>
> 告诉员工绩效差距和不足，关键是要站在员工的角度考虑目标实现的可能性及其面临的困难，设身处地地引导员工思考如何达成目标。无论是通过批评还是表扬的手段，最后目标一定要落在增强员工意愿上，帮助其产生积极改善绩效的行为，而不是一味地发泄情绪，这样可避免"GROW"模型成为"割肉"模型。

3.2.2 绩效沟通与辅导的方式

沟通分为正式沟通和非正式沟通两种。在实践中，主管往往认为在绩效形成周期中已对员工进行了绩效辅导，但员工可能并不这样认为。也许一次偶然的谈话、一次会议上的交流、一次求助的解决，都会被主管认为是日常辅导行为。然而，员工更期待相对正式的绩效辅导，是周期性且有所准备的。因此，绩效辅导应以更加正式的方式进行，并且至少一个季度一次，对于新磨合的管理关系，则建议先一个月一次。

根据受众需求及沟通内容的不同，主管可以采用不同的沟通方式，如表3-4所示。一般而言，面向个体的绩效沟通，原则上建议主管采取面谈沟通的方式，但如果有必要进行横向交流，也可以先采取会议沟通的方式进行铺垫。但无论如何，在整个绩效形成周期中，无论如何强调沟通效率，一对一的正式绩效沟通都是必要的。非正式沟通的好处包括：形式多样、灵活，不需要刻意准备；沟通及时，当问题发生后，马上就可以与员工进行简短交谈，从而使问题很快得到解决；容易拉近主管与员工之间的距离。如果人力资源部门能在绩效周期中对员工的感知做个简单的调查，将有助于主管选择合适的沟通方式并取得很好的效果。

表3-4 绩效沟通的方式

沟通方式	具体形式	具体说明
正式沟通	书面报告	员工通过文字、图表等形式向上级领导报告工作进展情况，常见的形式有周报、月报、季报、年报等
	会议沟通	会议沟通适用于团队交流，参加会议的人员能够彼此了解相互间的工作进展情况，上级主管也能传达企业战略目标等相关信息
	面谈沟通	以面谈的方式进行沟通，有助于主管和员工进行更深入的探讨，员工也会有受到重视的感觉，有利于建立融洽的管理关系
非正式沟通	走动式管理	主管在员工工作期间不定时到员工工位附近走动，并与其进行交流或现场解决员工的问题
	开放式办公	主管的办公室随时对外开放，如没有特殊情况，员工可以随时与其沟通
	非正式会议	组织民主生活会、茶话会、联欢会等，主管和员工在轻松的氛围中进行沟通
	实时在线	主管可以通过在线的方式和员工保持实时交流，了解其工作进展和工作中出现的问题

在正式绩效沟通时，主管可以文字形式记录沟通过程中的相关信息和双方达成的共识，以备后续考核时查阅。一般情况下，建议由员工记录，由主管确认，以确保员

工能正确理解主管的反馈。绩效沟通记录表如表3-5所示。

表3-5 绩效沟通记录表

沟通主管		沟通对象	
沟通时间		沟通地点	
沟通内容			
目标共识	■ 当前的目标是什么 ■ 是否有重大调整？如有，请记录调整的内容		
现状共识	■ 上一阶段工作进展情况 ■ 工作中需要改进的地方 ■ 后期面临的风险和困难		
策略共识	■ 下一步工作重点 ■ 行动计划		
支持共识	■ 需要的帮助		

> **小贴士：欣赏有价值的失败，奖励坚持不懈的努力**
>
> 结果固然重要，但实现目标过程中的努力和尝试也非常值得鼓励。要实现真正的创新和进步，需要主管给予员工更大的空间、更多的宽容。

第4章　绩效考核实施

无论绩效目标如何确立、绩效过程如何管理，最终都离不开绩效考核。绩效考核是针对企业中每个员工所承担的工作，应用各种科学的方法，对员工的工作行为、工作效果或者对企业的价值进行评价的过程。

4.1　为推进绩效考核"松土"

如果员工得不到期望的考核结果，无论主管如何表扬、鼓励员工，都会显得苍白无力。绩效考核是绩效管理中非常重要的一个环节，也是一个容易激化矛盾的环节。有些主管为了避免这种冲突，或是坚持你好我好的平均主义，或是干脆拒绝正面给予评价。这种缺乏评价勇气的主管，对团队发展来讲有百害无一利，长此以往，无论是团队还是个人都会深受其害。不进行考核区分的不良影响如表4-1所示。

表4-1　不进行考核区分的不良影响

影响方面	不良影响
团队	一个不敢将员工分出三六九等的组织，看似一团和气，其实丧失了其自身的战斗力。员工不知道什么是对、什么是错，会迷失努力的方向
员工	优秀人员不能被识别并得到激励，真正的高绩效者失去了继续努力的动力，员工也由于缺乏考核的压力而得不到成长和激发。其实，真正优秀的人希望被考核，人才是考不走的，不进行考核区分只会逼走那些优秀的人，反而留下了一些明哲保身、不思进取的"好好先生"
考核流程	考核前期的沟通非常重要，除了辅导和帮助员工之外，它也是一个对员工期望进行管理的过程。既然冲突不可避免，冲突越早出现对组织的影响则越小。如果把矛盾留到价值分配阶段，员工不知道因何被奖励、因何受处罚、为何得到晋升、为何被降级，积累的矛盾在后期会集中爆发
人力资源流程	缺少了有关员工绩效的评定，人力资源各个模块就会因为缺少绩效这个重要输入而失去方向，所有人力资源模块的功能运作也成了无源之水

在增强主管考核意愿的过程中，要注意运用一些考核案例，让各级主管重视考核工具的使用。如果考核区分度不高，无法向高绩效者倾斜，将产生一系列弊端，如优秀员工感觉吃"大锅饭"而失去动力，高绩效员工因为没有及时得到认可而离职等。针对此类情况，可以把考核做得好的主管的案例进行分享，供各级主管参照。当然，推动考核还是需要得到企业高层的支持，建议人力资源部门人员在总经理办公会等场

合正式确认考核的模式和原则,确定考核组织和分工,这样会比较高效。为绩效考核"松好土",得到各级主管和员工的支持,是推行绩效考核的第一步。

4.2 员工绩效考核实施流程

在得到企业各级主管和员工的支持后,就可以实施绩效考核。企业绩效考核实施流程及相关角色的责任如图4-1所示。

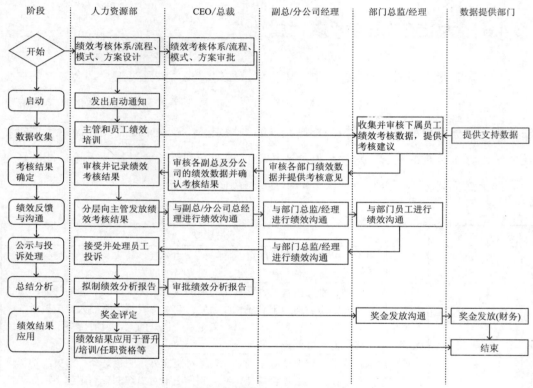

图4-1 企业绩效考核实施流程及相关角色的责任

绩效考核的实施,可以分为如下几个阶段。

(1) 开始阶段,主要工作包括确定整体考核体系和方案,核心是确定各岗位的考核模式。

(2) 启动阶段,主要工作包括发出通知、召开启动会议、进行绩效考核培训。

(3) 数据收集阶段,主要工作包括收集并审核考核数据。

(4) 考核结果确定阶段,主要工作包括收集并确定考核结果。

(5) 绩效反馈与沟通阶段,主要工作包括分层进行绩效沟通。

(6) 绩效投诉处理阶段，主要工作包括解决员工对绩效考核结果的异议和投诉。

(7) 总结分析阶段，主要工作包括对本阶段考核结果进行分析，为后续绩效考核工作改进提供依据。

(8) 绩效结果应用阶段，主要工作包括将绩效考核结果应用于奖金发放、员工晋升、员工淘汰等。

4.3 绩效考核的组织与职责

为了更好地推动绩效考核的实施，应正确划分组织者、考核者、被考核者等各方的职责。这一环节在绩效考核中起着举足轻重的作用，模糊的职责定位会导致绩效考核中相关人员推卸责任。

一般而言，绩效考核是自上而下的涉及全体员工的管理控制活动，考核关系应与管理层级保持一致，考核主体应是员工的直线经理，因为直线经理是员工岗位工作的设定者、工作标准和指标的制定者、工作实施的指导者，他们对下级员工的绩效最有发言权。在考核执行过程中，人力资源部是活动的组织者，对考核制度、考核技术的科学性和实用性负责，同时，对各级考核执行者提供技术指导，但不直接对员工进行考核。关于各流程的操作内容参见图4-1。具体实施时，相关组织和角色的职责如下所述。

1. 绩效与薪酬管理委员会/CEO/总裁

有些股份制公司会设立"绩效与薪酬管理委员会"来作为绩效管理的最终决策机构，中小型企业为提高决策效率，可以由CEO或总裁来进行决策。由委员会或总裁批准绩效考核方案，对考核方案提出修改意见，确定企业年度绩效目标并向各副总进行分解，进行年中绩效目标的调整审批和最后绩效结果的审核确认。同时，该管理层作为考核者，也需要对分管的部门经理实施考核，并对副总经理(含)以上管理者的绩效申诉进行裁决。

2. 人力资源部

人力资源部是绩效考核日常工作的归口管理部门，负责设计和修订绩效考核流程、方案，启动绩效考核，组织对主管和员工的考核技术培训，跟踪提供技术指导和政策解读，接受员工对绩效考核的申诉和建议，对绩效考核运行效果做出分析和评价，并推动绩效结果的应用。有种观点认为，绩效考核的责任在人力资源部，这是完全错误的。在绩效考核中，人力资源部要与各级经理分清责任，考核主体应该是各级直线主管，人力资源部提供指导并推动流程的进行。这一点在绩效考核中极其重要。

3. 人力资源部绩效考核专员

绩效考核专员是负责绩效流程推进的主要人员，主要负责绩效考核中同财务部、运营部等数据支持部门的接口工作，发放相应的表格、模板，收集并提供考核所需的数据，汇总员工的考核成绩，向沟通主管发放考核结果，启动绩效沟通，收集员工对绩效考核的建议、申诉，并负责各项考核数据的归档。

4. 业务部门各级考核主管

自己的家自己当，各级部门管理者要对人员管理负责。考核事项的设定涉及企业的导向，各级管理者要亲力亲为。业务部门各级考核主管在考核模式设计初期负责提出适合本部门的考核办法建议，在建议得到批准后，负责具体考核，执行"绩效与薪酬管理委员会"的考核决议，向上级部门提供员工的考核建议，对被考核者进行绩效反馈面谈，协助其设定工作目标、制订发展计划或绩效改进计划。

5. 被考核员工

绩效考核是个全民工程，员工应充分认识和理解企业的绩效体系，意识到绩效体系对于企业和个人的价值，这也是为什么前期的"松土"如此重要。被考核员工要认真参加企业组织的绩效培训，制订绩效计划，按要求完成计划内工作，根据考核流程的要求进行绩效自评或绩效总结，根据考核结果和反馈意见制订改进计划。

6. 各数据支持部门

各数据支持部门多指财务部、运营部等职能部门，也包括各业务部门的上下游周边部门。在考核启动时，这些部门应依据考核需要，及时、准确地提供相应的参考数据。

在实际操作中，管理层应在绩效考核开工会上明确各部门人员职责，或者在总经理办公会上讨论并发布职责分工情况。这样既可以让大家有参与感，发挥各部门和主管的主观能动性，又能兼顾考核方案和执行的权威性。

某企业绩效管理职责分工如表4-2所示。

表4-2　某企业绩效管理职责分工(示例)

主体	角色	主要职责
总裁	绩效管理重大事项的决策者	(1) 审批企业绩效管理办法 (2) 将董事会的绩效目标分解到各业务副总 (3) 审批职能总部的绩效合约或计划 (4) 审批业务部门负责人的绩效合约或计划 (5) 定期对工作业绩指标的目标值进行回顾和调整 (6) 确定部门副总经理(含)以上人员的能力要求 (7) 对部门副总经理(含)以上管理者的绩效申诉进行裁决 (8) 审批企业副总经理(含)以下人员的奖金分配办法
总经理	业务领域内绩效管理的负责人	(1) 传递企业对部门绩效的要求和期望，在充分沟通的基础上，与所管理部门的负责人制定并签署绩效合约 (2) 对所管理部门副总经理以下人员的绩效申诉进行裁决
员工的直接上级	绩效管理的具体执行者	(1) 与直接下属制定并签署绩效合约，进行持续的绩效沟通 (2) 评估直接下属的绩效，协调和解决其在评估中出现的问题 (3) 向直接下属提供绩效反馈，并指导其改进绩效 (4) 向人力资源总部反馈直接下属对企业绩效管理体系的意见 (5) 根据绩效评估结果和企业人事政策提出职权范围内的人事建议或做出决策
员工	绩效管理的具体落实者	(1) 充分理解和认识绩效管理体系 (2) 与直接上级沟通确定绩效计划，签署绩效合约 (3) 以良好的心态与直接上级进行绩效沟通 (4) 既要肯定自己的优势，也要积极面对绩效考核过程中暴露的不足，并努力提升自身能力，争取更好绩效
人力资源部	绩效管理实施的组织机构	(1) 改进企业的绩效管理体系 (2) 提供绩效管理培训，明确绩效管理流程，设计并提供绩效管理工具和表格(包括各级管理者的能力评估表) (3) 组织职能部门工作业绩考核，组织业务部门和职能总部负责人的工作业绩考核 (4) 组织部门副总经理(含)以上管理者的能力考核，组织职能总部副总经理以下管理者的能力考核 (5) 为部门副总经理(含)以上管理者确定能力考核中的各类评价者 (6) 收集各种考评信息、数据，汇总并统计绩效考核结果 (7) 根据评估结果和人事政策，向决策者提供人事决策依据和建议 (8) 负责员工绩效投诉的受理和调查，并将调查结果提供给总裁或总经理作为决策依据
业务部门	部门内绩效管理实施的组织机构	(1) 依据人力资源部门的绩效考核工作安排和计划要求，组织实施本部门内设部门和员工的工作业绩考核 (2) 及时收集各种考评信息、数据，汇总并统计绩效考核结果 (3) 向人力资源总部提供本部门内设部门和员工的绩效考核结果
财务部	考核数据的提供机构	(1) 负责提供并分析绩效目标设定所需的相关信息、数据 (2) 负责提供反映绩效指标实际完成情况的相关数据

> **小贴士：把所有的"猴子"背在自己身上的HR剥夺了干部的成长机会**
>
> 在实际工作中，HR应主要作为绩效管理的组织者和赋能者，但有些HR有"让业务主管忙业务去吧，考核工作我直接负责到底"的思想。事实上，把所有的"猴子"背在自己身上不利于干部的成长，而绩效考核评议体现了企业的价值导向，它是将所有的冲突和矛盾集中到一起的、有利于干部队伍成长的好机会。

4.4 选择合适的考核模式

在主管认同了绩效考核的意义之后，就要选择合适的绩效考核模式。选择合适的绩效考核模式非常重要，对于不同的考核内容、不同的考核对象，所采用的考核方法是不同的，为了对员工进行合理评价，人力资源部门应该选择合适的考核模式。比较常见的考核模式有目标管理考核法、360度考核法、关键绩效指标(key performance indicator，KPI)考核法、平衡计分卡(balanced score card，BSC)考核法、素质考核法、经济增加值考核法等。其中，经济增加值考核法主要用于考核企业整体绩效，作为绩效经理基本不涉及，在此不做介绍。采用这些考核模式，结合不同岗位的绩效考核周期，就可以实施考核了。

4.4.1 常用考核模式介绍

1. 目标管理考核法

目标管理考核法是那些偏重结果导向且自认为员工素质较高的企业经常采用的考核模式。采用这种模式，主管和下属共同参与制定目标，双方达成共识，有助于目标的确定和实现。目标管理的实质是以目标来激励员工的自我管理意识，激发员工自主行动的自觉性。

2. 360度考核法

顾名思义，360度考核法是指由被考核者的上级、同事、下级和客户(内外部客户)等担任考核者，从多个角度对被考核者进行评价。

3. 关键绩效指标考核法

关键绩效指标来源于关键成功要素，即寻找到那些能够决定企业战略目标成败的关键指标，对这些指标进行考核，这些指标是战略执行效果的监测指针。

4. 平衡计分卡考核法

平衡计分卡考核法从企业战略目标出发，从财务、客户、内考核部流程及学习与发展4个维度来设计有助于达成企业战略目标的绩效指标。相对于偏重考核财务指标的做法，平衡计分卡考核法的指标更加均衡，兼顾了定性和定量评价、客观和主观评价、短期增长和可持续发展的"平衡"。与其他考核模式相比，平衡计分卡可以作为企业从战略制定到执行的实施工具，它能够把几种考核模式串联起来，这也是近几年该模式被推崇的原因。

5. 素质考核法

绩效产出最终是由人的因素决定的，素质是驱动一个人产生工作绩效的各种个性特征的集合，它反映了个人的知识、技能、个性和内驱力等。素质考核法认为，素质是区分绩效出众者和绩效平庸者的根本因素，素质影响了员工的行为，行为又影响了绩效产出，如果不关注素质培养，员工绩效就不会有大的改善。因此，构建企业素质模型，并以素质为基础进行绩效评估是比较常用的一种定性化考核模式。

4.4.2 适合不同人群的考核模式

对于不同的考核模式，人力资源部门可以根据具体需要进行选择和组合。对于每个考核模式的实际操作，本书将在后续篇章进行介绍。表4-3列举了根据不同人群特性推荐的考核模式。

表4-3 根据不同人群特性推荐的考核模式

人员类别	推荐考核模式	主要考核内容
所有员工	素质考核	岗位相关的基础素质
高层领导	目标管理考核	年度经营任务完成情况
中层管理者	平衡计分卡考核	本部门业务指标及团队管理任务
销售人员	目标管理考核	销售任务，包括销售额、销售利润等
研发人员	关键绩效指标考核	研发的质量、成本、进度等
职能人员	目标管理考核/关键绩效指标考核	当期重点任务、日常工作关键绩效指标
生产操作	关键绩效指标考核	根据岗位职责设计达标标准，完不成的"倒扣分"

> **小贴士：考核导向要清晰，考核模式要灵活**
>
> 考核模式不是固定不变的，不能为了考核而考核，考核模式的选择必须针对不同类型人员，并尽可能一致。尤其要注意，特殊岗位考核不能采用"一刀切"的方式。

4.4.3 绩效考核周期

绩效考核周期也叫绩效考核期限，是指多长时间对员工进行一次绩效考核。由于绩效考核需要耗费一定的人力、物力，如果考核周期过短，会增加企业管理成本的开支；如果考核周期过长，又会降低绩效考核的准确性，不利于员工工作绩效的改进，从而影响绩效管理的效果。

不同岗位的工作内容是不同的，绩效考核周期也应当不同。

(1) 对管理类岗位的绩效考核，其实就是对整个企业、部门和团队的业绩完成情况和管理状况进行评估的过程。这些管理人员要对企业战略实施负主要责任，在短期内难以取得成果，高层领导的考核周期可以是一年，中层管理者的考核周期可以是半年。

(2) 对销售人员的绩效考核，考核指标主要有销售额、回款、利润率、客户满意度等。这些指标的收集一般以自然月为周期进行，所以对销售人员的考核周期可以设置为月度或年度，而对于超额奖的部分可以及时兑现，这样有利于提升他们的积极性。当然，不同产业的销售成单的时间不同，一般而言，B2B商业模式销售周期长，考核周期也可以相应延长。

(3) 对于研发人员，可以按照项目周期或固定周期进行考核。如果是大型项目制的业务模式，项目周期比较长，可以按照时间节点和交付成果标准进行考核，某一阶段的考核周期不一定能按照月度或季度进行设置，可以产出符合标准的成果为节点设置考核周期。针对此类情况，要注意的是，除了每个节点的考核外，整个项目的完成也是有周期限制的，在整个项目结束后，也要进行综合考核。如果项目规模不大，员工兼顾多个项目，项目周期又在半年之内，也可以综合多项目的计划完成情况，对员工进行周期性考核，考核周期建议设置为季度或半年度。

(4) 对职能类员工来说，虽然工作有制度依据，但工作结果量化成本较高，考核重点在于他们完成工作过程中的行为，要随时监控，及时记录，考核周期建议设置为月度或季度。

(5) 对生产操作类员工而言，产品生产周期一般比较短，生产一个批次的产品也许只要几天，最长一周。此种情况下，考核的关键点在于产品质量、成本和交货期等，考核周期宜缩短到周或月度，这样有利于及时奖励。而对于生产周期较长的产品，也可以延长员工考核周期，按照生产批次进行考核。

当然，人力资源部门是否要对不同岗位设置不同的考核周期，应根据实际情况来定。如企业授权各部门灵活处理，则分岗位考核是一种更贴近业务实际的方法，但相关部门要频频进行核算并进行物质激励，会带来更多的管理成本。如企业主张整齐划一，则可以统一考核周期，也方便将考核结果统一应用于奖金发放、员工晋升等。对于规模较小的企业，管理层级不多，高层也能了解基层员工情况，建议采取统一考核周期的模式；对于规模较大的企业，则可以按不同序列采取不同的考核周期，当然，还需要有对应的管理体系予以支持。

4.5 绩效考核启动

得到各级主管的支持，确定了绩效考核模式和考核周期，就可以启动对员工的绩效考核了。常见的绩效考核启动方式是下发文件或邮件通知，或者组织一次正式的开工会，同时在员工、主管层面进行培训和宣传。为了取得更好的效果，可将这几种方式结合起来使用。

4.5.1 绩效考核启动通知

在员工绩效考核启动通知中，建议明确以下几点。

(1) 绩效考核的意义，本次绩效考核的原则或指导思想。

(2) 绩效考核的组织保障和责任分工。

(3) 绩效考核实施流程和各个节点的时间。

(4) 绩效考核的对象和考核模式。

(5) 员工考核结果的分布要求。

(6) 考核申诉渠道。

(7) 绩效考核结果的应用(可选)。

以下提供××股份有限公司绩效考核启动通知作为参考。

××股份有限公司2022年度绩效考核工作的通知(示例)

为了公正、客观地评价公司员工的年度工作业绩，总结工作中的成绩和不足，达成绩效持续改进的目的，结合各事业部(部门)年终考核进度，公司对2022年度员工绩效考核工作统一安排如下。

一、考核时间

2022年12月16日—2023年1月13日

二、考核对象

本次考核对象为：2022年11月30日前在职的公司各事业部(部门)员工。

以下员工不参与考核：①副总裁、一级总经理；②考核期间休假、停职超过两个月者；③试用期员工。

三、考核内容

已明确各岗位考核内容的部门，可在现有考核项目的基础上，按照目标管理的考核模式开展2022年度考核工作。还未明确各岗位考核内容的部门，可以根据员工本年度工作中确认的各项工作任务，按照"经营指标/工作指标和管理指标"两个维度进行分解，确认个人年度考核内容。

四、评价流程

本次考核采取"打分与等级评定"相结合的方式，考核步骤(建议)如下所述。

(1) 员工自评打分。

(2) 由直接上级收集相应考核数据，打分并确定考核等级。

(3) 部门总监或越级主管审核与调整考核等级。

(4) 事业部总经理、主管副总对员工考核等级进行最终的调整和确认，员工最终考核等级以事业部总经理调整和确认后的等级为准。

五、考核等级评定方法

(1) 根据考核得分，将考核等级分为优秀(A)、良好(B)、合格(C)、需改进(D)共4个等级，原则上按照 A：B：C：D＝20%：50%：20%：10%的比例进行强制分布。

(2) 上级主管可以根据各部门绩效情况，适当调整下级部门人员的等级分布比例：绩效较佳的部门可以适当增大A、B等级人员的比例；绩效欠佳的部门可以适当减小A、B等级人员的比例。

(3) 事业部总经理和主管副总最终调整和确认后的部门人员考核等级分布比例，原则上应该符合 A：B：C：D＝20%：50%：20%：10%。

2023年1月13日前，各事业部(部门)将考核结果(含考核分数和考核等级)递交到人力资源部进行审核归档。

六、考核结果反馈

各考核人员要严格遵循考核标准，实事求是地进行考核评分，客观公正地反馈被考核者的成绩和存在的不足，为员工的绩效提升提供指导和建议。考核结束后，请各事业部组织员工绩效反馈面谈工作，总结工作中的成果和不足，达成工作改善和发展提升的约定与共识。绩效考核结果反馈应在2023年1月20日前完成。

七、意见与申诉

年终考核结束后，参与考核的人员可将对本次考核的建议或意见反馈至人力资源部，以便公司不断完善和优化绩效管理体系。

××股份有限公司

2022年××月××日

> **小贴士：让部门按期提交绩效考核结果的招数**
>
> 部门拖延提交考核结果是个让人头疼的难题，针对这个难题，可以采取几个办法，如请高级主管督促、公布各部门进展等。此外，如果考核结果和调薪、奖金等挂钩，可以表态，哪个部门先审核完考核结果，哪个部门先涨工资或先发奖金。这类方法用过一次，大家按时提交考核结果的积极性就上来了。

4.5.2 绩效考核启动会议

发邮件或者文件进行通知是单向沟通，无法得到各级参与主管的直接反馈，毕竟他们才是行使绩效建议权的主要人员。尤其是引入新的绩效考核模式后，作为一个管理变革的项目，组织一次启动会议(kick-off meeting)是非常有必要的。

绩效考核的启动会议，建议以下人员参加。

(1) 会议组织者——人力资源部。

(2) 会议主持人——绩效经理或人力资源总监。

(3) 会议参加人——有绩效结果建议权的各级主管(有考核权)、跨部门委员会代表(有相关考核权或否决权)、提供绩效参考数据的各支撑部门主管(提供数据支持)、主管人力资源工作的企业高层领导(项目赞助人)、工会代表(员工代表)、绩效专员(收集各部门考核结果)。

(4) 会议记录人——绩效专员。

绩效考核启动会议议程如表4-4所示。

表4-4 绩效考核启动会议议程

序号	议程	主讲人	主要目的
1	开场	绩效经理/人力资源总监	介绍本次会议的意义和目的,介绍相关与会人员
2	领导讲话	主管人力资源工作的高层领导	介绍对本次绩效考核的期望,明确导向,提升各级主管的重视程度
3	介绍本次绩效考核方案	绩效经理	回顾上期绩效考核问题,介绍本次方案的变化,就考核方案达成共识
4	本次绩效考核关键流程节点和交付件	绩效经理	明确各组织和角色在本次考核中的责任,使相关人员明确各项工作的时间节点和交付件要求
5	沟通讨论	相关与会人	讨论并答疑
6	会议总结	高层领导/人力资源总监	解决遗留问题,启动绩效考核

4.5.3 管理者绩效培训

在绩效考核启动过程中,应对管理者进行绩效培训,使其具有绩效管理的相关能力。这是非常关键的一环,毕竟他们是面向员工进行绩效考核的"最后一公里",企业的导向需要由他们进行最后的传递。如果管理者不能正确地理解考核项目、准确地把握考核标准,那么再好的考核制度或量表也是形同虚设。这就如计算机的软件和硬件,硬件配置再高,没有配备相应的软件,也是废料一堆,中看不中用。

1. 管理者绩效培训内容

要想提高管理者的绩效管理水平,需要对他们进行相关的培训。管理者的绩效培训内容如表4-5所示。

表4-5 管理者的绩效培训内容

序号	课程方向	课程目标	参考内容
1	公司人力资源制度与绩效管理	对企业人力资源制度架构和内容进行说明,使管理者认识到人力资源管理系统是企业经营战略的一个重要组成部分,并且理解绩效考核在人力资源系统中的基础作用	(1) 人力资源管理体系 (2) 人力资源价值链 (3) 绩效管理的功能及其在人力资源体系中的作用 (4) 管理者在绩效管理中的责任
2	绩效评估	了解绩效目标设置及确定衡量标准的方法,掌握合适的评估模式和工具,明确绩效评估的误区	(1) 绩效评估模式 (2) 绩效目标设置 (3) 绩效衡量标准 (4) 绩效评估工具 (5) 绩效比例控制 (6) 绩效评估的误区

(续表)

序号	课程方向	课程目标	参考内容
3	关键绩效指标	了解关键绩效指标的定义及重要性，掌握绩效指标的设计原则、权重，能有针对性地设计下属的绩效指标	(1) 关键绩效指标定义 (2) 关键绩效指标设计原则 (3) 关键绩效指标设计演练 (4) 权重设计方法
4	绩效沟通与辅导	掌握绩效沟通与辅导的方法和技巧，激发员工潜能，达成绩效目标	(1) 绩效沟通概述 (2) 绩效辅导定义 (3) 绩效辅导方法 (4) 绩效辅导案例及演练
5	绩效反馈	提高绩效反馈的技巧，达成预期的反馈效果	(1) 绩效反馈准备 (2) 绩效反馈方式 (3) 绩效面谈方法 (4) 绩效面谈中的非语言交流 (5) 绩效面谈的误区
6	低绩效员工处理	掌握绩效改进的方法，学会与低绩效员工妥善沟通，掌握相关法律法规以及应对低绩效员工的方法	(1) 绩效改进沟通 (2) 绩效改进计划拟制 (3) 低绩效员工处理方法 (4) 如何避免低绩效员工处理中的法律责任

2. 管理者绩效培训注意事项

(1) 人数。由于涉及研讨，需要考虑培训的规模效应，人数不宜过多，也不宜过少，以20~35人为宜。

(2) 时间。绩效培训可以化整为零，但需要在较短的时间内完成培训，或者集中在1~2天内完成系列培训。

(3) 讲师来源。讲师团队应由资深人力资源经理或者富有实战经验的管理者组成，课前统一备课，保证授课内容的一致性。如果有高层主管的强力支持，则建议让最不重视绩效管理的主管来讲课，如果他能讲好课，那么，他的思想问题自然就解决了。

(4) 培训方式。对于管理者的培训，建议不要采取简单讲授的方式，应结合案例研讨、场景演练等方式，这样更有利于学员掌握相应的技能。如果条件允许，可以组织相应的考试，以提高学员学习的积极性。

4.5.4 员工绩效培训

管理者掌握了绩效管理方法后，同样需要对员工进行必要的绩效培训，以消除其误解和认识偏差，同时使其掌握必要的操作技能。员工对任何形式的考核都是比较敏感的，有些员工害怕受到不公正的考核；有些员工平时对主管缺乏信任，考核时容易产生抵触情绪。因此，需要对员工进行培训，让员工对绩效管理有全面的理解，让他们认识到绩效管理对其个人发展、能力提升、向上管理的价值，从而主动积极地配合绩效管理实施。员工绩效培训内容如表4-6所示。

表4-6 员工绩效培训内容

序号	课程方向	课程目标	参考内容
1	绩效管理介绍	员工了解绩效管理的目的和过程，消除员工因不了解绩效管理而产生的紧张或焦虑情绪	(1) 什么是绩效管理 (2) 绩效管理基础流程 (3) 本次操作节点
2	绩效计划	员工理解绩效计划的含义，掌握拟订绩效计划的方法	(1) 绩效目标及衡量标准 (2) 关键绩效指标设计 (3) 重点工作拟制
3	绩效量表	员工理解绩效考核量表的设计思想，掌握绩效量表的填写方法	(1) 绩效量表设计思想 (2) 绩效量表设计原则 (3) 绩效量表设计方法 (4) 填写演练与点评

员工培训可以参考管理者培训的模式，但应更加注重实际操作，因此培训内容中，方法、技巧、演练等要占较大的比重。

4.6 员工绩效考核数据的收集

彼得·德鲁克曾说："没有度量，就没有管理。"数据是度量的基础，也是管理的基础。无论选择哪种考核模式，都需要汇总、检查员工的相关绩效数据。绩效指标的定义、计算公式及数据来源等，都是绩效考核的重要方面。人力资源部门应建立并维护绩效指标词典，但在实际操作中，由于快速变化的业务及较高的指标管理成本，很多企业很难也并无必要建立统一的指标库(关于绩效指标库的建设，本书将在后续章节进行阐述)。但无论如何，在员工绩效衡量标准的制定阶段，企业必须要考虑绩效数据的可获得性。在员工绩效考核启动之初，人力资源部门应推动周边部门提供绩效考核的数据支持。

4.6.1 绩效数据可获得性检查

在绩效计划制订之时，就要考虑相关数据的收集情况。再完美的绩效计划，如果缺乏落地的数据支持，那也只是空中楼阁而已。实践中，很多企业考核周期早就结束，但绩效结果迟迟无法确定，很大一部分原因就是绩效数据无法获得。因此，员工的关键绩效数据的可获得性，是影响员工绩效计划科学性的重要因素。对于绩效数据可获得性的检查，在绩效计划制订之初，在企业没有统一的绩效指标词典的情况下，可以按照部门维度由部门自检。人力资源部门收集数据时，要有明确的标准和数据来源，要按照业务流程和制度来收集数据。绩效数据可获得性自检表如表4-7所示。

表4-7　XX部门绩效数据可获得性自检表

序号	指标	计算公式	数据	数据提供部门	数据提供周期	数据提供部门是否确认
1	××指标		××数据	××部门	□天 □周 □月 □季 □年	□是 □否
			××数据	××部门	□天 □周 □月 □季 □年	□是 □否
2						

对于每一项确认可获得的数据，都要有明确的数据获得方式和流程，表4-8为某企业生产部门关于备料及时率指标的数据收集作业指导书，可供参考。

表4-8　数据收集作业指导书

指标	备料及时率	数据收集部门	物流计划部	数据收集责任人	物流计划部经理、物控员
序号	作业内容		责任人	记录表单	相关流程
1	物流计划部经理安排物控员每周分别对物料仓进行一次抽查，并记录抽查备料批次及不及时批次		物流计划部经理	物料抽查记录表	仓库管理办法
2	物控员在抽查时，边抽查边记录，将抽查结果记录在"物料抽查记录表"上		物控员	物料抽查记录表	仓库管理办法
3	如发现异常，物控员要详细记录异常现象，并要求责任仓管或其主管当场签字确认		物控员	物料抽查记录表	仓库管理办法
4	物流计划部经理负责每月分别进行一次汇总，交总经理批准		物流计划部经理	备料情况月度统计报告	仓库管理办法

人力资源部门将经过自检的指标收集汇总和审核，重点检查各部门的统计口径、标准、方法以及数据来源等是否保持一致。对于矛盾的指标及数据来源，人力资源部门应组织相关部门进行讨论和修改。表4-9为某生产类企业的考核指标数据一览表。

表4-9 主要考核指标数据一览表

考核指标	信息提供单位	信息提供支持单位	被考核人
损失×××产量	调度室	生产技术部、机械动力部	生产副总经理
物料平衡和装置匹配协调	调度室	无	生产副总经理
原材料单耗	生产技术部	工艺车间、物资部、财务部	生产副总经理
生产成本	财务部	各车间、综合管理部	生产副总经理
厂控工艺	生产技术部	相关车间、综合管理部	生产副总经理
事故数	安全环保部	生产技术部、机械动力部	生产副总经理
产品质量和质量事故	质检中心	物资部、工艺部、仪表部、电气车间	生产副总经理
化验室费用	质检中心	无	设备副总经理
维修费用	机械动力部	综合管理部、财务部	设备副总经理

4.6.2 考核实施中的数据收集

在考核启动后，人力资源部门应该要求各部门主管向数据提供责任人收集相应的数据，各主管在掌握充分有效数据的情况下，对员工进行绩效考核。

对于在考核周期内得到的数据，应该得到相关部门及被考核者本人的确认，以保证各方对数据理解的一致性，使被考核者能够信服。在不影响信息安全的情况下，建议在部门管辖范围内公示一些通用性的指标和数据，以保证数据的严肃性和考核的公平性。

除了来自数据提供部门的反馈，管理者还需要把这些数据和管理者日常通过其他渠道(如工作样本分析、错误报告、工作报告、周边反馈、关键事件记录等)收集到的数据进行对比，交叉验证，以使员工的绩效考核依据更加充分。

4.6.3 消除考核的主观性偏差

考核数据原则上应该在员工的绩效考核表中呈现，考核人员应该向各考核主管收集每个员工的绩效考核表以备核对及存档。在实际操作中，有些主管怠于提交每个员工的绩效考核表，只愿意提供绩效考核等级或分数。对此，考核人员可以进行抽查和比对，以免各主管凭借主观印象进行评定。同时，实际数据计算结果和员工考核等级之间难免会有差异，这种差异往往源自部分考核因素在设计考核标准的时候被忽略或者没有在标准中进行明示，而"现实总是要比计划复杂"，因此，在全面评价员工最终绩效的时候，某些因素被"综合"考虑了，这种"差异"有助于考核人员理解每个主管的考核偏好。在确定绩效目标和评价标准的情况下，一个运行良好的绩效考核体系应该尽量少受主管个性的影响，即无论谁是主管，高绩效的标准是一致的。这就要求主管在考核中应避免几种常见的偏差。

1. 定势偏差

主管在对员工进行评价的时候，往往会受到经验和思维定势的影响，在头脑中形成对人或事物的不正确看法。例如，有一个研发主管，因为曾经被一个销售人员"忽悠"而开发了多个没有实际形成销售的研发版本，导致下属颇有微词，自己工作受阻。所以，在评价销售人员的时候，这个研发主管就主观地认为整个销售团队都有这个"恶习"。

2. 偏见偏差

人们总是喜欢和那些与自己性格相似的人相处，在考核过程中，一些主管习惯把自己的性格、作风拿来和被考核者对比，对于与自己相似的人，可能会主观地给予高评价；相反，对于那些和自己格格不入的人，则往往评价偏低。例如，有个主管为人保守，看到有个男性下属经常戴着一条手链就甚为不爽，他认为戴饰物的男性往往好逸恶劳、对工作不能尽责。这样的偏见往往会影响他对该员工的绩效评价。有了这样的偏见，对于该员工的优秀表现，主管总是会选择性地过滤，甚至视而不见；但对于该员工的某些不足，主管会刻意寻找证据印证判断的"正确性"。

3. 晕轮偏差

晕轮偏差指的是因为晕轮效应(又称光环效应)而导致的评价偏差。例如，因为某员工在某方面表现出色，则被主管认为样样优秀；因为某员工曾有不良记录，则永远被主管戴上了"低绩效员工"的帽子。在这一效应影响下，优秀员工往往被架上神坛。但人无完人，没有人能保证永不犯错。

4. 近期偏差

我自己刚做主管的时候，曾经有两个下属，一个工作认真负责、任劳任怨；另一个则有点油滑，工作时挑肥拣瘦。我当时所在的企业是半年考核一次，考核前一个月，由于前者工作疏忽，我呈报的关键材料出了问题，导致我被上级批评；而后者则碰巧圆满完成了一个项目。在这个考核周期，前者就因为这个所谓的关键事件被我评为较低的绩效等级；而后者则因为在考核前期的优异表现被我评为优秀。这样的一次评价让前者的情绪低落了好一阵子，由于担心多干多错，这个员工的工作积极性大不如前，我从此失去了一个工作认真负责的好下属。这就是近期偏差带来的惨痛教训。

> **小贴士：HR要耳聪目明，掌握更多第一手资料**
>
> 只要是人做出的评价，主观性是难以避免的，那么应怎样做才能使考核结果不偏不倚、真实有效呢？除了要明确考核目标和标准、不断提高考核人员自身能力之外，还要求考核人员多倾听员工的意见，多观察周边的反馈，创造公平、公开、公正的考核氛围。

4.7 员工考核结果的确定

尽管绩效循环、过程辅导等思想日渐被大家重视，但员工绩效考核评价依然是绩效管理的重点和关键。通过绩效考核结果，员工可以找到差距和优势，以持续改善绩效，这也体现了主管对员工、组织负责任的态度。对人力资源部门而言，经过"漫长"的考核周期，终于可以拿这个结果去应用。考核分数和考核等级是很多企业采用的绩效考核结果量化表现形式。那么，如何表现员工的绩效考核结果呢？用分数好还是等级好？员工应与他人相比还是和自己相比？主管和员工能不能一起比？比例结果如何分布？这些都是非常值得人力资源部门关注的问题。

4.7.1 绝对分数制与等级制的评价机制

员工的考核结果该如何描述呢？有些企业采用绝对分数制，如百分制或十分制；有些企业采用等级制，如优秀、良好等。

1. 绝对分数制

对于绝对分数制，分析角度不同，理解也不同。从扣分角度来理解，如以满分为目标，可以把个体得分理解为考核结果与满分的差距，即失败一次扣多少分，满分减去扣掉的分就是绝对得分；反之，从得分角度来理解，成功一次得一分，累计起来就是该员工的绩效得分。长期以来，"一分定输赢"的高考模式被家长和学生诟病，因此，部分地区推行"等级制"或"位置制"，即把考生的成绩转化为等级或位置。我女儿所在的学校也曾把学生的学习成绩转化为优秀、合格之类的等级，但不久后分数制卷土重来，不少家长认为分数制更能体现公平性，毕竟一分的差距也是差距，而且等级制肯定不如分数制透明。但是，在企业中，分数的刚性又会影响考核结果在后续人力资源各模块中的应用。例如，两个员工考核分数差一分，奖金应该差多少？是不是一个能晋升另一个不能晋升？这些问题很难妥善处理，所以，很多企业又把分数转化为等级，以方便后续的绩效结果应用。

2. 等级制

对于等级制，可以理解为把员工的绩效结果按照某个标准划分等级。采用等级制，确定绩效考核等级数量是很关键的一步，但不少企业在这方面缺乏研究，导致等级划分不合理，给绩效考核的实施带来了负面影响。比较常见的是将绩效考核等级划分为3~5档。企业文化及激励方式不同，等级划分方法也不同。划分等级多、对绩效考核要求高，可以实现比较强的激励；划分等级少、对绩效考核要求较低，可以减少一些矛盾，但激励的作用也会相应弱化。从实际操作来看，3档的区分度太低，多数企业采用4档或5档的评价等级。为了更好地让员工理解各等级的含义，企业需要对等级进行描述或说明。常见的等级制描述如表4-10、表4-11、表4-12所示。

表4-10　5档等级制等级描述(1)

绩效等级	等级描述	等级定义
杰出(S)	显著超出目标	实际绩效显著超过预期计划/目标和岗位职责/分工要求，在计划/目标和在岗位职责/分工要求所涉及的各个方面都取得特别出色的成绩
优秀(A)	超出目标	实际绩效超过预期计划/目标和岗位职责/分工要求，在计划/目标和岗位职责/分工要求所涉及的主要方面取得较突出的成绩
良好(B)	达到目标	实际绩效达到预期计划/目标和岗位职责/分工要求，工作表现符合期望
合格(C)	接近目标	实际绩效基本达到预期计划/目标和岗位职责/分工要求，无明显失误
不合格(D)	未达到目标	实际绩效远未达到预期计划/目标和岗位职责/分工要求，在很多方面存在严重不足或失误

表4-11　5档等级制等级描述(2)

绩效等级	等级描述	等级定义
优秀(A)	显著超出目标	实际绩效显著超过预期计划/目标和岗位职责/分工要求，在计划/目标和在岗职责/分工要求所涉及的各个方面都取得特别出色的成绩
良好(B)	超出目标	实际绩效达到或部分超过预期计划/目标和岗位职责/分工要求，在计划/目标和岗位职责/分工要求所涉及的主要方面取得较突出的成绩
合格(C)	达到目标	实际绩效基本达到预期计划/目标和岗位职责/分工要求，无明显失误
需改进(D)	接近目标	实际绩效未达到预期计划/目标和岗位职责/分工要求，在主要方面存在需要改善的不足或失误
不合格(E)	未达到目标	实际绩效远未达到预期计划/目标和岗位职责/分工要求，在很多方面存在严重不足或失误

表4-12 4档等级制等级描述

绩效等级	等级描述	等级定义
优秀(A)	超出目标	超出工作期望 1. 提前完成工作计划 2. 工作质量明显超过要求 3. 得到他人和周边的高度评价
达标(B)	达到目标	符合工作期望 1. 能够按时完成工作计划 2. 工作质量符合要求 3. 胜任本职工作 4. 无周边或部门内投诉
需改进(C)	业绩待改进	基本符合工作期望 1. 工作计划完成需要督促 2. 工作质量基本符合要求 3. 基本可以完成本职工作 4. 偶有周边或部门内投诉
不合格(D)	未达到目标	无法达到工作期望 1. 无法完成工作计划 2. 工作质量差 3. 无法完成本职工作 4. 有较多周边或部门内投诉

4.7.2 相对考核与绝对考核的评价机制

各级主管根据绩效考核标准对员工进行评价之后,是否就能以对照绩效标准衡量后的绩效等级作为员工绩效考核结果呢?如果绩效考核仅仅是一种类似发小红花的精神激励,给大家多戴些小红花也是无妨的,可绩效考核结果会应用到后续人力资源的各个环节中,直接关系员工日后的工资、奖金、晋升等。因此,是否可以直接把对照绩效标准衡量后的绩效等级作为最终的绩效考核结果确实是一个非常值得关注的问题。

1. 绝对考核

绝对考核是指对每个员工的个人绩效进行单独评估,而不是对员工进行互相比较,再来评出员工的绩效结果。根据分数或者测算结果直接确定等级,这是很多企业开始尝试绩效管理时普遍采用的方式,表4-13为分数与等级转换对照关系的示例。

表4-13 分数与等级转换对照关系(示例)

分数	等级
分数≥90	优秀
80≤分数<90	良好
70≤分数<80	合格
60≤分数<70	需改进
分数<60	不合格

绝对考核机制对绩效考核的要求很高，当大家都公平、公正、严格地对待绩效考核工作，评价标准合理、有效，绩效考核分数分值分布基本合理时，才能对绩效考核区分等级。但实践的复杂程度远高于任何预测，由于难以区分绩效考核等级，往往所有员工都是"优秀"，最终使得绩效考核流于形式。人们普遍认为，绩效分布应该符合正态分布，但我在任职企业做过试点，如果不加约束，直接让主管上报绩效考核结果，多数情况下"优秀""良好"的员工比例超高，"待改进"或"不合格"的员工则寥寥无几。此外，如果将此结果应用于后续的奖金分配、晋升等环节，各主管自然会有打高分的冲动，谁都不愿意成为牺牲兄弟利益的"包拯"。不仅仅是考评等级，当各主管面临员工考评沟通的压力时，也会考虑"面子"的问题。绝对考核相对更受主管欢迎，因为主管能够掌握更大的权力，但显而易见，这种考核办法有一定的弊端。

2. 相对考核

为了避免考核过于"和谐"，加强团队你追我赶的势能，不少企业逐渐开始采用强制排序法，就是将一定范围内的员工按照绩效考核成绩进行排序，根据比例强制划分等级，这就是相对考核。表4-14为运用相对考核的强制比例分布示例。

表4-14　运用相对考核的强制比例分布(示例)

绩效等级	比例
优秀	15%
良好	20%
合格	40%
需改进	20%
不合格	5%

这种方法基于这样一个有争议的假设，即所有部门中都有表现同样优秀、一般、较差的员工分布。一旦选择这种方法，考核者应在考核之前决定按照什么样的比例将被考核者分别归入每个绩效等级中。可以想象，如果一个部门全部是优秀员工，部门经理就难以决定应该把谁归入较低等级中。

相对考核的优点是有利于管理控制，特别是在引入员工淘汰机制的企业中，采用这种方法能明确筛选淘汰对象，由于员工纷纷担心自己落入最低绩效区间，会更加努力工作，可以说这种方法具有强制的激励和鞭策功能。当然，它的缺点也是显而易见的，如果一个部门的员工的确都十分优秀，进行强制正态分布，会带来很多麻烦。为了避免部门间的"大锅饭"，将团队绩效考核结果与个人绩效考核结果相结合，不失为一种修正的办法。比如，在表4-14的基础上，根据团队绩效情况做出修正，如表4-15所示。

表4-15 团队绩效和个人绩效等级的关系(示例)

团队绩效等级	个人绩效等级
优秀团队	优秀比例不超过30%，不合格比例不做要求
合格团队	优秀比例不超过15%，不合格比例不低于5%
不合格团队	优秀比例不超过5%，不合格比例不低于10%

此外，相对考核还可以结合绝对考核的结果，就是先通过分数范围划分考核等级(见表4-13)，然后通过强制排序来确定各等级人员比例(见表4-15)。通过逐步确定员工的最终绩效，主管也能缓解直接告知员工相对排序等级的压力。

4.7.3 员工绩效考核结果的确定方法

了解了绝对分数制和等级制、绝对考核和相对考核后，实践中应如何选择并操作呢？具体可以从三个角度来考虑：一是当前团队特点；二是组织特点；三是岗位特点。

1. 团队特点

如果团队内部一团和气，员工缺乏拼搏意志，"大锅饭"倾向严重，人力资源部门需要鼓励员工竞争，激发团队活力，建议采用相对考核的方法，甚至引入末位淘汰机制，对于排在末位的员工，按规定比例强制淘汰。如果团队内部需要加强合作，通过把蛋糕做大来分得更多的收益，采用绝对考核方法会更好。根据团队特点确定绩效考核方法如表4-16所示。

表4-16 根据团队特点确定绩效考核方法(示例)

团队问题	绩效考核方法	目的
团队内部一团和气，员工缺乏拼搏意志，"大锅饭"倾向严重	相对考核	鼓励员工竞争，激发团队活力
团队内耗严重，合作性差	绝对考核	团队内部需要加强合作，通过把蛋糕做大来分得更多的收益

2. 组织特点

对于规模比较小的企业(100人以下)，从CEO到基层的组织层级不超过3层，对于每个员工的表现，CEO作为激励成本的最后承担者，都能有准确的感知，建议主要采取绝对考核，好就是好，不好就是不好，不需要通过排序来确定等级，管理成本也比较低。对于规模比较大的企业(超过500人)，组织层级纵深超过3层，必须依靠中层管理者进行人员管理和价值分配,最高领导者很难观察到每个员工的工作表现,建议采取以相对考核为主的考核方法,以使激励成本可控,并激发内部竞争。对于流程型组织,岗位责任明确,主要依靠流程保障结果,为鼓励员工干好自己的本职工作,以可靠性为主要目标,建议采取绝对考核。对于网络型组织,为鼓励员工干得更多、"手伸得更长",建议采取相对考核,使员工多劳多得。根据组织特点确定绩效考核方法如表4-17所示。

表4-17 根据组织特点确定绩效考核方法(示例)

组织特点	绩效考核方法	目的
规模比较小的企业(100人以下),从CEO到基层的组织层级不超过3层	绝对考核	考核效率高,准确,公平性较好
对于规模比较大的企业(超过500人),组织层级纵深超过3层	相对考核	激励成本可控,激发内部竞争
流程型组织	绝对考核	鼓励员工干好自己的本职工作,绩效结果的可靠性依靠流程管控
网络型组织	相对考核	鼓励员工干得更多、"手伸得更长",多劳多得

3. 岗位特点

对于基层岗位,建议采取绝对考核,倡导合作,对人员以激励为主。操作时必须要注意,要有薪酬包的总体管控,各家"分灶吃饭";对于中层岗位,建议采取相对考核,鼓励竞争,传递危机感,使团队持续进步、不懈怠;对于高层岗位,建议采取目标管理的绝对考核,引导其对达成经营目标负责。根据岗位特点确定绩效考核方法如表4-18所示。

表4-18 根据岗位特点确定绩效考核方法(示例)

岗位层级	绩效考核方法	目的
高层	绝对考核	对达到经营目标负责,眼睛朝外看,关注外部竞争
中层	相对考核/绝对考核	鼓励竞争,传递危机感,如人少,可以采取绝对考核
基层	绝对考核	倡导合作,以人员激励为主(薪酬包管控)
操作类	绝对考核	考核标准清晰,鼓励多劳多得

需要注意的是,以上内容只作为企业选择绩效考核方法的参考。实践中,企业可以根据团队、岗位的情况组合使用不同方法。

4.7.4 员工绩效考核结果的管理

确定了绩效考核结果之后,人力资源部门需要对绩效结果进行上报和存档管理。规范的数据管理既代表了严谨的审核程序,也是后续进行系统处理的基础。

1. 考核结果上报

各部门完成员工考核后,由各主管提供经过部门主管副总审核或分公司总经理审核的绩效考核数据。部门员工绩效考核结果上报表(示例)如表4-19所示。

表4-19 部门员工绩效考核结果上报表(示例)

编制:　　　审核:

序号	姓名	岗位	职级	考核得分	绩效等级	备注
1						
2						
3						
4						
5						

备注:(1) 绩效等级分为优秀、良好、合格、需改进、不合格;
　　　(2) 总监以上人员不参与部门内部排序,由主管副总确定。

人力资源部门需要对各部门或分公司上报的结果进行审核,如果采用先打分数再进行相对考核的方式,一是需要对打分的情况进行审核,确定分数的合理性;二是需要对相对考核的总体等级结果进行审核,确保等级比例分布符合要求。此外,如果企业有分层考核的要求,还需要对不同岗位层级的比例分布进行审核,确保考核比例在不同层级中合理分布。

2. 绩效档案管理

人力资源部门收集员工绩效考核结果并进行审核和批准之后,需要刷新员工的绩效档案,以备后续核对、分析。员工绩效档案(示例)如表4-20所示。

表4-20 员工绩效档案(示例)

序号	部门	姓名	岗位	职级	2021年		2022年		……	备注
					半年度绩效等级	年度绩效等级	半年度绩效等级	年度绩效等级		

第5章 员工绩效反馈与改进

绩效反馈是员工绩效管理的最后一步。在绩效反馈环节，员工和管理者一起回顾和讨论绩效考核结果。管理者针对员工在绩效考核期间的表现进行反馈，肯定成绩，找出不足，帮助员工明确改进方向；员工对管理者的反馈予以认同，如有异议，可以提出申诉。绩效反馈对推动员工持续改进工作起到了重要作用。同时，考核结果是否客观，也要经过"群众"的检验。因此，绩效反馈的好坏在一定程度上决定了绩效管理工作的成败。

不少主管在这个环节会感到压力很大，对于高绩效员工，怕沟通不好，员工"翘尾巴"，自身也不知道如何改进；对于低绩效员工，更怕"炮弹"不足，不足以说服员工，从而引起对立和冲突。因此，很多主管会以各种理由来拒绝反馈，如"考核就是管理者的事，让员工知道结果干啥""这样做，绩效结果不佳的员工会感觉没有面子"等。其实，每个渴望上进的员工都希望知道自己到底做得怎么样，如果员工无法得知自己的工作表现，他们就会觉得自己没有受到重视，自身的价值没有实现。记得一次考评周期结束，我将下属绩效经理评为"优秀"，由于她本人在收集全体员工考核结果的时候就能看到自己的考核结果，加之绩效考核结果又是"优秀"，我也就"懒"得沟通了，没想到她主动找到我，问我为什么把她评为"优秀"，她有什么地方是需要改进的，这让我很惭愧。由此可见，员工对于绩效反馈抱有很大的期望。

那么如何做好员工绩效反馈与改进呢？

5.1 绩效反馈的方式与适用场景

为了收到良好的反馈效果，首先要选择合适的绩效反馈方式。绩效反馈方式主要分为个人绩效面谈、集体绩效面谈、电话反馈、邮件反馈、团队公示等。各种绩效反馈方式的比较如表5-1所示。

表5-1 各种绩效反馈方式的比较

绩效反馈方式	说明	适用场景	特点
个人绩效面谈	由考核责任人与被考核员工进行一对一绩效面谈	作为正式的绩效结果沟通，应预约，便于双方做好准备	沟通充分，能通过肢体语言更好地把握员工的情绪，属于主流沟通方式

(续表)

绩效反馈方式	说明	适用场景	特点
集体绩效面谈	由考核责任人与多位被考核员工进行一对多的绩效面谈，或者由考核责任人邀请周边的相关考核人对多位被考核员工进行多对多的绩效面谈	对于团队在过去一个季度中的表现进行总体点评，邀请周边部门进行意见反馈，集体绩效面谈可以作为个人绩效面谈的补充	周边部门、团队成员间能进行交流，能形成会议纪要，沟通效率比较高，但主管无法和员工进行私密的交流
电话反馈	由考核责任人与被考核员工就绩效结果进行电话沟通	主管和员工在异地，或在时间紧急的情况下只能进行电话沟通，适用于沟通难度较小的绩效沟通	解决异地问题，但对于员工的情绪无法现场把握，对于难度较大的绩效沟通，则谨慎采用
邮件反馈	由考核责任人用邮件方式反馈绩效结果并征求被考核员工意见	比较适用于为正式的电话或面谈沟通做铺垫	可以通过邮件传达部分不方便正面沟通的内容，但由于缺乏互动，容易引起误解
团队公示	由考核责任人在某个范围内公示被考核员工的绩效结果并征求被考核员工意见	在员工绩效面谈之后，可以用这种方式树立员工标杆	考核结果公开，对团队成员的刺激较大，对管理者的管理成熟度有较高的要求

个人绩效面谈是首选沟通方式；邮件反馈、电话反馈等可作为个人绩效面谈的补充；团队公示"刺激"效果显著，但风险也大。

5.2 绩效面谈

绩效面谈是绩效反馈中最重要的一种沟通方式，即通过面谈的方式，考核主管和被考核员工针对绩效考核结果交换看法并进行研讨。不懂得如何进行绩效面谈沟通的主管是不可能拥有一个高绩效团队的，再完美的考核制度都无法弥补考核者和被考核者缺乏沟通所带来的消极影响。因此，在绩效面谈启动之前，人力资源部门一定要让主管充分重视绩效面谈，组织相应的绩效反馈技能培训，并为缺乏经验的主管提供相应的技术指导和支持。绩效面谈通常包括以下几部分。

5.2.1 绩效面谈准备

做好准备工作，是绩效面谈取得成功的基础。绩效面谈需要由考核双方共同完成，所以，不仅需要考核主管做好准备，被考核员工也需要做好相应的准备。

1. 考核主管的准备工作

（1）收集绩效面谈参考材料。绩效面谈参考材料包括员工的绩效计划、绩效目标、职位说明书、绩效自评表、绩效考核表、日常工作记录表或关键事件记录表、绩效档案等。考核主管需要事先收集并熟悉这些材料，以免在面谈的时候，因为对相关材料不熟悉而不能有效地和员工进行沟通。另外，考核主管应重点阅读员工的自评，这是了解员工绩效期望的重要参考。我在和下属进行绩效面谈前都会做足准备工作，充分预测员工对绩效意见可能产生的看法，确保在沟通中始终掌握主导权。

（2）拟定面谈计划。面谈计划包括面谈内容、地点、时间、参加人员、顺序、是否邀请相关人员共同参与沟通等事项。

选择恰当的绩效面谈地点和时间，对于获得良好的沟通效果是非常重要的。与低绩效员工沟通，建议不要在周末进行，尤其对于情绪控制力比较差的员工，以免其在周末发生情绪波动，主管无法观察。绩效面谈的地点要安静，避免被打扰，并应选择合适的沟通位置。如图5-1所示，如果要加强沟通的严肃性，则选择A模式；如果想营造双方的亲近感，则选择B模式；如果想让双方更加平等地交谈，则选择C模式。

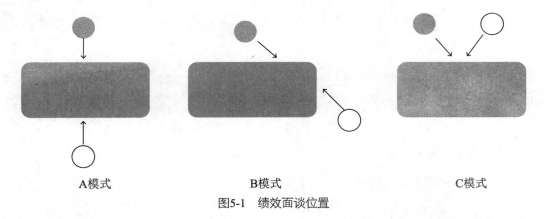

图5-1　绩效面谈位置

如果考核主管感觉沟通难度较大，也可以请比较有威望的越级主管或者有经验的人力资源部门人员一起参加，以使沟通顺利进行。

（3）下发面谈通知。主管需要将面谈时间、地点、目的提前告知被考核员工。绩效沟通的时长一般不短于30分钟，一定要提前通知员工，以使员工做好准备，避免临时"抓人"收不到良好的面谈效果。如有必要，可下发正式的面谈通知书，如表5-2所示。

表5-2 面谈通知书

被通知人： 主旨：绩效面谈 时间：　月　　日　　点 地点： 准备事项： 1. 填写自我评估表 2. 事先详细阅读工作职位说明书

2. 被考核员工的准备工作

(1) 整理好绩效自评表或总结，包括绩效过程回顾、成绩总结、思考改进等。

(2) 明确个人下一步发展计划及需要主管提供的支持。

(3) 准备提出个人关心的问题。

(4) 安排好工作，抽出面谈的时间。

5.2.2 绩效面谈内容

1. 面谈内容应涵盖的信息

绩效面谈内容主要包括员工在上一个绩效周期的工作业绩、表现，并提出改进和下一步期望，大致包括如下事项。

(1) 考核主管向员工说明面谈目的和程序。

(2) 被考核员工结合上个周期的绩效计划和自评，进行简要汇报。

(3) 考核主管告知员工考核结果，并对考核结果进行说明。

(4) 双方共同探讨本次绩效周期中需要改进的地方。

(5) 员工提出下一阶段的重点工作计划、个人发展计划。

2. 面谈信息的确认和汇总

绩效面谈是双方沟通的过程，是两个人的谈话而非主管的个人演讲，考核主管应鼓励员工充分参与，并认真聆听员工的想法。此外，绩效结果是对过去的总结，而绩效面谈更多是对未来的展望，考核主管应鼓励员工畅所欲言，帮助员工提炼出对其自身发展有益的因素。企业绩效面谈进程指导如表5-3所示。

表5-3 企业绩效面谈进程指导(示例)

面谈阶段	目的	面谈要点
暖场	营造良好的谈话氛围	1. 感谢员工前期的努力工作 2. 营造真诚信任的气氛,让员工放松 3. 说明谈话的目的
面谈阶段	鼓励员工自我总结	1. 员工自我总结考核周期内的重要成绩与不足 2. 主管用开放式问题进行引导
	点评考核意见	1. 从员工优点开始点评其工作表现 2. 分析员工前期不足之处 3. 肯定员工的进步和努力
	告知考核等级结果	1. 告知员工考核等级的评议程序 2. 告知考核结果
	鼓励员工发表意见	1. 主管多用开放式问题探询员工的意见 2. 主管认真倾听员工的意见 3. 主管感知并认同员工情绪,给予建议 4. 咨询员工对于团队、部门管理、主管个人的意见 5. 对考核结果再次确认,如有异议,确定下一步的沟通方式和时间
	员工发展建议	1. 咨询员工关于个人发展的计划 2. 双方讨论,主管承诺支持
	绩效改进	1. 对于绩效不理想的员工,主管和员工共同制订绩效改进计划 2. 初步确定下一阶段的工作目标
结束阶段	总结和确认	1. 主管和员工对上述内容加以总结和确认 2. 约定下一次面谈时间 3. 感谢员工参与 4. 员工或主管整理面谈记录

在绩效面谈结束后,主管可以请员工做好绩效面谈记录,整理后反馈给主管存档。如果主管感觉员工的理解有偏差,可以结合员工反馈的绩效面谈记录表进行澄清。当然,如果确认员工理解正确,主管可以自行记录面谈意见并存档。如表5-4所示,绩效面谈记录表主要记录主管和员工的沟通内容,应尽量保持谈话内容的"原汁原味",原则上人力资源部门不需要对其进行收集,但是为应对员工后续的绩效投诉等,绩效考核专员也可以向主管索取当时的面谈记录表。

表5-4 企业绩效面谈记录表(示例)

面谈参与人员		信息记录者	
面谈时间			
面谈内容			
上一阶段工作成果			
改进点			
对考核结果的意见			
对团队、部门、主管个人的意见			
员工个人发展计划及所需的支持			
下一阶段工作计划			

5.2.3 绩效面谈策略

在绩效面谈中，对于不同的员工，考核主管可以选择不同的面谈策略，这往往有助于谈话取得良好的效果。考核主管应该是面谈的第一责任人，但对于难度比较大的面谈，在实施以下面谈策略外，人力资源部门也可以邀请越级主管或员工比较信任的高级主管协同参加。不同绩效人员的面谈策略如表5-5所示。

表5-5 不同绩效人员的面谈策略(示例)

绩效	工作态度	人员特点	主管面谈策略
好	好	创造团队业绩的主力，团队标杆，是最需要维护和保留的人才	予以激励，同时提出更高的目标和要求
好	差	能力较强，但往往比较有个性，或者非常看重沟通，对企业认同度一般	敞开心扉，建立信任，但对其消极的态度，要明确指出决不迁就，能力越大，责任越大；反之，则对组织的破坏性越大
差	好	工作认真，对企业和主管认同度高，但绩效产出差	制订明确的绩效改进计划，督促其改进；如效果不佳，则调整岗位以使其能发挥出价值。不能以态度好掩盖业绩不好
差	差	懈怠、不思进取，经常为业绩不佳找借口	强调工作目标，明确表达看法，管理好员工期望，引导员工反思，也为后续可能的淘汰埋下伏笔

5.2.4 绩效面谈技巧

为了收到更好的面谈效果，考核主管应该针对不同的场景采用不同的面谈技巧。

1. 建立信任，营造氛围的4种方式

如果交谈氛围比较紧张，双方信任感没有完全建立，员工把绩效沟通理解为走过场，这样的沟通效果自然大打折扣。由此可知，营造良好的沟通氛围是非常重要的。不同面谈氛围的对照如表5-6所示。

表5-6 面谈氛围对照

和谐的氛围表现	不够融洽的氛围表现
自在、轻松	紧张、恐惧、急躁
舒适	不舒适
友善、温暖	严肃、冷峻
畅所欲言	含糊其辞
信任	猜忌
专注倾听他人讲话	频繁打断他人讲话
心胸宽广	心胸狭隘
能够接受批评	怨恨别人，不接受批评
不同意别人的意见时，也不攻击对方	不同意别人的意见时，极力争辩，甚至侮辱对方

营造良好沟通氛围的技巧如表5-7所示。

表5-7 营造良好沟通氛围的技巧

方式	内容
联合	从兴趣、价值、需求和目标等方面强调双方的共同点，营造和谐的气氛，从而达到沟通效果
参与	激发对方的投入态度，表现出想要更快完成目标的热忱，并为随后进行的推动营造积极气氛
依赖	创建安全的情境，如强调保密，打造私密沟通空间，增强对方的安全感，并接纳对方的感受、态度与价值观等
觉察	观察对方情绪，对潜在的冲突予以化解，避免讨论转向负面或具有破坏性

2. 告知考评结果的"三明治法则"

在告知员工考核结果的过程中，人力资源部门要注意对绩效结果、绩效行为进行描述，而非定性地判断，描述要具体而不笼统，在给出正向评价的同时也要指出不足。先表扬、后批评、再表扬的"三明治法则"是一种较常见的告知员工考核结果的办法。主管可以这样与员工进行考核结果的沟通："你的工作干得还是很不错的嘛，比如……但是，这其中也存在一些问题……所以这次的考核等级是……无论如何，成绩还是主要的，我对你充满了信心，相信你会更加努力，工作会更加出色。"

案例：运用"三明治法则"进行沟通

出纳小张有一段时间总是迟到，财务部经理采用"三明治法则"对她进行了批评。

第一步，表扬特定的成绩，给予真心的肯定。经理找到小张，笑着说："小张，最近工作做得不错，账目没有什么差错，上级领导很满意。"小张面露喜色。第一步完成。

第二步，提出需要改进的特定行为表现。"但是你最近总是迟到，这个星期已经迟到两次了吧？"小张点头。"销售部的同事想要报销票据，总是找不到你，对你很有意见。"小张面露歉意。第二步完成。

第三步，以肯定和支持来结束沟通。"你工作一向是很认真的。希望你能改掉迟到的毛病，如果有什么困难可以提出来，大家帮你一起解决。"第三步完成。

后来，出纳小张果然不再迟到。

3. 有效倾听技巧

(1) 在沟通中要保持目光接触，强化"我在认真倾听"的信息，让员工感到友好和信任，但要注意不要直勾勾地盯着对方，避免使对方感到不适。

(2) 在倾听过程中，可以开放式问题向对方提问，这样既能让员工明白主管确实在认真倾听自己所讲述的内容，又能获取充分的信息。例如"为什么你会这么看呢""你觉得这其中的问题是什么呢"。

(3) 在沟通中向员工确认看法。这样做一是能及时澄清信息，防止误解；二是能为沟通和回复赢得思考的时间。例如"你是说……""你的意思是……"。

4. 消极、对立情绪的处理技巧

在绩效沟通之前，多数员工对绩效等级都有一定的期望，在得知实际结果不如自己的预期绩效后，必然会有一定的情绪。考核主管需要先解决员工消极、冲突的情绪问题，接纳员工的感受。员工情绪平复后，才能全身心投入沟通中。

(1) 以同理心思考，接纳员工的感受，让员工把情绪表达出来，是缓解沟通冲突重要的一步。例如"我能理解你此时的感受，你是不是觉得……""我能感觉到你现在……，我们来看看是哪里出了问题"。

(2) 对于员工具有攻击性或强烈报复性的言词进行转换。如果员工情绪激动，并用言语对主管进行反击，偏离绩效沟通主题，可以说"我很愿意听你说，但你说的问题并不是我们现在要谈论的话题"。

(3) 对于员工沮丧、逃避的情绪进行转换。如果员工表现沮丧，不要有负疚感，可以试着以一些开放式问题探询导致这种情况的原因，引导员工思考工作改进方向，也可以表达对员工的关心。

5.2.5　绩效面谈效果衡量

绩效面谈后，需要对绩效反馈结果进行评估，从而衡量绩效反馈效果，以便后期改进。对于绩效面谈效果的评估，一方面，考核主管可以针对面谈过程进行评估，以期不断提升面谈的反馈能力；另一方面，人力资源部门可以对员工进行问卷调查，了解员工对于本次绩效考核的意见。对于部分员工，人力资源部门也可以进行观察，以全面了解绩效反馈的效果。

1. 考核主管对绩效面谈效果的自我评估

绩效面谈后，考核主管需要对面谈效果进行自评，以便调整绩效面谈的方式，取得更好的面谈效果。考核主管自我评估绩效面谈的要点如表5-8所示。

表5-8 考核主管自我评估绩效面谈的要点

(1) 此次面谈是否达到了预期的目的？
(2) 再次进行面谈时，应该如何改进谈话方式？
(3) 有哪些遗漏需要加以补充？又有哪些无用的讨论需要取消？
(4) 此次面谈对被考核者的工作是否有帮助？
(5) 自己应用了哪些面谈技巧？
(6) 面谈中被考核者是否充分发言？自己是否真正倾听对方所说的话？
(7) 对于此次面谈的结果，自己是否满意？面谈结果是否增进了双方的理解？

2. 对员工开展绩效面谈效果的问卷调查

问卷可以围绕绩效面谈的形式、面谈的客观性、面谈的建设性来展开。绩效面谈调查问卷如表5-9所示。

表5-9 绩效面谈调查问卷

为更好地了解本次绩效面谈的情况，需要请您配合如下问卷调查。问卷调查的结果仅用于绩效管理工作改进，我们会对您的反馈进行保密。请您选择相应选项，如选择"□其他"，请进行具体描述。谢谢！

1. 主管是否和您就绩效考核结果进行了沟通？
□是　　□否
2. 主管采用什么方式和您进行绩效沟通？
□面谈　□电话　□邮件　□其他_____
3. 您认为本次绩效考核结果是否符合实际？
□完全符合　□基本符合　□完全不符合　□其他_____
4. 您对本次绩效沟通的效果是否满意？
□非常满意　□满意　□不满意　□其他_____
5. 经过沟通，您是否明确了下一步的工作目标和重点？
□非常明确　□基本明确　□不明确　□其他_____
6. 您对本次绩效考核工作的意见和建议
_____

3. 对员工行为的观察

绩效反馈的重心在于员工的后续工作改进。因此，对于部分员工，如高绩效员工、低绩效员工、绩效突变员工，在绩效面谈后，人力资源部门可以进行行为观察，以了解反馈效果。一般而言，绩效反馈后，员工的工作行为会呈现以下几种状态。

(1) 更积极、主动地工作。

(2) 保持原来的工作态度。

(3) 消极、被动地工作。

(4) 抵制工作。

通过对员工行为的观察，人力资源部门可以了解到绩效反馈取得的效果，但由于观察成本较高，周期较长，建议抽样进行。

> **小贴士：绩效面谈，"不看广告看疗效"**
>
> 绩效面谈的最终目的是通过双向沟通及时发现问题，齐心协力解决问题，让下属明确下一步的工作方向和目标，而非惩罚下属。

5.3 绩效结果公示

为更好地树立标杆，鼓励和鞭策员工积极向上，对于经过管理层初步审核的绩效考核结果，可以由考核责任人在某个范围内公示并征求员工意见。

5.3.1 绩效公示的条件

公开员工的绩效结果，是一件非常具有挑战性的事。考核负责人可能会担心自己考核的公正性是否可以经受住"群众"的检验；对于被考核者而言，让他人知道自己的绩效，会在团队内部造成一定的竞争态势，绩效优秀者被孤立、绩效不佳者产生很大的压力，这些情况都是有可能发生的。因此，绩效公示必须创造一定的条件。

1. 绩效标准是清晰的

绩效标准越清晰，绩效公示的风险就越小，因为绩效结果是显而易见的，管理者"主观判断"的影响很小，可确保绩效结果的公正和公平。

2. 员工对绩效考核的理念是认同的

如果员工将绩效考核理解为管理者行使管理权力的"杀威棒"，那么公示绩效结果将会是一场激化管理者和被管理者矛盾的灾难，员工对所有不公的埋怨可能都会在这一刻爆发。如果员工接受"绩效管理是帮助个人持续改进的工具"这一理念，同时公司能够借绩效管理形成对管理者阳光考评的监督，那么员工对绩效结果公示的抵触必然减少。

3. 团队氛围是高绩效的文化氛围

如果团队内部是百舸争流、良性竞争的高绩效氛围，那么通过绩效结果公示树立高绩效标杆、明确员工学习导向是非常好的手段。但如果团队内部氛围消极，那么高绩效者很可能会被孤立，导致"鞭打快牛"的现象。

4. 不与法律和文化冲突

我曾经在海外员工群体中尝试进行绩效结果公示,结果遭到了很多本地员工的抵触。因为很多本地员工认为,绩效等级属于个人隐私,不应该被公开;如果强行公开,甚至有违当地的法律。所以,绩效公示一定要符合当地的法律法规和文化。

5.3.2 绩效公示的策略

绩效公示是把双刃剑,必须要有清晰的策略。随着管理成熟度的提升,公示可以由浅入深,逐步深化,公示内容、公示人群、公示范围等,都是必须要考虑的方面。

1. 公示内容

考核员工的要素主要包括业绩、能力、态度、行为。在这些考核要素中,先公示行为是比较合适的,因为行为是对事实的描述,如××员工在3个月内从无迟到现象。

2. 公示人群

哪些人群应该被公示?建议优先公示绩效等级为优秀的员工,设立标杆,逐步公示中等绩效的员工。为营造合作的团队氛围,在初期不建议公示低绩效员工。

3. 公示范围

公示范围太广,人员互相不了解,没有可比性,公示标杆和牵引作用就不大;公示范围过小,矛盾容易聚集。因此,建议在大部门范围而非小组内部进行公示,规模以20人左右为宜。

4. 公示部门和岗位

如部门具备绩效公示的条件,可逐步公示,不建议一次性全面公示。

5. 投诉与反馈意见

由于公示的绩效等级多数源于本层组织的考核意见,员工可以向本部门主管和人力资源部投诉与反馈意见。多数情况下,员工可以向考核部门主管直接反馈意见,在一线解决矛盾。

以下提供××部门绩效公示的样例,以供参考。

关于××部门2022年度上半年绩效公示的通知(样例)

根据公司2022年度上半年绩效考核工作的安排,经部门管理团队评议,并报公司人力资源部审核，现将部门内2022年度上半年绩效考核优秀人员名单公示如下，公示期为7月5日—11日。

附表　××公司2022年度优秀人员绩效公示

姓名	工号	绩效等级	绩效点评
张三	12345	A	(1) 作为产品经理带领团队按时完成A产品的交付，遗留缺陷密度0.1个/千行 (2) 团队士气高，持续作战，骨干人员零离职 (3) 作为新3.0流程的第一个项目事件，提出了三个重大改进建议并被采纳，为流程优化作出重要贡献
李四	23456	A	(1) 作为重点模块浏览器模块的产品经理，实现重大技术突破，性能达到业界最佳 (2) 为部门开展了两场关于性能优化的技术培训，提升了组织能力 (3) 参与周边部门的攻关项目，解决存储模块的重大技术难题，得到了周边部门的好评
王五	34567	A	(1) 作为新员工，业务能力成长迅速，独立担当功耗小组的组长，解决了后台功耗长期偏高的问题 (2) 提交了三个专利申请，在本部门排名第一

若对公示结果有异议，请向部门总监×××进行反馈，也可以向人力资源部绩效经理进行反馈，反馈邮箱：HR@×××××.com。

希望您实名反馈，我们会对您的反馈进行保密。

××部门总监 张华
2022年×月×日

5.4　绩效改进

绩效考核等级确定后，人力资源部门会将绩效考核结果作为确定员工薪酬等级、岗位异动等人事决策的重要依据。但事实上，绩效管理本身是个闭环系统，通过一次次考核发现问题、找出差距从而持续改进绩效才是绩效考核的主要目的，要实现这一目的，需要开展绩效改进工作。

5.4.1　绩效改进流程

1. 绩效改进阶段

绩效改进是一个管理者与员工互动以达成改进效果的过程，可以分为4个阶段。

第一阶段：确定期望与绩效的差距。

第二阶段：进行差距分析，可以从组织流程和员工自身这两个角度进行分析。

第三阶段:制订绩效改进计划,如果是组织流程因素导致绩效差距,则进行组织流程改进;如果是员工自身因素导致绩效差距,则可以制订个人绩效改进计划。

第四阶段:实施个人绩效改进计划。

绩效改进流程如图5-2所示。

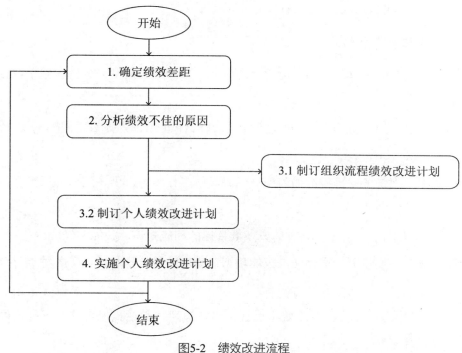

图5-2 绩效改进流程

2. 分析绩效不佳的原因

对员工绩效不佳原因的正确分析,是制订个人绩效改进计划的基础。导致员工绩效不佳的原因有如下几个。

(1) 员工不知道为何做这项工作。

(2) 员工不知道如何做这项工作。

(3) 员工不知道自己该做什么工作。

(4) 员工觉得领导的做法行不通。

(5) 员工觉得自己的做法比较好。

(6) 员工不能理解领导的指示。

(7) 员工觉得其他事情更重要。

(8) 员工没有做该做的事,却受到奖励。

(9) 员工做了该做的事，却受到惩罚。

(10) 员工的努力得不到任何回报。

(11) 员工觉得做对了事反而会产生负面结果。

(12) 即使员工表现差劲，也不会产生任何负面结果。

(13) 员工个人能力不足，无法有良好表现。

3. 对员工绩效不佳的处理

针对以上原因，可以从认知、能力、态度、外部障碍的角度来分析，并采取相应的办法来处理。

(1) 员工对绩效目标的认知：员工不知道做什么(what)、为什么要做(why)、什么时候做(when)和怎么做(how)。

处理方法：把任务安排得更加清楚，明确具体工作内容、做该工作的原因和价值、起始时间、考核标准。

(2) 员工能力水平：员工不具有达成绩效目标的相应知识、技能和经验。

处理方法：导师带班，实行岗位技能培训，辅以经验分享和讨论等各种提升个人技能水平的方法，淘汰培训不合格者。

(3) 员工工作态度：员工对绩效不重视，没紧迫感，甚至抵触考核，不知道做好有何奖励、做坏有何处罚。

处理方法：建立明确的奖惩制度，严格执行，及时沟通反馈。

(4) 来自员工周围环境的外部障碍：员工不能及时得到应有的支持和援助，个人生活压力过大等。

处理方法：了解实情，协调支援，多多关心，及时帮助。

5.4.2 个人绩效改进计划

分析出个人绩效不佳的原因后，就要进行绩效改进。个人绩效改进计划是一个常见的绩效改善管理工具，又称为个人发展计划(individual development plan，IDP)，是指根据员工有待发展提高的方面所制订的一定时期内完成有关工作绩效和改进与提高工作能力的系统计划。由于绩效考核的最终目的是改进和提高员工绩效，制订与实施绩效改进计划是绩效考核结果最重要的用途，也是成功实施绩效管理的关键。

1. 制订绩效改进计划的基本原则

在制订绩效改进计划之前，主管和员工应该把握如下5项基本原则。

(1) 平等性原则。主管和员工在制订绩效改进计划时是一种相对平等的关系，双方为了业绩提升而共同制订计划。

(2) 指导性原则。主管主要从组织和业务单元的目标出发，结合员工个人实际，对员工绩效改进提出中肯的建议，实施辅导，提供必要的资源和支持。

(3) 主动性原则。员工是最了解自己工作的人，因此，在制订绩效改进计划时，应该激发员工的主动性，多听取员工的意见。

(4) SMART原则。绩效改进计划一定要有可操作性，应符合"SMART"原则。S：specific，即绩效指标必须是具体的；M：measurable，即绩效指标必须是可以衡量的；A：attainable，即绩效指标必须是可以达到的；R：relevan，即绩效指标要与其他目标具有一定的相关性；T：time-boun，即绩效指标必须具有明确的截止期限。

(5) 发展性原则。绩效改进计划着眼于未来，所以，在制订与实施计划时，要有长远的、战略性的眼光，把员工个人发展与企业发展紧密结合起来。

2. 制订绩效改进计划的方法

是不是所有员工都需要绩效改进？这是肯定的，即使是最优秀的员工也需要有持续改进的目标。绩效改进计划可以作为主管和员工沟通绩效考核结果时的正式输出，这个计划可以由主管和员工共同实施。那么，人力资源部门是不是要去管理所有员工的绩效改进计划呢？由于这样做会带来较高的管理成本，需要根据不同企业的策略来决定，但至少低绩效员工的绩效改进计划应该在人力资源部门备案，或者由人力资源部门直接发起，其实施过程和结果应该受到人力资源部门的跟踪。因为如果要实施绩效淘汰，绩效改进计划的制订和实施往往是一个必备的过程。当员工表现令人不甚满意时，主管可以运用绩效改进计划考核员工的绩效表现，同时也为员工提供一个机会，旨在帮助员工提高绩效表现。

许多人一听到绩效改进就会想到送员工参加培训。其实，除了培训之外，还可以通过许多方法提升员工绩效，而且其中大多数方法并不需要企业投入额外的经费。这些方法包括征求他人的反馈意见、工作轮换、参加特别任务小组、参加某些协会组织等。

当然，工作的能力、方法、习惯等方面的改进是一项长期任务，需要经过一个较长的周期才能准确评估。如果评估周期过短，有可能使员工产生逆反心理，这样不但分散了员工的精力,影响工作进度,还有可能使员工疲于应付评估,导致评估达不到应有效果。评估周期可设定为一个月到一个季度。绩效改进计划表如表5-10所示。

表5-10 绩效改进计划表

部门			时间	年 月 日
被考核人	姓名:		职位:	
考核主管	姓名:		职位:	
不良绩效描述(含业绩、行为表现和能力目标,请用数量、质量、时间、成本、顾客满意度等指标进行描述):				
原因分析(如态度、技能、知识等):				
绩效改进计划: 绩效改进计划开始时间:_____　　　　绩效改进计划结束时间:_____ 　　　　　　　　　　　　　　　　直接上级:　　　被考核人:　　年 月 日				
绩效改进计划实施记录: 　　　　　　　　　　　　　　　　直接上级:　　　被考核人:　　年 月 日				
期末评价: 　□ 优秀:出色完成改进计划 　□ 符合要求:完成改进计划 　□ 尚待改进:与计划目标相比有差距 评价说明: 　　　　　　　　　　　　　　　　直接上级:　　　被考核人:　　年 月 日				
期末签字:被考核人_____　　考核主管_____　　人力资源专员_____				

> **小贴士:个人绩效改进计划是后续管理动作的润滑剂**
>
> 　　如果员工不胜任工作,按照劳动法的要求,必须给予培训、调岗等机会,而不能直接解除劳动合同。个人绩效改进计划(如果真的是为了改进低绩效,那就是绩效改进计划而不是个人发展计划)是非常有必要的润滑和缓冲手段,给了企业和员工双方一次机会,经过改进,低绩效员工成长为明星员工的例子也不鲜见。如果员工实在无法胜任工作,也会心平气和地接受后续的管理行为。

第6章 员工绩效投诉的处理

再好的绩效考核方案也会有令人不满意的地方，因此，企业考核遭遇投诉是正常的。对员工投诉的有效处理不仅能使绩效考核顺利推行，同时也能有效提高绩效考核的效果。如果处理不好，员工对于企业的考核制度和考核公平性将失去信心，并产生不良的组织氛围和绩效导向。因此，认真应对和妥善处理各种投诉，是各级考核主管和绩效管理人员不容忽视的工作。

6.1 绩效投诉的类型和处理技巧

应当说，绩效考核有员工投诉是好事，因为投诉有助于修正绩效考核中存在的偏差。绩效考核管理办法应明确员工有投诉的权利，企业有调查、核实和处理的责任，应表明"任何有失妥当的行为和措施都将得到及时纠正和处理，企业对投诉者采取强有力的保密措施，对一切打击报复行为进行严肃处理"。

员工对绩效考核的投诉有很多种，有对考核方式、程序不满的，有对考核结果有意见的，有认为自己受到不公平对待的……面对这些投诉，管理人员要妥善处理。当然，这些投诉中难免有些是恶意中伤或无中生有的，管理人员应客观分析、冷静对待。

6.1.1 对考核方式的投诉和处理

部分员工对绩效考核方式不认同。这主要是由考核制度变革初期，制度层面的设计还处在摸索阶段或是员工对考核本身理解有偏差导致的。员工对考核的理解不尽相同，有些员工对考核制度不满意，抵制考核，还存在"吃大锅饭"的思想；有些员工对考核模式、流程设计不满意，对于是用360度考核、平衡计分卡还是素质考核等意见不一致，对绝对考核和相对考核理解不一致；有些员工对考核指标设计或者权重设计不满意，比如财务部为什么要背营收指标、采购部为什么要背质量指标等；有些员工对评价主体和程序不满意，比如"他又不了解我的工作，为什么要对我进行考核""主管说了算就行，上层组织为什么还要横向评议"。

人力资源管理部门应该正视员工对考核方式的投诉，因为这反映了不同人群对考核的理解程度和角度的差异性。对此的处理方式主要还是从制度设计层面进行沟通和解释，可以同相关部门一起，研讨问题的解决方法，并让员工参与讨论；如果是设计上的问题，则更需要对制度、方式、流程进行调整；如果是理解上的偏差，则需要在更大的范围进行宣传和沟通。这种问题解决得越多、沟通范围越广，绩效考核思想越能深入人心。

6.1.2 对考核结果的投诉和处理

员工对自身考核结果不满意，往往是绩效考核投诉占比最高的一项。因为绩效考核结果与员工的工资收入、晋升提拔、培训再造等息息相关，这是员工一直以来最重视的方面。

1. 考核投诉

在对考核结果的投诉中，多数员工都认为自己的表现应该高于考核结果，他们认为考核不公平，具体包括如下几种。

(1) 对考核标准提出质疑，例如"我都完成任务了，为什么考核等级是需改进"。

(2) 期望和结果偏差很大，例如"主管从来没说我做得不好，上次还表扬了我，为什么考核结果是不合格"。

(3) 横向不公平，例如"我为什么得D，我至少比××好吧，得D的为什么不是他"。

(4) 投诉主管不公，例如"他任人唯亲，容不得不同意见，对我打击报复"。

2. 对考核投诉的处理

对于考核结果的投诉处理，可以从以下几个维度进行考虑。

(1) 接纳员工的感受。一般情况下，如果员工不是确实有怨言，是不会采取"投诉"这样比较过激的方式解决问题的。这种情况下，即使问题得到解决，主管和员工的关系也会出现裂缝。

(2) 解铃还需系铃人，初期解决问题的机会还是要留给主管。由主管和员工开诚布公地沟通，消除误解。如果主管沟通失败，人力资源部门介入，听取双方意见，从第三方角度判断考核的公正性。

(3) 确保绩效考核程序的公正性。如员工是否有机会自评、主管是否收集了周边意见、结果是否进行了管理层评议或审批等。如果程序有问题，则需要请双方按照正确的绩效考核程序再次审核，对此主管应该承担管理责任。

(4) 审视考核结果的公平与公正。如果程序是合规的，则请双方提供各自的评判意见，必要时，由绩效考核委员会进行评判。如果是主管管理风格和方法的问题，则支持主管意见，事后对主管进行相应的绩效管理培训；如果发现主管打击报复，拉帮结派，则需再次进行客观审查，确定员工绩效结果，对主管则按照规定进行处理。

(5) 解决员工拉人垫背的心理。如果考核结果是公正的，而员工却纠结于"××还不如我，为什么他的评级比我高"，就需向员工强调：首先，个人要对照自己的绩效标准；其次，最了解员工全面绩效的是主管；最后，××员工是否应该得D，不在本次讨论范围之内。这样做是为了避免使绩效投诉复杂化。

(6) 正式和坦诚的调查结论沟通是有益于化解矛盾的。如果经过确认，员工绩效依然维持原先的结果，人力资源部门需要就调查过程和结论向员工进行正式沟通和解释，如有必要，可以联合主管，强调这是对工作结果而非对个人的评价，对事不对人，鼓励员工向前看，并请主管做出在后续工作中给予支持的承诺，在感情上帮助员工度过这个"低谷期"。

6.1.3 对结果应用的投诉和处理

在很多企业，绩效考核结果将应用于晋升、调薪、奖金分配、培训等人力资源各个模块。因此，在绩效考核之后，随之而来的就是对考核结果应用的投诉。

精神永远领先于物质，员工对考核结果的认同要先于考核结果的应用。对于针对考核结果应用的投诉，首先要解决的是绩效等级认同的问题，这是最基础的。某一次调薪，我部门有个优秀员工感觉我对她的调薪幅度不够，但当我告诉她，她的考核结果是优秀(部门内的10%)的时候，她便不再纠结于调薪幅度。因为此时，调薪的绝对幅度已经不再重要，某种程度上，她更需要的是工作被认可，而调薪幅度不完全和个人绩效相关，所以她对这件事便释然了。要知道，如果员工不认同考核结果，结果应用的基础就不存在了。

其次，要让员工清晰地理解绩效结果与这些模块应用之间的关系。是不是只要有一次高绩效考核结果就会加薪？奖金是否由个人绩效决定？绩效和晋升之间究竟具有怎样的关系？要系统地解决这些问题，企业需要有公开透明的人力资源管理制度，让员工对自身的行为结果会对个人利益产生什么样的影响有正确的预期。

6.2 绩效投诉的处理流程

为了公平地解决员工的绩效投诉，人力资源部门应该制定相应的绩效投诉处理流程，具体包括投诉受理、投诉调查、投诉处理3个环节。

6.2.1 投诉受理

在投诉受理阶段，工作人员要充分重视员工的投诉，倾听员工的心声，不要过多解释或质疑，应详细记录投诉内容，告知员工问题处理流程以及所需时间，让员工看到企业处理问题的诚意。对员工绩效投诉的受理要注意以下几个方面。

(1) 认真仔细地了解员工投诉要点。

(2) 分析员工的投诉态度。

(3) 了解员工可接受的处理方式。

(4) 做好投诉记录。

(5) 明确告知员工反馈时间。

(6) 了解员工投诉原因，以及有没有特殊问题。

对于绩效投诉的接收，原则上可以用纸件或者邮件方式，人力资源部门可以设立统一的投诉邮箱。应请投诉人写一份比较详细的投诉报告，写明投诉的原因、造成争议的内容等，这不仅可以体现投诉的严肃性，也更加方便人力资源部门对投诉内容进行核实。绩效考核员工投诉表如表6-1所示。

表6-1 绩效考核员工投诉表

投诉人		职位		部门		直接主管	
投诉事件							
投诉理由(可以附页)							
投诉处理意见							
					上级部门负责人签名： 日期：		

(续表)

投诉处理意见
人力资源部负责人签名： 日期：

注：(1) 投诉人必须在知道考核结果3日内投诉，否则无效。
(2) 投诉人直接将该表交人力资源部。
(3) 人力资源部须在接到投诉的5个工作日内提出处理意见和处理结果。
(4) 本表一式三份，一份交人力资源部存档，一份交投诉人主管，一份交投诉人。

6.2.2 投诉调查

人力资源部门分析投诉问题时，要有专人负责对投诉内容进行详细调查，找投诉员工的上级、同级、下级了解情况，并且从侧面了解该部门同岗位工作人员的绩效考核情况，以确认投诉问题产生的根源。比如，投诉是企业制度或流程出现疏漏所致，还是绩效考核指标或考核方法不合理所致；是员工内在原因，还是外在原因所致；是个案，还是共性问题；是可以避免的，还是不可避免的。

人力资源部门整理出投诉分析文件后，需要组织部门经理、直接领导人及相关人员进行讨论，讨论这个投诉能不能得到解决，如何解决，需要哪些资源及人员配合。讨论结束后，需要给出复核意见，并采取处理办法。

在投诉调查阶段，为保证调查的客观性，需要关注以下几点。
(1) 不要先关注谁对谁错，应对事不对人。
(2) 关键是要找出产生问题的原因，如流程接口不畅、沟通低效、考核者技能水平低等。
(3) 调查中要注意保密。

6.2.3 投诉处理

在投诉处理过程中，作为代表调查方的绩效管理人员，必须保持中立，不偏不倚，对事不对人地告知投诉者问题出现的根本原因是什么，企业的处理方案是怎样的，需要投诉人配合的工作有哪些。

如果投诉处理不当，很可能为企业带来法律纠纷。因为绩效考核结果是后续调薪、人事任免、培训开发甚至年终奖金发放的重要依据，因此，在处理绩效考核投诉时，应尽可能与投诉人达成共识。需要告知投诉人的处理意见内容包括以下几点。

(1) 告知产生问题的原因，而不是告知谁对谁错。

(2) 告知处理结果。

(3) 告知改进的内容与方式。

沟通结束后，请投诉人在投诉处理方案上签字，并将该方案备案，作为投诉处理的证据。

> **小贴士："说法"比结果更加重要**
>
> 无数次的投诉处理经验告诉我，坦诚和信任是解决问题的基础，先建立信任，再给员工一个能接受的说法，比直接给员工一个结果更加重要。相较于绩效结果，上级对个人的真实看法是员工更看重的方面。

6.2.4 员工申诉制度

绩效投诉只是员工申诉的一种，为了更好地处理员工申诉，建议企业建立相应的申诉制度。以下提供某公司员工申诉制度，以供参考。

员工申诉制度(示例)

第一条 为了维护公司与员工的合法权益，保障员工与职能部门及公司管理层的沟通，及时发现和处理潜在的问题，从而建立和谐的劳动关系，增强企业凝聚力，特制定本制度。

第二条 本制度适用于××公司所有正式员工、××派遣人员、公司临时工(含短期合同工)。

第三条 申诉人应依据事实，按照本制度的规定进行申诉，如经查证表明申诉人有欺骗行为的，公司将依据相关规定进行处罚。

第四条 申诉范围应在人力资源管理职能的范围内，包括但不限于以下情形。

(1) 对职位、职级的调整有异议的；

(2) 对绩效考评及奖惩有异议的；

(3) 对培训、薪酬、福利等方面有异议的；

(4) 对劳动合同的签订、续签、变更、解除、终止等方面有异议的；

(5) 认为受到上级或同事不公平对待的；

(6) 申诉人有证据证明自己权益受到侵犯的其他事项。

第五条 申诉渠道及方式。

(1) 公司成立申诉处理委员会，由总经理、副总经理、工会主席、人力资源部经理、申诉人所在的部门经理及员工关系经理组成。如果申诉提交到人力资源部，员工关系经理将负责调查、取证、提出初步处理意见、参与研究、反馈答复意见等工作。

(2) 申诉人可以选择口头申诉或书面申诉，但不论选择哪种方式，均应填写人力资源部提供的"员工申诉/答复表"作为记录。建议申诉人采取书面申诉方式，以便于申诉处理。

(3) 申诉人可选择下列任一对象作为申诉受理人进行申诉，如果申诉人系口头申诉，申诉受理人应提供"员工申诉/答复表"并做好记录，记录完成后，应要求申诉人签字确认。

① 申诉人的直线经理；
② 申诉人的部门经理；
③ 人力资源部员工关系经理；
④ 人力资源部经理。

以上申诉受理人均可在权限范围内对申诉事项进行解答，如果申诉人接受该答复，即可终结申诉。如果申诉受理人无法对申诉作出解答，可按照本制度第六条的申诉处理程序进行处理。

(4) 申诉人在等待处理期间应严格遵守公司相关规章制度，保证正常上班。

第六条 申诉处理须遵照以下程序进行。

(1) 申诉人采取书面申诉方式的，应在申诉事项发生之日起10日内到人力资源部领取"员工申诉/答复表"并尽快填写完毕，交给自己选择的申诉受理人；采取口头申诉方式的，应在申诉事项发生之日起10日内根据本制度选择一名申诉受理人并进行申诉。

(2) 申诉受理人应在接收"员工申诉/答复表"时或申诉人口述申诉事项后详细分析申诉事项是否符合本制度第四条申诉范围的要求，如果不符合要求，应当场告知申诉人终止申诉并在"员工申诉/答复表"上注明。如果申诉事项符合要求，申诉受理人应立即告知申诉人自己能否对申诉事项作出解答，如果不能作出解答则应明确告知申诉人，并在"员工申诉/答复表"上写明由申诉处理程序的后一级进行解答。

(3) 在申诉人的直线经理和部门经理两个层面上，两者均可直接对申诉事项进行调查、处理，申诉人对处理结果满意的，即可终结申诉；如果申诉人对两者的处理结果均不满意或申诉人直接向人力资源部提出申诉，由员工关系经理负责申诉事项的调查、取证、反馈等工作。

(4) 任一申诉处理人员均应在10日内对申诉事项做好调查、取证等工作并得出最终结论。如果申诉人对调查结论不满意，可以在知道申诉结论之日起10日内提出再申诉，10日内不提出再申诉即表示申诉人接受该结论。再申诉应按照申诉处理程序，由作出调查结论的申诉处理人员的后一级受理。但是，当申诉被送达申诉处理委员会并由其作出终结时，该申诉结论为最终结论，申诉人应无条件遵守。

第七条 根据申诉处理结果填写一式三份的"员工申诉/答复表"，一份交申诉人保存，一份存入申诉人档案，一份由人力资源部代表公司保存。

第八条 在整个申诉处理过程中，相关人员应保守秘密，如有泄密者，将依据相关规定对其进行处罚；如有对申诉人进行打击报复者，将根据相关规定从重处罚。

第九条 申诉结论得出后，由人力资源部员工关系经理负责对结论的执行情况进行跟踪和监督。

第十条 本管理制度在__年__月__日经××公司职工代表大会通过，自__年__月__日起实施。本制度的解释权归人力资源部。

附表　员工申诉处理流程

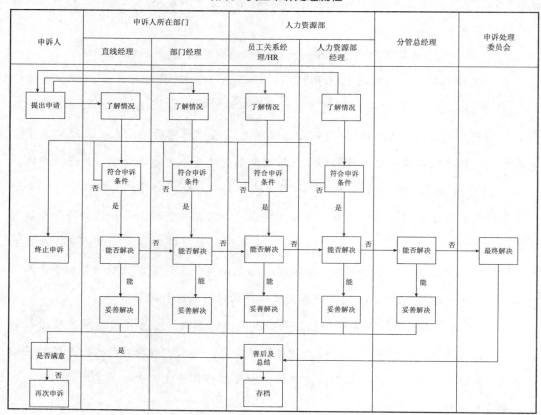

第7章 员工绩效考核结果应用

各级主管和员工之所以重视绩效考核，在很大程度上源于对考核结果的应用。考核结果出来后，如何兑现承诺，满足员工的"期待"，是人力资源部门必须处理好的问题。很多企业建立了绩效考核制度，考核工作也开展得轰轰烈烈，唯独对考核结果的运用差强人意。考核结果中看不中用，成了摆设，自然也不会再有人重视员工绩效考核。可以说，绩效考核结果的应用是保证绩效考核闭环的关键。

7.1 员工绩效考核结果应用方向

员工考核结果到底该应用到哪些地方呢？是否可以根据各考核要素的情况有针对性地应用呢？

7.1.1 绩效考核结果的应用

就企业内部人力资源体系而言，绩效考核结果可应用于奖金分配、薪酬层级调整、激活沉淀、员工培训与职业发展、员工淘汰、管理诊断等方面。绩效考核结果也必须与有效的人力资源管理决策挂钩，才能真正发挥作用。绩效考核结果的应用方向如图7-1所示。

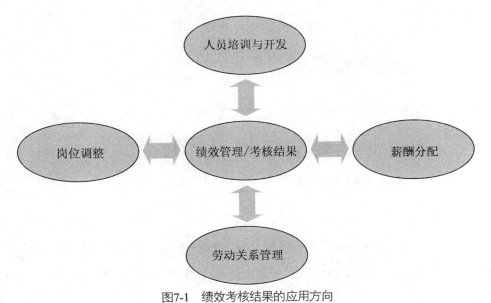

图7-1　绩效考核结果的应用方向

7.1.2 绩效考核要素的应用

对于绩效考核要素，可以从态度、能力和业绩的角度进行分析，从而找到提升个人绩效的关键要素，并在相关模块加以应用。对于态度、能力和业绩的不同考核结果，可以与各模块的强相关应用进行关联，供实际使用时参考。考核结果强相关应用说明如表7-1所示。

表7-1 考核结果强相关应用说明

态度	能力	业绩	工资与报酬	人员培训与开发	岗位调整	劳动关系解除	说明
好	好	好	●		●		晋升/加薪
好	差	好	●	●			在职培训/奖励
差	差	好	●	●			培训/奖励
差	好	好	●				绩效改进沟通/奖励
好	好	差			●		绩效改进沟通/调岗
好	差	差		●	●		降职/培训
差	差	差				●	绩效改进沟通/淘汰
差	好	差			●		绩效改进沟通/调岗

当然，考核结果可以应用于人力资源系统各模块，此处建议采用强相关应用，但并不代表只能应用于此方面。除了以上普遍的应用外，绩效管理作为一个很好的战略性管理工具，还可应用于招聘。例如，总结高绩效员工的特质，可为招聘选才指明方向。又如，通过绩效目标确立、考核指标设计，可更好地实现战略导向、员工行为引导和企业文化价值观指引等。

7.2 绩效考核结果应用于薪酬

将绩效考核结果应用于绩效工资定级、奖金分配以及调薪是企业普遍做法，很多企业把考核时间安排在调薪或奖金发放之前也是出于这方面的考虑。

7.2.1 绩效考核结果应用于工资

考核结果出来了，要调工资，很多人都没有意见，但调多少、怎么调，却有学问。我在一家公司做人力资源部负责人的时候，适逢考核结束，很多员工都嚷嚷着调薪，总经理就说没问题，人力资源部正在做方案，给员工吊足了胃口。但总经理私下又和我说，调薪没有问题，但该涨的人涨、该降的人降，工资总额不能变。不论涨多涨少，给张三涨还是给李四涨，虽有技术难度，但毕竟还算是皆大欢喜的事；但降工资则不然，凭什么降、怎么降，实在是让人左右为难。

为了解绩效考核结果之于工资的应用，应先从工资的决定因素说起。工资是由外部市场的竞争因素和内部的岗位责任、能力、绩效贡献等因素决定的。不同企业会设计不同的工资体系，同样基本都会设计工资梯度。这也意味着某次绩效考核结果不能决定员工工资水平。比如将某个年度经营业绩不佳的CEO的工资降至操作工人的工资水平，那是非常不合理的。为此，多数企业把工资分为固定工资和浮动工资，并往往由当期绩效来决定浮动工资的多少。这样，既能保证员工收入相对稳定的安全感，又能激励员工努力工作获得更高的浮动工资，此类浮动工资称为业绩工资或绩效工资。业绩工资是直接与员工个人业绩挂钩的，这是绩效考核结果的一种普遍应用。为了增强薪酬激励效果，员工的薪酬体系中有部分工资与绩效挂钩，薪资调整也往往由绩效结果来决定。在此，需要注意的是，此绩效调薪并不调整员工的工资级别，员工的绩效工资只能在该员工所在岗位的工资范围内进行调整，即不考虑员工当前工资和其目标工资的比率。

对于绩效工资的应用，多数企业都采取根据考核结果分等级发放绩效工资和以考核结果分数所占比例乘既定绩效工资这两种方式。

员工本期绩效和其绩效工资基数可决定下一绩效周期的绩效工资。例如，绩效工资＝绩效系数×绩效工资基数。按季度考核的某企业的绩效考核等级与绩效系数对照如表7-2所示。

表7-2 绩效考核等级与绩效系数对照(示例)

季度绩效考核等级	S	A	B	C	D
季度绩效系数	130%	115%	100%	80%	50%

企业支付给员工的绩效工资不会自动计入员工的基本工资，员工如果想再次获得同样的奖励，就必须像以前那样努力工作，以获得较高的考核等级。但如果考核周期比较短，这样高频率、强相关的调薪容易鼓励员工冲短期业绩而非长远贡献，频繁调薪也会增加管理成本。因此，可以根据年度绩效或者多个周期的绩效进行调薪等级测算，这对于使用传统等级薪资结构的企业是比较适用的。绩效考核等级(月度)与工资等级调整挂钩考核表(示例)如表7-3所示。

表7-3 绩效考核等级(月度)与工资等级调整挂钩考核表(示例)

条件：绩效等级	控制	调级
全年至少8个A	占总人数的5%	+2级
全年至少8个B或A	占总人数的20%	+1级
不符合上面或下面的条件占总人数的50%	0	不符合上面或下面的条件占总人数的50%
全年8个D或E，或连续3个E	占总人数的20%	−1级
全年8个E及8个以上E	占总人数的5%	−2级

对于新转正的员工，在第一个考核周期，可以按照转正等级对应的绩效系数测算业绩工资。比如，某企业采用季度绩效考核，某员工在7月15日转正，则该员工7月份业绩工资＝7月15日后实际工作天数/23×该员工业绩工资基数×转正绩效系数，该员工8月、9月业绩工资＝该员工业绩工资基数×转正绩效系数。

> **小贴士：关于试用期工资的法律规定**
>
> 《中华人民共和国劳动合同法》第二十条规定："劳动者在试用期的工资不得低于本单位相同岗位最低档工资或者劳动合同约定工资的百分之八十，并不得低于用人单位所在地的最低工资标准。"

根据绩效考核结果分等级发放绩效工资适合强制绩效比例分布的情况，如果没有绩效比例的限制，为避免各部门绩效等级尺度不一致导致绩效工资不可控，可以实行总额控制的原则，即根据企业业绩情况给予各部门一个绩效薪酬包，各部门根据员工绩效系数和绩效工资基数的占比进行二次分配，个人绩效工资和部门绩效薪酬包的关系如表7-4所示。

表7-4 个人绩效工资和部门绩效薪酬包的关系

因素	符号	公式
个人绩效工资	A	$A = \dfrac{B_1 X_1}{\sum (B_1 X_1 + B_2 X_2 + \cdots)} \times V$
员工绩效工资基数	B	
员工绩效系数	X	
部门总绩效薪酬包	V	

7.2.2 绩效考核结果应用于奖金

为了使薪酬更有激励效果，把短期激励和中长期激励组合起来是大部分企业通常采取的做法，即把当期绩效考核等级的月度绩效工资和年终绩效奖金组合发放。企业依据员工的年度绩效考核结果，确定年度绩效奖金的发放标准并支付奖金。表7-5为某企业年度绩效考核等级与年度奖金系数挂钩表。

表7-5　绩效考核等级与年度奖金系数挂钩表(示例)

年度绩效考核等级	S	A	B	C	D
年度奖金系数	130%	115%	100%	70%	40%

某员工个人的年度效益奖金=该员工岗位工资×该员工年度奖金系数×员工年度奖金基点值×$N/12$

$$员工年度资金基点值 = \frac{员工年度奖金总额}{\sum(员工岗位工资 \times 员工年度资金系数 \times N/12)}$$

式中：N表示该员工本年度转正后的工作月数。

由于绩效奖金制度和企业绩效考核周期密切相关，这种制度在奖励员工方面也有一定的限制，缺乏灵活性。当企业需要对那些在某方面特别优秀的员工进行奖励时，特殊绩效奖金认可计划也是一种很好的选择。当员工的努力程度远超过标准的时候，或者员工作出重大贡献的时候，可给予物质或荣誉奖励，灵活度高。员工获得和工资相关的绩效奖总会有种理所当然的感觉，而特殊绩效奖金计划会让员工有被重视并获得额外奖励的感觉。

> **小贴士：人的因素是绩效公平应用最重要的基础**
>
> 员工的变动收入比例越高，不同员工之间的收入差距越大，越能鼓励员工争取高绩效等级。由于知识工作者的绩效等级多由主管主观评价而来，而主观的绩效等级并不等同于客观的绩效贡献，容易使员工养成"唯上"的倾向。这就要求各级考核者对于考核的导向和尺度理解一致，做到公平公正。一支不合格的干部队伍不可能给出合格的考核意见，而贸然应用这样的绩效考核结果容易产生巨大的人员流失风险。

7.3　绩效考核结果应用于培训与开发

绩效考核结果能够反映员工的优缺点，明确未来的发展方向，因此可应用于员工培训与开发。人力资源部门应根据员工的绩效考核结果评价员工的素质能力与职位能力需求的匹配度，找到差距，同时考虑员工的个人发展要求，为其安排相关培训课程或制订职业发展计划，促进其能力水平提升。

7.3.1 绩效考核结果诊断

绩效考核结果反映了员工的能力和综合表现，通过对绩效考核结果进行分析，可找出影响员工绩效的问题所在，以此确定员工培训和提升需求。通过绩效差距明确的培训需求是培训规划的重要输入。

在实践中，多数企业都明白这个道理，但执行效果却不理想，主要是因为没有找到绩效短板。为了准确找到绩效短板，可从员工自身的态度、能力、工作方式方法等方面来分析，员工绩效诊断箱是一个非常好用的工具，如图7-2所示。

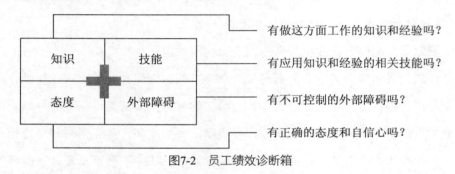

图7-2 员工绩效诊断箱

从绩效诊断箱可看到，导致员工绩效不佳的原因可以从知识、技能、态度和外部障碍这4个方面来考虑，找出真正的原因后，可有针对性地采取措施进行改善。

(1) 如果是知识和技能方面的问题，可以采用培训进行改善；如果是态度和外部障碍的问题，则应采用其他管理策略。

(2) 如果员工缺乏知识、经验和技能，可以通过培训、导师制、岗位轮岗、岗位实操、竞赛等在职训练方式和自我启发、脱产培训等方式来解决。

(3) 如果是态度问题，这意味着员工对工作有抵触情绪，首先必须要消除抵触情绪，否则后期的绩效改善就不可能发生。这种类型的员工主要有以下特征。

① 自身价值观与企业价值观不相符；

② 在认知上与企业实际情况存在差异；

③ 在情感上，对企业的氛围以及文化不能接受。

解决这类员工的绩效问题，关键在于要争取他们的配合，协调与他们之间的关系，尽可能与他们加强沟通。

(4) 如果存在外部障碍，应最大限度帮助员工排除障碍，或尽量减少其影响，然后寻求其他领导或同事的支持。

7.3.2 绩效考核结果应用于培训开发

1. 员工培训

在实际操作中，对于知识、技能欠缺的员工分析可以由员工本人和考核主管来完成，但人力资源部门要对考核主管进行培训，以使他们掌握诊断员工绩效的方法，进一步强化管理者培养员工的岗位职责意识。掌握了这些技能，主管就能针对员工在工作中存在的知识和技能的不足开展培训，促使员工自我提升。作为绩效考核组织者，人力资源部门可以对员工的绩效改进表进行分析，或在绩效考核之后做一次专门的培训需求收集，以便尽快形成共性的培训计划。绩效改进培训开发卡如表7-6所示。

表7-6 绩效改进培训开发卡

部门		岗位			姓名			工号	
所承担的工作	上级评价			自我评价			能力描述		
	完全胜任	胜任	不胜任	完全胜任	胜任	不胜任			
教育培训计划	培训方向		课程名称/项目名称						
(1) 脱产培训	知识								
	技能								
(2) 在职培训	知识								
	技能								
(3) 自我学习	知识								
	技能								
员工签名：		主管签名：					年 月 日		

2. 员工培养方法

除了培训之外，人力资源部门也可以用培养的方法来解决员工知识、技能不足的问题。这里介绍几种员工培养的实施方法。

(1) 工作指导法。由一位有经验的工人或直接主管人员在工作岗位上对培养对象直接进行指导，主要是要教会培养对象如何做工作并提出建议，对培养对象进行激励。

(2) 工作轮换法。让培养对象在预定的时间内变换工作岗位，使其获得不同岗位的工作经验，加强培养对象对企业各部门工作的了解。

(3) 特别任务法。为某些培养对象分派特别的任务，对其进行潜力开发。

① 将培养对象分派至委员会或初级董事会。让有发展前途的中层管理者有机会分析整个企业范围内的工作经验和问题，向培养对象提供分析高层问题的机会和参与决策的机会。

② 进行行动学习。让培养对象将全部时间用于分析、解决其他部门而非本部门的问题，可提高培养对象分析、解决问题的能力和制订计划的能力。

(4) 个别指导法。个别指导法相当于"师带徒"，很多企业称为导师制，主要是由资历较深的员工指导新员工，使新员工能够迅速掌握技能。

对于这种综合性的培养方式，可以采用例行刷新的员工个人发展计划进行管理。个人发展计划可以帮助员工改进工作绩效，也可以帮助员工发展潜能，员工可在经过一系列的能力发展后获得晋升，当然，重点还是能够改善本岗位的绩效。员工个人发展计划表如表7-7所示。

表7-7 员工个人发展计划表

制订日期：　　　　　　　　　　　　　　　　　　　　　　　有效期：

姓名		工号		部门		岗位	
主管姓名				主管职位			
发展计划内容		达到目标		实施方式		评估时间	
(1)							
(2)							
(3)							
(4)							
(5)							
(6)							

员工签名：　　　　　　　　　　　主管签名：

注：
1. 本计划指结合员工岗位需要及个人发展意向，双方经沟通协商达成的促进员工个人发展的计划。该项计划可以发挥员工自身的潜能，充分利用部门或企业的资源，如参加培训、特别指导、岗位轮换等。
2. 该计划至少每半年制订一次，计划表一式三份，员工与主管各留存一份，交人力资源部门存档一份。

7.4 绩效考核结果应用于人员调配

很多企业也会把绩效考核结果应用于员工岗位调整，但要注意的是，绩效考核结果是岗位调整的必要条件而非充分条件，企业还需要建立一套明确、系统的制度。

7.4.1 绩效考核结果应用于岗位调整

把绩效考核结果直接应用于岗位调整，需要非常谨慎，应遵循以下几条原则。

(1) 岗位调整要依据企业的人力资源规划，有计划地进行，有空缺才调整，因此，人员比例要合理，避免岗位频繁变动对业务产生影响。

(2) 员工在岗位上的产出和能力提升需要积累，将某次的绩效考核结果直接应用于岗位调整会使员工变得短视，不利于企业长远目标的实现，要注意员工在本职岗位上的持续贡献和短期绩效表现的均衡。原则上，员工至少需要在本职岗位工作一年。

(3) 绩效结果应用于岗位调整，必须保证公开、公平和公正，即需要有公开的绩效管理制度，在此基础上再进行人员调配，最忌讳事后算账。如果把绩效等级强制分布和自动降级联动起来，那整个团队的压力感会非常强。

(4) 职务不同，要求的能力也不同，有的人在一个岗位上可以取得很好的业绩，但是如果换个岗位，可能就不能胜任。所以，在将绩效与晋升挂钩的同时，应注意对员工的业绩、能力和态度进行全面考核，尤其是对于将要晋升为管理干部的员工来说，其态度和价值观与企业经营的一致性更是非常重要的条件。

表7-8展示了某企业岗位调整与绩效考核结果的联动(5档等级考核)。

表7-8 岗位调整与绩效考核结果的联动

岗位调整	年度绩效等级	半年度绩效等级	原岗位	在原岗位时间
主管岗位竞聘要求	A/B	B以上	员工、主管	≥1年
经理岗位竞聘要求	A	B以上	主管及以上	≥2年
内部调岗	C	C以上	已转正员工、主管	不限
降职/级	D	C及以下	已转正员工、主管	不限
辞退	E	D及以下	已转正员工、主管	不限

7.4.2 绩效考核结果应用于员工淘汰

绩效考核结果被不少企业用于末位淘汰，但这个过程如处理不当，将会带来很大的法律风险。《中华人民共和国劳动法》第二十六条第二款规定，"劳动者不能胜任工作，经过培训或者调整工作岗位，仍不能胜任工作的"，用人单位可单方解除劳动合同。但要注意的是，相对考评中，员工排在"末位"，不代表企业可以该员工无法胜任工作为由将其淘汰。在实行"末位"淘汰的过程中，应注意以下几点。

(1) 考核制度要明晰，即什么情况下可以判定为不胜任，要让员工非常清楚。末位淘汰要慎用，需要使用时，必须完善相关制度，避免引发劳动争议。

(2) 绩效标准要明确，针对员工无法达到工作标准的沟通要充分，可以用考核主管和员工双方签字的绩效考核表来表明沟通的一致性。

(3) 对于无法胜任工作的员工，要给予绩效改进的机会，建议以签订绩效改进计划的方式予以明确，绩效改进的标准要清晰。

(4) 在绩效改进过程中，要给予员工有效的工作指导或培训。企业招聘和培养一个员工是非常不容易的，成本很高，因此对于绩效差的员工，应设置缓冲期，对末位员工进行再培训。企业应给员工内部岗位调整的机会，或是到企业内部劳动力市场竞争上岗的机会，如果员工最终竞争不到合适岗位，才可终止劳动关系。

(5) 在对不胜任工作的员工进行淘汰的过程中，要充分认识到，只有相对不适合的岗位，没有绝对不胜任的员工。如果发现员工不适合企业文化或者岗位要求，及早放手对双方都是负责任的做法。当然，在这个过程中，一定要注意和员工进行良好沟通，并尽力对员工的职业生涯发展给予指导和帮助。

第8章 员工绩效考核管理工具

了解了绩效考核过程,就可以进行考核操作,但如果没有合适的管理工具,或者选错了管理工具,会直接影响考核效果。常见的绩效考核工具有量表法、比较法、描述法。

8.1 量表法

量表法就是采用标准化的量表来对员工进行考核。常见的有评级量表法、等级择一法、普洛夫斯特法、行为锚定评价法、行为观察法、混合标准测评法等。评级量表法和行为观察法分别是对绩效要素达标等级和行为发生频率的测量,比较基础且应用范围较广,我们在此进行详细介绍。

8.1.1 评级量表法

评级量表法是常用的考核方法,即用一种评价尺度表,对员工每个考核项目的表现作出评价或者计分。采用这种方法,考核人可以在一个等级表上记录业绩考核结果。在等级分类中,通常采用5点量表,或者可以采用诸如"优秀""一般"和"较差"等形容词来定义。当绩效构成要素明确、对每一个要素可以有不同层级评分的时候,可以使用这种方法。为了保证考核人对标准理解一致,在做出最高或最低评价的时候,应该写明理由。评级量表法(示例)如表8-1所示。

表8-1 评级量表法(示例)

考核要素	考核内容	考核评定	等级及得分	考评事实依据或理由
工作质量	完成工作的准确度、完整性	A. 91～100 B. 81～90 C. 71～80 D. 61～70 E. 60及以下		

(续表)

考核要素	考核内容	考核评定	等级及得分	考评事实依据或理由
生产效率	生产产品的数量和效率	A. 91～100 B. 81～90 C. 71～80 D. 61～70 E. 60及以下		
知识技能	经验和技术能力在工作中的表现	A. 91～100 B. 81～90 C. 71～80 D. 61～70 E. 60及以下		
纪律性	工作纪律和规章要求的符合度	A. 91～100 B. 81～90 C. 71～80 D. 61～70 E. 60及以下		
积极性	对任务分配不畏难，主动积极进行改进	A. 91～100 B. 81～90 C. 71～80 D. 61～70 E. 60及以下		
合作性	主动协助上级、同事做好工作	A. 91～100 B. 81～90 C. 71～80 D. 61～70 E. 60及以下		
总计				

备注：请根据被考核人的实际工作情况，对照上表内容进行评分，最后汇总平均分，得出结果分数。
非常优秀(A)：在所有的工作领域中表现突出并远远超出其他人。
优秀(B)：能很好地完成工作任务，工作质量高。
良好(C)：能胜任和独立完成工作，基本满足企业要求。
待改进(D)：在某些方面，存在影响绩效达标的明显缺陷。
不满足要求(E)：不能胜任工作。

这个方法适用的关键在于对要素的提炼和等级的定义，要素提炼越准确，等级定义越清晰，评价就越准确。当每个考核人对每个要素和等级都有一致的解释时，对不同个体间的评价就有了一致性。

8.1.2 行为观察法

行为观察法也称为行为观察量表法，通常用来测量被考核者做出某种行为的频率。

如果人力资源部门了解达成绩效所需要的一系列符合期望的行为，就可以采用这种方法。它的主要的思路就是收集达成绩效的关键事件并按维度进行分类。例如，将一个5分的量表分为"几乎没有"到"几乎总是"5个等级，通过将员工在每一种行为上的得分相加得到各个评价项目上的得分，最后根据各个项目的权重得出员工的总得分。行为观察量表(示例)如表8-2所示。

表8-2 行为观察量表(示例)

职位：项目经理　　评价要素：工作的可靠性	
(1) 能够有效地管理工作时间　　几乎没有　　　　　　几乎总是　　　　1　　2　　3　　4　　5	
(2) 能够在截止期限到来前及时完成项目　　几乎没有　　　　　　几乎总是　　　　1　　2　　3　　4　　5	
(3) 必要时愿意延时工作或者在周末加班　　几乎没有　　　　　　几乎总是　　　　1　　2　　3　　4　　5	
(4) 能够预测并提前解决项目的障碍　　几乎没有　　　　　　几乎总是　　　　1　　2　　3　　4　　5	
(5) 能够帮助其他员工在项目期限内完成工作　　几乎没有　　　　　　几乎总是　　　　1　　2　　3　　4　　5	
总分：	等级：

备注：优秀，22～25；良好，19～21；合格，16～18；不合格，13～15；很差，0～12。

行为观察法的使用要基于系统的工作分析，使员工也能得到有效的信息反馈，并明确指导员工如何得到高绩效评分。这个方法使用起来很简便，员工也能参与进来，很多企业都用这种考核方法牵引员工的行为。但由于每个岗位的行为差异很大，人力资源部门必须要花费大量时间来开发这个量表，而且这个方法比较适合行为稳定、不太复杂的工作岗位，因为只有这类工作才能找出有效的绩效影响行为从而设计出量表，而对于研发类岗位、中高层管理者等，这个方法不太适用。

8.2 比较法

比较法是一种相对评价方法，就是通过员工之间的互相比较得出考核结果。在绩效考核中，常见的比较法有个体排序法、标杆比较法和配对比较法。

8.2.1 个体排序法

排序法就是将所有参加评估的员工列出来，分别针对每一个评估要素开展评估，先找出表现最好的员工，将他排在第一的位置，再找出表现最差的员工，将他排在最后一个位置；接着找出次好的员工，将他排在第二的位置，再找出次差的员工，将他排在倒数第二的位置……直到所有人排完。然后，再以同样的方法针对第二个要素进行评估，排列顺序。最后的综合排名可以根据各项评估要素的综合排名确定。个体排序法(示例)如表8-3所示。

表8-3 个体排序法(示例)

业绩		能力		态度	
名次	姓名	名次	姓名	名次	姓名
1	张××	1	李××	1	张××
2	李××	2	王××	2	刘××
3	王××	3	刘××	3	罗××
4	马××	4	马××	4	马××
5	刘××	5	张××	5	王××
6	罗××	6	罗××	6	李××

个体排序法对于小团队来说非常简单实用，评价结果也一目了然，但会给员工造成很大的心理压力，也不利于团队内部合作氛围的营造。另外要注意的是，相当层级的人可以放在一起排序，但不要把位置或等级相差悬殊的人放在一起比，这将使比较失去意义。例如，一个有5年工作经验的老销售，其销售业绩往往比工作半年的新员工要好，用一个尺度去比较两者是不合理的。

8.2.2 标杆比较法

标杆比较法是确定团队内部排序的一个简便易行的办法。在考核之前，先选出一位员工，以他的各方面表现为标准，对其他员工进行考核。

和个体排序法类似，标杆排序法也是针对每个评估要素进行排序，然后根据综合排序结果进行评定，但不同的是，排序的基础是将某位员工选为标杆。人力资源部门要先选出一个团队中比较典型的员工，这个典型员工往往不是这个团队中最优秀的，也不是最差的，然后再将其他员工与其进行对比，根据对比结果进行综合排序。标杆比较法(示例)如表8-4所示。

表8-4 标杆比较法(示例)

标杆员工：×××　考核要素：客户意识

被考核者	比较等级				
	A	B	C	D	E
马××					
李××					
王××					
赵××					
江××					

备注：与标杆员工相比，在对应的栏目中打"√"。
A——绝对更优秀；B——比较优秀；C——相似；D——比较差；E——差距很大。

需要注意的是，标杆员工不能一成不变，这样可以激励员工努力做到更好，而不是一味纵容他们保持刚好可以的心态。不过这种方法和个体排序法类似，刺激性比较大，会给团队成员造成较大的心理压力，因此，一定要注意团队导向的变化，避免发生恶性竞争。同时，更不能让标杆员工成为员工心目中的"靶子"，员工比的应该是和高绩效相关的关键态度、行为和结果，而不是评出来一个"完美"的人。

8.2.3 配对比较法

配对比较法是指把每个员工和其他员工一一配对，进行两两比较，从而决定优劣。配对比较法可用于对人进行比较，也可以用于各个职位进行评估。

在对两个人进行比较的时候，表现相对好的记"+"，另一个员工记"-"，所有员工比较完之后，计算每个人的"+"数，按照"+"数的多少进行排序。配对比较法(示例)如表8-5所示。

表8-5 配对比较法(示例)

某部门参加绩效评定6人，采取配对比较法，纵列比横行优计为"+"，否则计为"-"。

员工	张××	李××	王××	马××	刘××	罗××	"+"的个数
张××		-	-	+	+	-	2
李××	+		+	+	+	-	4
王××	+	-		+	+	-	3
马××	-	-	-		-	-	0
刘××	-	-	-	+		-	1
罗××	+	+	+	+	+		5

表8-5中，罗××以5个"+"排第一，以下依次是李××、王××、张××、刘××、马××。配对比较法简单易行，适合于人数较少的部门；如果人数多，而每个人的长处和短处不一样，配对比较较为困难。另外，这个比较没有考虑各评价要素的权

重,比较结果不一定符合企业导向。

8.3 描述法

描述法就是用叙述性文字来描述员工的工作业绩、能力、态度、优缺点和关键行为事件等。在与员工进行绩效沟通的时候,这些描述都是非常好的评价素材,可用于佐证员工相应的绩效等级,但描述法只能作为某个时段员工行为的例证,所以根据一两个行为来直接对员工的绩效进行评定是不客观的,因此,描述法被更多地作为辅助的考核方法来使用。其中,最常用的描述法就是关键事件描述法。

此外,另一种模拟情境的考核方法——评价中心法,近年来也日渐兴起。由于这种方法也是对某一情境下员工的行为表现进行描述,也可以把它归为描述法。

8.3.1 关键事件描述法

关键事件描述法,就是观察并书面记录员工有关工作成败的"关键性"事实,作为员工绩效评价的依据。事实上,很少有企业直接将关键事件描述法作为可以普遍使用的评价手段,但在现实中,它确实是非常有价值的补充评价方法,尤其是对于表现优秀和表现差的员工来说。因为排在这两端的员工足以代表非常积极和非常消极两个方向,他们的行为表现才能称得上关键事件。有经验的主管经常会保留最有利和最不利的工作行为书面记录,在考核后期,运用这些记录和其他资料对员工的业绩进行评价。

关键事件描述法包含以下三个要点。

(1) 观察。

(2) 书面记录员工所做的事情。

(3) 有关工作成败的关键性事实。

既然关键事件是非常重要的评价依据,记录或描述的方法就非常重要了。STAR法是招聘中用于判断员工后续行为和能力的常用测评方法之一。STAR法,又叫"星星法",采用这种方法记录一个事件时,要从四个方面来写。

S表示situation——情境,即这件事情发生时的情境是怎么样的。

T表示target——目标,即他为什么要做这件事。

A表示action——行动,即他当时采取什么行动。

R表示result——结果,即他采取这个行动获得了什么结果。

案例：关键事件描述法

张红是公司的计划员，主要负责将客户从海外运过来的货清关、报关，并把货提出来，然后按照客户的要求运到仓库，确保整个物流的顺利进行。

这家公司只有张红一人负责这项工作，其他员工不了解相关业务。在3月份考评结束后，张红80多岁的奶奶病逝了。张红由奶奶抚养长大，奶奶的病逝使她很悲伤，因此一病不起。碰巧第二天，一个大客户有一批货从美国运来，要求清关后在当天下午6点之前准时运到仓库。张红是怎么做的呢？她把丧事放在一边，第二天早上8点准时出现在办公室。她的经理王伟发现她脸色苍白，精神也不好，一问才知道家里出了事。张红什么话也没说，一直在准备进出口的报关、清关手续，把货从海关提出来，并且在下午5点就把货发出去了，及时运到了客户仓库。随后，她于下午5点提前下班，去料理奶奶的后事，可公司规定正常下班时间是下午6点。

这是一个关键事件，如果王伟没有留意，或者人力资源部也没有发现，那么在其他同事眼里，张红的行为属于早退。好在经理王伟善于观察，发现了这件事情，问清楚是怎么回事，他认为这是件很令人感动的事情。如果没有这场变故，帮助客户快速办理业务是一项正常工作，是无须记录下来的。但这一天，张红首先考虑公司的利益，为了不让客户受损失，克服了种种困难坚守岗位，完成了任务。这是一件值得表扬的事情，因此他决定把这件事情记录下来。

王伟是这样记录这个关键事件的。

情境S：张红的奶奶前一天晚上病逝了。

目标T：为了第二天把一批货完整、准时地运到客户仓库。

行动A：她将公司利益放在首位，坚守岗位，提前把货发出去了。

结果R：客户及时收到了货，没有使公司的信誉受损。

STAR法可用于记录积极事件，也可用于记录消极事件，但通常不会单独使用，因为它只用于记录积极或者消极的关键事件，并没有贯穿整个工作过程，因此这个方法只是为以后的考核打分提供依据。但关键事件描述法深受大家喜欢，原因如下：第一，有理有据，记录内容包括时间、地点、人物，比较全面；第二，成本很低，也不需要花太多的时间，只需要将一个事件的4个方面写出来即可；第三，反馈及时，可以快速提高员工绩效。

在以上案例中，王伟在张红下班走了以后，给部门所有员工发了一封电子邮件，用 STAR 法描述这件事：当时怎么回事，她为什么要这么做，她采取了哪些行动，结果是什么。最后，王伟在邮件末尾总结，张红顾全大局，为公司利益放弃了自己的利益，这是非常值得表扬的行为，希望所有人向她学习。这样一封简单的邮件，不仅打消了大家可能产生的"误解"，又会让张红觉得心里暖洋洋的，她心想原来我的事情，经理都看在眼里，那我以后更要好好表现。

企业在成长阶段，没有考核系统的时候，一定要用关键事件描述法记录员工的光彩和不光彩的行为，以便为日后员工涨工资、发奖金、降级、离职等留下依据。

关键事件描述法不能单独用于系统考核。另外，运用关键事件描述法时，还要注意以下几点。

(1) 关键事件应具有岗位特征的代表性。

(2) 关键事件的数量不要求多，有代表性即可。

(3) 记录时要言简意赅，清晰准确。

8.3.2 评价中心法

近年来，通过情景模拟来考核员工的方法——评价中心法，越来越受到重视。其实，评价中心法的原理和关键事件描述法类似，两者都是基于对员工行为的分析从而进行评价，只是前者是基于模拟情境，而后者则是基于真实的工作场景。

评价中心法是将被考核者置于某种模拟的情境中，通过被考核者的行为表现对其进行评价。这个方法首先被美国电话电报公司(AT&T)采用，最先被用于评价高级管理人员，目前已经成为很多企业进行人员测评的方法，不仅用于人员管理，还可以用于对专业、技术人员进行基础素质测评。评价中心法使用情境性的测验方法对被测评者的特定行为进行观察和评价，有很高的针对性和有效性。

一个标准的评价中心一般可采用如下评估方法。

(1) "篮子"练习。被考核者拿到一个装满各种工作计划、备忘录、电话记录、问题清单的"篮子"，应迅速作出判断，排出先后顺序，区分重要性，将要处理的工作分派妥当。此方法意在检验被考核者的工作能力。

(2) "无领导小组讨论"。让若干被考核者参加针对某一问题的讨论会，规定会议时长。考核者要留意观察，谁实际上主持或控制了讨论，谁对问题的实质有更快的反应和更准确的判断。

(3) 个人发言。给被考核者一个题目，让其在5～10分钟内准备一个10～15分钟的发言，考察被考核者的沟通能力、组织思路能力，看其是否镇静沉着，讲得是否入情入理。

(4) 心理测试。主要测量被考核者的特定心理素质和能力。各种各样的心理测量工具已经在实践中得到了广泛的应用，如霍兰德职业性格测试、卡特尔16pf性格测试等。

(5) 问卷法，即被考核者自我评价。

读者可能会觉得，这不就是企业在招聘过程中甄选人员时的常用方法吗？是的，很多大型企业在招聘过程中广泛使用评价中心法来甄选人员，这种方法将问卷、量表、小组讨论等考评技术综合起来，企业可根据实际情况选择实施，其信度已经得到业界的广泛认可。但是，评价中心法也有不足之处。评价中心法多用于对个人能力的评价预测，而比较难应用于对员工过去业绩的评价。同时，该方法在能力评估方面的使用还是有一定门槛的。因为不同的工作岗位需要不同的能力，评估标准必须与岗位要求相适应，评价人员也需要通过专门的训练才可以掌握这些评价技术，因此，评价质量往往需要很长时间才能得到鉴定。

> **小贴士：结合"人""数""事"用好绩效管理工具**
>
> 绩效考核方法太多，有时也会让人无所适从。量表法重"数"，比较法重"人"，描述法重"事"，我们应该针对具体岗位灵活运用各种绩效管理工具，把对"人""数""事"的考核有机地结合起来，找到适合每个岗位的最有效的方法。

第9章　关键要素考核表的设计

了解绩效考核管理工具并不意味着找到了绩效考核的捷径。当两个员工站在你的面前，你应该考核什么？怎么考核？是否要有所侧重？如何确定考核方向？要知道，如果方向错误，那结果也就注定错误。本章主要谈谈考核什么和如何考核的问题。

9.1　分层分类的考核设计

面对一个司机和一个厨师，要分出绩效优劣是一件难事。当然，可以将他们和各自领域内的其他人员相比，谁排名靠前算谁赢。那么，第一名的司机和第一名的厨师谁的绩效更好呢？绩效考核工具多适用于同一岗位类型的考核，而企业是由不同岗位类别和职级层次的员工组成的，从岗位类别的角度看，有管理人员、操作人员、技术人员等；在管理人员中，也有高层、中层、基层管理人员，他们有各自不同的工作要求。如果把一个司机和一个CEO放在一起进行绩效考核，也许有人会说，当然是CEO更好。但事实上，得出这个结论的人，比较的是CEO和司机的岗位重要性，也就是岗位的比较，但绩效考核是员工业务技能的比较，那么一个优秀的司机和一个糟糕的CEO，哪个绩效更好呢？这个问题就很难回答。因此，对不同岗位的考核应该分层分类来进行，在设计考核表之前，也要对员工进行分层分类。

9.1.1　考核岗位的分层分类

考核的层次类别以多少为宜，可以根据实际情况来确定。分层分类太多，考核操作成本太高；分层分类太少，不能体现考核的针对性。

层级的划分，上限是岗位的等级数，各企业都不同。例如，IBM有11级，阿里巴巴有14级，华为达到25级。现在流行宽带薪酬和扁平化管理，为了提高管理效率，减少管理层级是个趋势。但即便如此，企业也不会真正按照这么多级来分层考核，多数企业分3～4层来进行考核，如战略层、管理层、执行层，或者高层、中层、基层。

岗位类别的划分,主要以岗位的性质为依据,上限就是企业的岗位数。多数企业将岗位分为管理类、专业类、技术类、事务辅助类、操作类等。

岗位分层分类(示例)如图9-1所示。

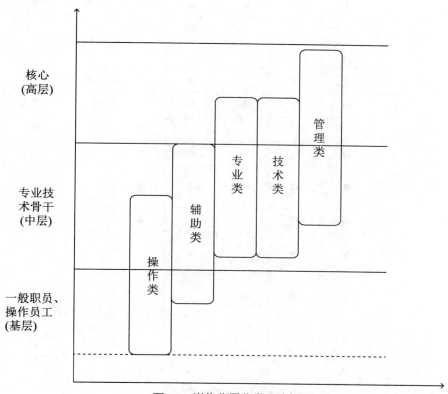

图9-1　岗位分层分类(示例)

9.1.2　考核要素的分层分类

层次和类别不同,考核的内容及考核的侧重点当然就不一样。比如,基层操作员工主要是按照既定的流程和规范来操作,重点是保证不出错,也就是俗称的把事做正确,对判断能力的考核就不是十分重要了,而对纪律性的考核更严格。对高层而言,需要在纷乱复杂的竞争和经营环境中及时作出决策,也就是要做正确的抉择,因此判断能力至关重要,应重点考核。关于业绩、能力、态度的分层分类考核,可以参考表9-1的思路。

表9-1　分层分类的关键考核要素分布表(示例)

考核要素及内容		高层			中层			基层	
		管理	专业	技术	管理	专业	技术	操作	辅助
工作业绩	—	●	●	●	●	●	●	●	●
工作态度	协作性				●	●	●		
	纪律性							●	●
	主动性	●	●	●	●	●	●		
	责任感	●	●	●	●			●	
工作能力	业务技能					●	●	●	●
	判断力	●			●				
	关系建立能力	●	●		●	●			
	应变能力	●	●		●	●			
	人际理解能力				●	●			
	战略思考能力	●		●					
	计划管理能力				●				
	协调能力	●			●	●			

注：●表示对该类员工而言，该考核要素是必须考核的。

表9-1是考核要素在不同层级和类别员工中的分布示例，在具体设计考核要素与岗位关联的时候，要从企业的客观实际出发，确定考核内容。考核要素与岗位的关联和企业战略、业务流程、组织和岗位关键绩效指标有关，在后续的战略绩效考核中本书将详细介绍。

9.2 考核表的设计

设计考核表是绩效专业人员的基础技能之一，可以设计一个综合性考核表，也可以按照业绩、能力、态度来分类设计考核表。

9.2.1 员工综合考核表的设计

世界上没有一个放之四海而皆准的通用考核表，因为每个企业情况不同、岗位不同、员工情况不同，考核要素也不同，因此人力资源部门应该结合具体情况进行有针对性的设计，但多数情况下，考核表的设计都是围绕着业绩、能力和态度的考核进行的。以下提供某企业某部门人员年度绩效考核表供参考，如表9-2所示。

表9-2 部门人员年度绩效考核表(示例)

被考核人员姓名：　　　　工号：　　　　部门：

考核项	权重	考核标准	5	4	3	2	1	评价意见
工作业绩	70%	目标达成情况						
工作能力	20%	● 专业技能 ● 合作能力 ● 执行能力 ● 沟通能力 ● 理解能力						
态度(遵从企业价值观)	10%	● 开放创新 ● 成就客户						

评价标准

杰出(S)	优秀(A)	良好(B)	合格(C)	不合格(D)
4.5(不含)～5	4(不含)～4.5	3.5(不含)～4	3(不含)～3.5	3(含)以下

注：请在对应的分数空格处打√。

对于小规模的企业，如果主管和员工日常沟通较多，例行工作相对较多，为了降低管理成本，就可以让主管对员工进行业绩、能力、态度的考核。形式应服务于内容，只要主管把考核要求沟通到位、考核结果沟通到位，表格只是一个考核载体而已。当然，人力资源部门也可参照表9-2，把业绩、能力、态度的考核要素进行分解，设计出符合企业导向的业绩、能力和态度考核表。

9.2.2 员工工作业绩考核表的设计

业绩是一个相对的概念，例如CEO和司机的业绩是无法比较的。具体的业绩目标应该依据岗位来设计，对照岗位要求的业务目标完成情况。如前文所述，业绩的考核要素包括数量、成本、质量、及时性等，常称为TCQQ。

业绩考核表主要包括以下内容：对所承担工作内容的完成情况；自我评价；上级意见；分类考核。工作业绩考核表(示例)如表9-3所示。

表9-3 工作业绩考核表(示例)

姓名		工号		部门		职位	
项目	工作内容	工作目标		自我评价		主管评价	指导与改进
工作内容完成情况				□超越目标 □达到目标 □低于目标		□超越目标 □达到目标 □低于目标	
				□超越目标 □达到目标 □低于目标		□超越目标 □达到目标 □低于目标	
				□超越目标 □达到目标 □低于目标		□超越目标 □达到目标 □低于目标	
				□超越目标 □达到目标 □低于目标		□超越目标 □达到目标 □低于目标	
业绩要素考核	考核方向	考核要点		考核等级			
	工作数量(Q)			□优秀(A)	□良好(B)	□合格(C)	□需改进(D)
	工作质量(Q)			□优秀(A)	□良好(B)	□合格(C)	□需改进(D)
	投入成本(C)			□优秀(A)	□良好(B)	□合格(C)	□需改进(D)
	及时性(T)			□优秀(A)	□良好(B)	□合格(C)	□需改进(D)

1. 关于工作内容完成部分

(1) 工作内容。工作内容主要指员工的岗位职责及当期工作重点。比如,对于销售经理而言,工作内容为销售产品、建立客户关系、支持市场活动等。

(2) 工作目标。针对该项工作内容在某时间段内应该达成的结果,目标要可衡量。

(3) 自我评价。这是员工对于每项工作内容完成情况的评价,将实际完成情况和目标对照,分别选择超越目标、达到目标或者低于目标。

(4) 主管评价。这是上级主管对于员工每项工作内容完成情况的评价,将实际完成情况和目标对照,分别选择超越目标、达到目标或者低于目标。为保证评价的客观性,主管评价和自我评价要分别进行。

(5) 指导与改进。基于自我评价和主管评价的差异,双方经过沟通找到改进点。

2. 关于业绩考核要素部分

(1) 考核方向。按照TCQQ,考核方向分为工作数量、工作质量、投入成本、及时性。

(2) 考核要点。它指的是每个考核者具体的考核重点,可以根据被考核者的工作特性进行设计,也可以从业绩考核要点表中进行选择。某岗位工作业绩考核要点表(示例)

如表9-4所示。

表9-4 某岗位工作业绩考核要点表(示例)

考核方向	考核要点
工作数量	(1) 工作是否覆盖了所要求的内容 (2) 工作挑战和负荷如何 (3) 是否已经为未来做了一些前瞻性的工作
工作质量	(1) 所完成的工作是否达到预期效果 (2) 文档输出经验总结的质量如何 (3) 上下游及客户对交付质量的满意度如何 (4) 错误的比率如何
投入成本	(1) 是否存在浪费导致成本增加 (2) 所采用方案的性价比如何 (3) 是否为了局部最优而导致总体成本增加 (4) 预算完成情况如何
及时性	(1) 在指定的时间内，完成工作的程度如何 (2) 是否因自身问题出现返工的情况 (3) 工作程序的合理性如何 (4) 响应的速度如何 (5) 上下游及客户对交付及时性的满意度如何

9.2.3 员工工作能力考核表的设计

简单来说，工作能力是指对一个人担任一个职位的一组标准化要求，用以判断这个人是否称职。与业绩一样，人的工作能力也是相对的。"岗位面前，人人平等"，这句话不是说把所有员工拉到一条水平线上去比，一个中专生和一个博士生怎么比？而是说要把人的能力与岗位的任职要求相比较，为适应岗位，人的能力应提高到怎样的程度。绩效考核的目标是让员工胜任岗位，而不是对其进行"能力大排队"。因此，具体的能力考核要素也不应该设置统一的考核指标，而应该因人而异。此外，能力考核不是考核能力的绝对值，而应该通过考核要求员工在原来的岗位上，在原有的基础上，快速、大幅度地提高能力，这才能实现考核牵引的意义。

人的能力包括本能、潜能、才能、技能，它直接影响一个人做事的质量和效率。能力既包括显现出来的具体专业业务技能，如销售人员的演讲能力、文员的文档制作能力，也包括人员的各项素质，如判断力、关系建立能力、应变能力、抗压力、体能等。人力资源部门考核的能力应该是基于岗位要求，可以改善和培养的以及个人行为表现出来的显性能力，或可以通过学习或训练表现出来的潜在能力。人的性格类型(如内向型、外向型、保守型、开拓型)会对工作结果产生间接的影响，但这些较难通过外在的训练改变,因此,性格类型一般不作为绩效考核要素。工作能力考核表如表9-5所示。

表9-5 工作能力考核表(示例)

姓名			工号		部门		职位	
项目	考核方向	考核要点			自我评价		主管评价	指导与改进
专业能力	知识				□完全胜任 □基本胜任 □不能胜任		□完全胜任 □基本胜任 □不能胜任	
	技能				□完全胜任 □基本胜任 □不能胜任		□完全胜任 □基本胜任 □不能胜任	
核心素质	关系建立能力				□完全胜任 □基本胜任 □不能胜任		□完全胜任 □基本胜任 □不能胜任	
	沟通能力				□完全胜任 □基本胜任 □不能胜任		□完全胜任 □基本胜任 □不能胜任	
	应变能力				□完全胜任 □基本胜任 □不能胜任		□完全胜任 □基本胜任 □不能胜任	
	判断能力				□完全胜任 □基本胜任 □不能胜任		□完全胜任 □基本胜任 □不能胜任	
	执行能力				□完全胜任 □基本胜任 □不能胜任		□完全胜任 □基本胜任 □不能胜任	

员工结合岗位要求,根据具体的考核要点进行自我评价,主管进行上级评价,对于偏差给予具体的指导改进意见。考核要点是每个被考核者具体的能力和素质的考核重点,可以根据被考核者的工作特性进行设计,也可以从能力考核要点表中进行选择。某岗位工作能力考核要点表如表9-6所示。

表9-6 工作能力考核要点表(示例)

能力类别	考核方向	考核要点
专业能力	知识	(1) 是否具备该职位所要求的一般知识 (2) 是否具备该职位所要求的专业知识 (3) 对相关知识的掌握程度如何 (4) 对企业业务和产品的了解程度如何
	技能	(1) 能否把知识充分运用到对复杂专业问题的处理上 (2) 是否能为本领域的持续改进提出新构想
核心素质	关系建立能力	(1) 是否能和他人快速建立友好、互利的关系 (2) 是否能和他人保持友好、互利的关系 (3) 业务开展中和上下游合作的融洽程度如何 (4) 遇到困难是否能够找到关键关系解决问题

(续表)

能力类别	考核方向	考核要点
核心素质	沟通能力	(1) 是否具有良好的人际沟通技巧 (2) 是否可以用书面或口头形式进行良好的表达并达到效果 (3) 是否善于倾听和理解 (4) 是否能有效地反馈不同意见
	应变能力	(1) 是否能有效地处理各类突发事件 (2) 是否能够快速把握机会提升组织效益
	判断能力	(1) 是否能正确理解职位要求或上级指示 (2) 对本职位角色的认知是否清晰 (3) 对于新挑战是否能根据经验快速作出准确的判断和决策 (4) 是否能对未来的变化进行预测或作出全局性的判断 (5) 是否曾经因为决断草率而带来损失
	执行能力	(1) 是否服从组织安排,能否快速反应,坚决完成工作任务 (2) 遇到困难是否能够积极主动寻求解决方案并解决问题

9.2.4 员工工作态度考核表的设计

有能力是否就有好业绩?不一定,缺少把工作做好的意愿,能力就只是摆设。有好业绩是否就是好员工?不一定,不走正道会把团队带向歧途。所以,几乎所有的企业都会关注员工的工作态度,并有不少企业会对员工的态度进行考核。对员工工作态度的考核一般包括员工的协作性、积极性、责任心、纪律性等,当然在进行考核时要以不同岗位的特性作为考核要点。另外,也要考虑企业文化的特性,华为和阿里巴巴都把对企业价值观遵从放入员工的绩效考核中,以便让员工清晰地理解组织的要求,使员工目标一致。工作态度考核表(示例)如表9-7所示。

表9-7 工作态度考核表(示例)

姓名		工号		部门		职位	
职业态度	考核方向	考核要点		自我评价		主管评价	得分
	协作性						
	积极性						
	责任心						
	纪律性						
价值观遵从	价值观	具体要求		自我评价		主管评价	得分
	成就客户						
	艰苦奋斗						
	开放进取						
	持续改进						

备注:远超出目标(5分);超出目标(4分);达到目标(3分);低于目标(1分);远低于目标(0分)。

职业态度和价值观的考核点因岗位不同而不同，其权重也不同。考核中，对于企业价值观需要进行具体的解读。某岗位工作态度考核要点表见表9-8。

表9-8　某岗位工作态度考核要点表(示例)

态度类别	考核方向	考核要点
职业态度	协作性	(1) 是否善于与他人合作共事 (2) 是否充分发挥各自优点并保持良好的团队运作 (3) 是否与他人有无谓的争执 (4) 是否在他人遇到困难的时候乐于帮助
	积极性	(1) 是否积极热情地学习业务所需的相关知识 (2) 是否对解决困难有高昂的意愿和热情 (3) 是否存在消极的工作行为 (4) 能否主动去做一些"分外"事 (5) 在没有领导指示的情况下能否自觉开展工作
	责任心	(1) 是否诚实守信、一丝不苟、坚持原则 (2) 是否能对安排的工作负责到底 (3) 能否在没有监督的情况下快速开展工作 (4) 是否不推卸责任 (5) 工作时是否精益求精
	纪律性	(1) 是否严格遵守工作纪律，是否很少迟到、早退、缺勤 (2) 是否严格遵守工作汇报制度，能否按时完成工作报告 (3) 是否遵守企业财经纪律，能否做到公私分明 (4) 是否遵守企业规章、作业流程和其他规定 (5) 是否注意社会公德，能否维护企业形象
价值观	成就客户	(1) 为客户服务是企业存在的唯一理由，客户需求是企业发展的原动力 (2) 为客户提供有效的服务，是价值评价的标尺，只有成就客户才能成就自己
	艰苦奋斗	艰苦奋斗体现在为客户价值创造的活动中以及在工作准备过程中，只有艰苦奋斗，才能赢得客户的信赖和尊重
	开放进取	为了更好地满足客户需求，应积极进取、开放创新，坚持客户需求导向，围绕客户需求进行持续创新
	持续改进	不断检视自我，具有自我批判精神，不断进步，不断改进，倾听客户声音，持续超越自我

> **小贴士：不能牵引改进的绩效系统必然走向"死亡"**
>
> 绩效考核表的设计重心是改进，无论是业绩、能力、态度还是行为考核，考核表的设计要科学地处理人与他人比、人与自己比、人与目标(标准)比之间的关系，引导个体不断地改进，这样的绩效系统才是有生命力的系统。

第10章 中基层管理者绩效考核量化设计

抓好了火车头,自然就牵引了整个员工队伍,对中基层管理者的考核压力会层层传递到基层员工,因此,要抓员工的考核并得到高层支持,应先从中基层管理者抓起,这是撬动绩效考核的重要杠杆。根据中基层管理者的岗位职责,结合管理者管业务、管能力、管团队的特点,本章提供中基层管理者的绩效考核方案以及一些典型岗位的中基层管理者的量化考核,供大家参考。

中层管理者负责企业运营的某一重要领域,同时承上启下管理下属部门或团队,采用平衡计分卡的考核模式,结合各岗位职责,从财务、内部运营、客户和学习发展4个角度进行考核,能够较好地平衡各考核要素,牵引各业务领域健康持续地发展。

基层管理者通常是员工的一线经理,对完成企业在该领域的工作任务负责,对员工的日常工作进行管理和提供支持。"技而优则仕"明确了基层管理者的升职路线。相对中层管理者有全局性的经营考核指标而言,除了直接带团队的特点以外,基层管理者的工作会更贴近一线,任务导向型的工作考核会更加突出。同时,由于其所领导的部门或团队多数处在业务流程的节点,流程符合度的考核也是绩效考核中重要的一部分。

本章按照企业的主业务流程,以规划—研发—生产—销售—职能部门的顺序,对企业各主要中基层管理岗位的业绩考核方案进行量化,供大家参考。

10.1 中基层管理者绩效考核设计思路

中基层管理者的绩效考核可以根据平衡计分卡进行指标设计,多采用面向高级管理团队述职评议的方式进行。

10.1.1 中基层管理者绩效考核管理办法

中基层管理者的绩效考核管理办法应该对考核对象、考核内容、考核周期、考核程序、考核应用等作出系统的说明。以下提供××公司中基层管理者绩效考核管理办法,供大家参考。

××公司中基层管理者绩效考核管理办法(示例)

一、总则

1. 目的

为保障组织体系的顺畅运作,持续提升各部门业绩,确保公司战略目标的达成,加强对中基层管理人员的考核,特制定本办法。

2. 考核对象

本办法所指的绩效考核范围主要包括公司各业务领域总监级干部(含副总监)、部门的经理级(含副经理)。

3. 考核导向

(1) 结果导向。按照公司整体绩效、组织绩效、个人绩效层层分解,以工作业绩为重点,以责任目标为导向,实行过程监督,注重对工作表现和工作业绩的考核与改进。

(2) 逐级考核。依据管理幅度和职责权限,实行自下而上逐级负责以及自上而下逐级考核,对于经理级干部在各体系进行考核,对于总监级干部在总经理办公会进行考核。

(3) 指标量化。量化所有纳入绩效考核的指标,确定量化目标,进行量化考核。对于民主评议指标采用数据转换模型,将定性评价转化为考核数据后,再进行综合分析评价。

(4) 客观公正。对于指标体系的确定、指标值的核定、绩效评价以及考核依据的确定、考核结果的使用等,均采取客观、公正、公开、科学、合理的方式。

4. 考核周期

对中基层管理人员的考核,原则上每半年进行一次。

二、考核内容及程序

1. 考核内容

对中基层管理者的考核是对各领域及子系统经营管理状况进行的系统检视,因此,对中基层管理者的考核采取述职的方式进行。

考核重点在于年度规划的关键绩效指标的完成情况,具体包括以下项目(各体系也可以根据实际情况进行添加)。

(1) 年度规划中运营部门下发的关键绩效指标的完成情况。

(2) 与上个考核周期的绩效相比的改善情况。

(3) 行业标杆对照情况。

(4) 本领域可供复制的优秀实践经验。

2. 考核程序

(1) 考核期末，管理者依据公司的经营规划，结合考核要素提出下一考核周期本部门的业务目标、工作重点、执行措施、关键绩效指标和指标值，对于上一期的改进点，还要制订相应的改进计划。

(2) 各级管理者制订绩效计划时需要和上级主管沟通，并由上级管理团队进行评议、审定，审定后的内容填入中基层管理者述职表中。

(3) 考核周期内如需调整绩效计划，经考核主管同意，可以进行修订调整。

(4) 考核期末，各级管理者应将绩效计划的完成情况填入述职表中。

(5) 上级主管组织相应层级管理者的述职工作，以上级小组会议的方式进行，核算得分，确定考核等级。

(6) 初评结束后，考核主管与被考核的管理者进行绩效沟通，确定绩效考核结果。

(7) 人力资源部接受各级管理者关于绩效结果不同意见的投诉。

三、考核结果应用

1. 考核等级

中基层管理者的考核等级分为优秀(A)——90分以上、良好(B)——80~89分、合格(C)——70~79分、需改进(D)——60~69分、不合格(E)——60分以下。对管理者的考核，原则上需要按照相对考评的比例进行控制，见表1。

表1 考核等级分布比例

考核等级	优秀(A)	良好(B)	合格(C)	需改进(D)	不合格(E)
分布比例	10%	20%	55%	10%	5%

注：若实际考核结果A、B的对应比例小于强制分布要求比例，则按实际情况进行。中基层管理者的比例原则上要分层分布，若人数过少，则以主管副总的管理体系为单位进行。

2. 年终考核

(1) 中基层管理者的年度考核等级为年终述职等级。

(2) 中基层管理者半年度和年终考核等级连续为D或E的，按不胜任工作处理。

(3) 对于经理级的年终述职，总经理办公室成员会进行抽样并对其进行小组评议，抽样干部比例不少于20%。

考核结果将成为薪酬分配、职位调整、任职资格调整的重要依据，参照《公司绩效奖励办法》执行。

本考核办法的解释权归公司人力资源部。

××公司人力资源部

2022年×月×日

10.1.2 中基层管理者绩效述职的组织

对于中基层管理者的绩效考核，一般采取面向上级管理团队述职的方式进行。以总结为主旨的绩效述职可以从下到上进行，以新考核周期任务布置为主旨的述职则应从上到下进行。

绩效述职会是比较常见的一种现场述职方式，评价人面对评价小组和其他被考核者当众进行述职演讲，由评价小组现场评分或评议。这个评价方式有利于被考核者校正对自己的业绩评价，也有利于上级校正对下级的业绩评价，能较好地保障绩效考核的顺利落实和客观公正，并促进各部门的经验交流。下面介绍述职会的操作步骤和要求。

第一步，会前准备阶段

会前，要做好分组，确定评价人和述职会的主持人，一般是同领域或某分管领导的所辖领域成员在一起进行分组，评价人由分管领导、与分管领导同级或上级领导组成，主持人可以由该业务领域的绩效经理来担任。会议开始前，应确保每个评价小组成员都拿到并通读了被考核者的年度总结和相关支持材料，并了解评价规则。

第二步，被考核者当众述职

被考核者可以根据年度总结的内容和相关要求向评价小组述职，所述内容包括以下几大部分。

(1) 事实：①目标是多少？②实际完成是多少？

(2) 可能的原因识别：①做得好的地方是什么？为什么？②可以改善的地方在哪里？为什么？

(3) 下一步的行动计划。

(4) 个人提升计划。

第三步，现场提问

评价小组与现场听众可以针对述职内容进行提问。

第四步，现场评分

评价人员根据被考核者提供的相关材料及现场述职情况进行评分。

第五步，数据统计及结果确认

会后，可由绩效经理对每位被考核者的得分进行统计，并整理现场评议的意见记录、评价小组的评价表记录反馈给主管领导，由主管领导进行复核并向被考核者进行反馈。

> **小贴士：绩效述职不是现场秀，"述""评"要分开**
>
> 绩效述职是指管理者向上级和周边部门陈述自己过去一段时间的工作得失，重点要放在改进意见上，而非这个人被评为哪个等级。至于绩效等级，则可以在会后综合各方意见后在更小范围内确定。绩效述职不是"中国好声音"，要避免"干得好不如讲得好"，在述职过程中，个人意见应尽量避免受到意见领袖的干扰。

10.2 战略发展领域管理者量化考核

10.2.1 战略总监量化考核

战略总监负责制定企业的发展规划和投资策略，驱动企业战略的选择、控制和实施。根据企业规模，可以下设战略规划部和企业管理部。战略总监要能敏锐地把握战略动态和战略方向，对行业动态趋势有深入理解，有广阔的战略管理视野和大局观。

1. 战略总监岗位职责(参考)

(1) 全面主持企业战略发展部工作。

(2) 研究、制定、实施发展战略与规划，包括总体战略说明、具体行动计划和项目、企业资源配置。

(3) 收集和整理与企业发展有关的经济信息资料、政策法规，提供决策支持。

(4) 负责企业战略环境分析，包括政治形势、法律环境、经济环境、社会文化环境以及行业环境等，负责拟订企业竞争战略。

(5) 研究国家的产业结构调整方向及行业动态，选择符合企业发展方向及产业政策的项目，进行可行性分析并提出分析报告。

(6) 根据企业整体战略发展目标，寻找优质、可控的合作投资项目，参与企业各类合作、投资项目论证、总体规划、方案策划、沟通谈判，协调规划实施过程，提供专业的意见，供决策参考。

2. 战略总监量化考核表

战略总监量化考核表(示例)如表10-1所示。

表10-1 战略总监量化考核表(示例)

被考核者姓名		职位	战略总监	部门	
考核者姓名		职位	总经理	部门	
指标维度	指标	权重	考核目的	绩效目标值	
财务	净资产回报率	10%	牵引企业商业成功的战略方向,确保股东收益最大化	达到____%	
	投资收益率	10%	确保对外投资收益率	达到____%	
	部门费用管理	5%	合理有效地控制费用支出,节约成本	控制在预算之内	
内部运营	战略规划科学性	10%	保证企业持续、健康发展,确保企业发展战略与企业内部资源相匹配,适应外部环境的发展和变化	上级领导对提交的研究报告满意度评分在____分以上	
	战略目标完成率	20%	确保企业阶段性战略发展目标达成	企业阶段性战略发展目标完成率达100%	
	公司经营情况分析	10%	为企业高层领导提供决策支持	提交的分析报告的准确率与完成率达____%	
	决策评审差错率	10%	确保企业无重大决策失误	无重大决策失误的情况	
客户	客户满意度	5%	提升围绕客户需求的战略规划能力	达到____%	
	外部合作满意度	10%	保证外部合作和投资的顺利进行	达到____%	
学习与发展	培训计划完成率	5%	使整个企业管理团队具有战略能力,并保证企业核心团队能理解企业战略意图	达到____%	
	核心员工保留率	5%	留住骨干员工	达到____%	

10.2.2 战略规划部经理量化考核

战略规划部负责企业发展战略研究和行业分析工作,并为企业提供可供合作的外部机会。战略规划部经理要有优秀的战略规划能力,能敏锐地把握行业发展趋势。

1. 战略规划部经理岗位职责(参考)

(1) 分析宏观经济与政府政策、行业情况与竞争对手、市场需求与潜在机会,协助战略总监制定中长期发展目标与战略。

(2) 负责企业战略分解与执行,战略项目实施过程中的组织、管理与协调。

(3) 根据战略实施要求,为组织架构调整、业务流程优化、企业各项重点管理工作提供支持,确保战略顺利实施。

(4) 定期评估战略推进情况,提出战略实施改进建议,推动战略议题的落实。

(5) 配合战略总监制定、完善战略管理规章制度与工作体系。

2. 战略规划部经理量化考核表

战略规划部经理量化考核表(示例)如表10-2所示。

表10-2 战略规划部经理量化考核表(示例)

被考核者姓名		职位	战略规划部经理	部门	
考核者姓名		职位	战略总监	部门	
指标维度	指标	权重	考核目的	绩效目标值	
财务	净资产回报率	10%	牵引企业商业成功的战略方向,确保股东收益最大化	达到____%	
	部门费用管理	5%	合理有效地控制费用支出,节约成本	控制在预算之内	
内部运营	战略规划方案编制及时率	20%	及时提供企业规划发展方案和策略	达到100%	
	战略规划方案通过率	10%	提高战略规划的质量	达到____%	
	行业分析报告提交及时率	10%	为企业管理层提供决策支持	提交的分析报告的准确率与完成率达____%	
	战略项目进度控制	20%	确保重大战略项目按计划推进	达到____%	
客户	客户满意度	5%	提升围绕客户需求的战略规划能力	达到____%	
	内部合作满意度	10%	内部战略管理工作合作顺畅	达到____%	
学习与发展	培训计划完成率	5%	使整个企业管理团队具有战略能力,并保证企业核心团队能理解企业战略意图	达到____%	
	核心员工保留率	5%	留住骨干员工	达到____%	

10.2.3 企业管理部经理量化考核

企业管理部是综合管理部门,具有企业综合管理和总经理管理参谋的职能。企业管理部经理应该对企业业务流程、运营情况非常熟悉,具有良好的沟通能力和影响力。

1. 企业管理部经理岗位职责(参考)

(1) 建立健全企业各项规章制度(责任制),并根据执行情况及时修订完善。

(2) 组织编制各部门工作职责及各岗位工作标准。

(3) 根据企业各项管理要求对各项工作加以督促、落实。

(4) 对各部门的工作目标、计划执行情况进行考核和修订完善。

(5) 建立健全企业质量管理体系并督促实施。

2. 企业管理部经理量化考核表

企业管理部经理量化考核表(示例)如表10-3所示。

表10-3 企业管理部经理量化考核表(示例)

被考核者姓名		职位	企业管理部经理	部门	
考核者姓名		职位	战略总监	部门	
指标维度	指标	权重	考核目的	绩效目标值	
财务	经营目标实现率	10%	确保企业年度计划的落实执行	达到____%	
	部门费用管理	5%	合理有效地控制费用支出，节约成本	控制在预算之内	
内部运营	企业规范化管理计划按时推进率	20%	按计划推进企业规范化管理	达到100%	
	经营管理计划分析报告提交及时率	20%	及时提供经营分析报告供上级决策	达到____%	
	企业内部管理评估报告提交及时率	15%	按时提交管理评估报告，持续改进内部管理水平	达到____%	
	管理改进建议采纳数	10%	采纳合理化建议，持续优化企业管理	达到____条	
客户	内部合作满意度	10%	内部管理改进工作合作顺畅	达到____%	
学习与发展	培训计划完成率	5%	内部管理改进培训完成情况	达到____%	
	核心员工保留率	5%	留住骨干员工	达到____%	

10.3 技术研发领域管理者量化考核

10.3.1 技术总监量化考核

技术总监负责企业产品开发和技术管理工作，确保企业在行业领域的技术优势和可持续发展能力。根据企业策略和管理幅度，可以下设技术部、研发部等部门。技术总监需要具备扎实的技术功底和宽广的产品技术视野，并有带领组员进行技术攻关解决难题的能力，还要敬业、高效，有明确的目标导向。

1. 技术总监岗位职责(参考)

(1) 全面主持企业技术领域的工作。

(2) 根据企业总体战略规划，制定中长期技术战略规划，确保领先的技术竞争力。

(3) 负责企业产品技术框架的选型、设计与搭建。

(4) 负责产品开发流程的制定和管理。

(5) 负责企业新产品的需求分析和概要设计，完成对新产品开发、新产品生产导入的支持。

(6) 负责组织重大技术问题的技术攻关。

(7) 组织各种能够提升研发人员整体研发能力的培训。

(8) 对市场部门提供技术支持。

2. 技术总监量化考核表

技术总监量化考核表(示例)如表10-4所示。

表10-4 技术总监量化考核表(示例)

被考核者姓名		职位	研发总监	部门	
考核者姓名		职位	总经理	部门	
指标维度	指标	权重	考核目的	绩效目标值	
财务	主营业务收入	10%	牵引产品的商业成功导向	达到____万元	
	研发成本控制	10%	确保研发合理投入	控制在预算范围内	
内部运营	新产品研发计划达成率	20%	合理安排进度，确保项目达成	达到____%	
	新产品平均开发周期	10%	不断提升研发效率，缩短研发周期	达到____天	
	新产品立项数量	10%	确保产品目标达成，科学立项决策	达到____个	
	中试一次通过率	10%	提高产品可制造性，提高设计能力	达到____%	
客户	客户满意度	10%	持续提升客户对产品的满意度	达到____%	
	部门协作满意度	5%	周边合作顺畅	达到____	
学习与发展	专利数	5%	提高研发专利能力，确保知识产权竞争力	达到____个	
	核心员工保有率	5%	留住骨干员工	达到____%	
	培训计划完成率	5%	提升研发员工能力	达到____%	

10.3.2 技术部经理量化考核

技术部负责制定企业技术规程和实施技术管理，向产品生产和研发部门提供反馈信息，支持技术更新。技术部经理应具有扎实的技术功底、出色的创新能力、对现场问题的分析和解决能力。

1. 技术部经理岗位职责(参考)

(1) 制定完善并组织实施技术规程，编制产品的使用、维修和技术安全等有关的技术规定。

(2) 编制中长期技术发展和技术措施规划，并组织规划的拟定、修改、补充、实施等一系列技术组织和管理工作。

(3) 负责新技术引进和新产品导入工作的计划、实施，确保产品品种不断更新和品类丰富。

(4) 负责技术改造和工艺管理，做好技术图纸、技术资料的归档工作。

(5) 负责技术开发、技术引进及现场技术问题的解决。

(6) 拟订企业技术人才开发计划，抓好技术管理人才培养，做好技术队伍管理。

2. 技术部经理量化考核表

技术部经理量化考核表(示例)如表10-5所示。

表10-5 技术部经理量化考核表(示例)

被考核者姓名		职位	技术部经理	部门	
考核者姓名		职位	技术总监	部门	
指标维度	指标	权重	考核目的	绩效目标值	
财务	技术改造成本控制率	10%	降低技术改造成本	达到____%	
	部门费用管理	5%	合理有效地控制费用支出，节约成本	控制在预算范围内	
内部运营	标准工时降低率	20%	牵引技术创新，提升单位产品的产出效率	达到____%	
	材料消耗降低率	20%	不断提升材料利用率，降低损耗	达到____%	
	重大技术改进项目完成数	10%	以技术改进提升产品工艺水平	达到____项	
	技术方案采用率	10%	提高新技术方案的质量	达到____%	
	技术方案不完善，导致的停工事故	5%	保证技术方案的完备性	小于____次	
客户	内部合作满意度	10%	内部周边工作合作顺畅	达到____%	
学习与发展	培训计划完成率	5%	技术培训完成情况	达到____%	
	核心员工保留率	5%	留住骨干员工	达到____%	

10.3.3 研发部经理量化考核

研发部负责企业新产品和新技术的开发管理，确保产品的按期交付，提升产品的竞争力。研发部经理应该具有深厚的产品技术功底,产品意识强,有较强的团队管理能力和问题分析能力。

1. 研发部经理岗位职责(参考)

(1) 负责新产品设计和开发管理,确保产品的领先性。

(2) 按计划交付产品,对项目开发和实施负责。

(3) 开发新技术,通过技术创新提升产品竞争力。

(4) 负责相关研发文件的制定、审批、归档。

(5) 促进企业研发团队能力提升。

2. 研发部经理量化考核表

研发部经理量化考核表(示例)如表10-6所示。

表10-6 研发部经理量化考核表(示例)

被考核者姓名		职位	研发部经理	部门	
考核者姓名		职位	技术总监	部门	
指标维度	指标	权重	考核目的	绩效目标值	
财务	新产品利润贡献率	10%	牵引新产品的商业成功	达到____%	
	项目研发成本控制率	10%	合理有效地管理研发费用支出,节约成本	控制在预算范围内	
内部运营	研发项目完成准时率	20%	对项目开发阶段实施监控,提高研发计划达成率	达到____%	
	科研成果转化效果	10%	科研成果转化为产品应用	达到____项	
	产品开发周期	10%	提高研发效率,缩短产品上市周期	小于____天	
	研发项目阶段成果达成率	5%	反映新产品研究开发的质量、成本、性能等目标完成情况	达到____%	
	发明专利申报数	5%	保护知识产权,建立技术壁垒	达到____个	
	产品技术重大创新		加强对空白领域的技术突破	每个加10分	
客户	客户满意度	10%	产品竞争力的满意情况	达到____%	
	内部合作满意度	10%	内部周边工作合作顺畅	达到____%	
学习与发展	培训计划完成率	5%	技术培训完成情况	达到____%	
	核心员工保留率	5%	留住骨干员工	达到____%	

10.4 采购供应领域管理者量化考核

10.4.1 采购供应总监量化考核

采购供应总监是采购供应领域的总负责人,负责满足企业运营的相关需求,需要在采购领域具有良好的业绩,有职业道德,分析能力强,有优秀的谈判技巧和供应商管理能力。

1. 采购供应总监岗位职责(参考)

(1) 全面主持企业采购供应领域的工作,统筹策划和确定采购内容,减少开支,以有效的资金保证供应,确保各项采购任务的完成。

(2) 调查研究企业各部门商品需求及销售情况,熟悉各种商品的供应渠道和市场变化情况,平衡供应风险。

(3) 进行供应商评价和管理,建立合理的采购流程。

(4) 监督并参与大批量商品订货的业务洽谈,检查合同的执行和落实情况。

(5) 认真监督检查各采购供应主管的采购进程、价格控制和库存情况。

(6) 确保物料准确及时地发放。

(7) 指导并监督下属开展业务,不断提高业务技能,确保企业正常采购。

2. 采购供应总监量化考核表

采购供应总监量化考核表(示例)如表10-7所示。

表10-7 采购供应总监量化考核表(示例)

被考核者姓名		职位	采购供应总监	部门	
考核者姓名		职位	总经理	部门	
指标维度	指标	权重	考核目的	绩效目标值	
财务	采购成本控制率	20%	用合适的采购策略确保企业产品的成本竞争力,达到目标成本,实现成本节约	达到____%	
	部门管理费用控制	10%	费用控制在预算范围内	预算范围内	
内部运营	采购计划完成率	10%	及时供应物料,确保生产顺利进行	达到____%	
	采购质量合格率	10%	确保采购物料的质量合格	达到____%	
	物料供应及时率	10%	物料及时供应,确保生产顺畅不停工	达到____%	
	库存保管损耗率	10%	确保库存保管完好,降低损耗	小于____%	
	供应商履约率	5%	做好供应商管理,确保履约	达到____%	
	配料准确率	5%	确保物料配料供给的准确性	达到____%	

(续表)

被考核者姓名		职位		采购供应总监	部门	
考核者姓名		职位		总经理	部门	
指标维度	指标	权重		考核目的	绩效目标值	
客户	供应商满意度	5%		建立与供应商的长期伙伴关系	达到____%	
	内部满意度	5%		支持好下游生产	达到____%	
学习与发展	核心员工保有率	5%		留住骨干员工	达到____%	
	培训计划完成率	5%		提升采购供应部门的员工能力	达到____%	

10.4.2 采购部经理量化考核

采购部的主要工作是通过合适的采购策略，降低采购成本，确保物料供应的及时性和准确性。采购部经理是领导采购部门执行采购任务的企业中基层管理者，应该具备较全面的业务知识，掌握市场预测分析方法，有出色的谈判技巧和良好的职业道德。为防止内部腐败，在有采购供应总监等更高级职位的情况下，对供应商的认证管理和实际采购任务往往会分配给不同部门或岗位，而供应商管理由供应商管理部负责。

1. 采购部经理岗位职责(参考)

(1) 制定采购策略、流程和标准。

(2) 根据企业业务计划制订采购计划，组织人员执行采购任务。

(3) 编制采购预算，控制采购费用。

(4) 分析市场动态，了解市场信息，做好采购预测，降低供应风险。

(5) 定期组织员工进行采购业务知识学习，掌握采购业务流程和技巧，培养采购人员廉洁奉公的情操。

2. 采购部经理量化考核表

采购部经理量化考核表(示例)如表10-8所示。

表10-8 采购部经理量化考核表(示例)

被考核者姓名		职位		采购部经理	部门	
考核者姓名		职位		采购供应总监	部门	
指标维度	指标	权重		考核目的	绩效目标值	
财务	采购成本控制率	20%		用合适的采购策略确保企业产品的成本竞争力，达到目标成本，实现成本节约	达到____%	
	部门管理费用控制	10%		费用控制在预算范围内	预算范围内	

(续表)

被考核者姓名		职位		采购部经理	部门	
考核者姓名		职位		采购供应总监	部门	
指标维度	指标	权重		考核目的	绩效目标值	
内部运营	采购计划完成率	15%	按时完成采购计划，确保生产顺利进行		达到____%	
	采购质量合格率	10%	确保采购物料的质量合格		达到____%	
	物料供应及时率	15%	物料及时供应，确保生产顺畅不停工		达到____%	
	配料准确率	10%	确保物资配料供给的准确性		达到____%	
客户	供应商满意度	5%	建立与供应商的长期伙伴关系		达到____%	
	内部满意度	5%	支持好下游生产		达到____%	
学习与发展	核心员工保有率	5%	留住骨干员工		达到____%	
	培训计划完成率	5%	提升采购部门员工的能力		达到____%	

10.4.3 供应商管理部经理量化考核

供应商管理部负责对供应商进行认证、审查、考核、改进等管理工作。供应商管理部经理是领导部门执行供应商管理任务的企业中基层管理者，应该具备较全面的业务知识、流程管理意识和良好的职业道德。

1. 供应商管理部经理岗位职责(参考)

(1) 负责供应商管理规章制度的制定及实施，对供应商进行资质调查和认证。

(2) 对现有供应商进行定期考核，根据考核结果作出改进或者淘汰的决策，不断改善供应商的质量。

(3) 完善新产品开发内容，按照部门分发开发任务，严格控制采购成本，根据品类线的不同进行竞标管理。

(4) 负责采购物料的质量、价格审核工作。

(5) 不断完善各类运营数据，统一数据源及计算方法，定期进行供需分析，做好相应工作的部署，确保供应有序。

(6) 负责整体供应商平台系统的管理与支持，不断优化系统以提高各个部门的工作效率。

(7) 负责进销存管理，建立反映库存分配及库存健康状况的指标数据体系。

2. 供应商管理部经理量化考核表

供应商管理部经理量化考核表(示例)如表10-9所示。

表10-9 供应商管理部经理量化考核表(示例)

被考核者姓名		职位	供应商管理部经理	部门	
考核者姓名		职位	采购供应总监	部门	
指标维度	指标	权重	考核目的	绩效目标值	
财务	部门管理费用控制	10%	费用控制在预算范围内	预算范围内	
内部运营	采购计划完成率	15%	及时供应物料,确保生产顺利进行	达到____%	
	供应商开发计划完成率	15%	改良供应商组合,确保供应条件	达到____%	
	供应合同履约率	10%	确保合同履行	达到____%	
	物料供应及时率	10%	物料及时供应,确保生产顺畅不停工	达到____%	
	供应商档案完备率	10%	确保供应商档案的完整性	达到____%	
	供应商数据库建设符合度	10%	确保供应商数据库维护及时、准确	达到____%	
客户	供应商满意度	5%	与供应商建立长期的伙伴关系	达到____%	
	内部满意度	5%	支持好下游生产	达到____%	
学习与发展	核心员工保有率	5%	留住骨干员工	达到____%	
	培训计划完成率	5%	提升供应部门员工的能力	达到____%	

10.5 生产领域管理者量化考核

10.5.1 生产总监量化考核

生产总监承担着控制产品生命周期以及产品质量的重要职责,并根据相关要求和资源情况进行协调,以实现企业的生产目标。根据企业规模,可以下设工艺部和各生产车间。生产总监应该有丰富的生产经营综合管理经验,具备良好的项目管理能力和问题分析能力、决策能力。

1. 生产总监岗位职责(参考)

(1) 根据企业总体发展规划,组织制定并实施生产战略规划,审定年度生产计划,做好成本的分析与管控。

(2) 领导建立并完善生产管理、质量管理、设备管理体系流程并组织实施。

(3) 解决生产过程中涉及的工艺、质量、设备问题,保证生产计划的完成。

(4) 组织编制物料控制计划,降低物料消耗与损失。

(5) 监督现场5S管理、工艺流程的标准化管理并对其持续改善,全面提升生产品质。

(6) 组织员工培训,加强人员梯队建设,不断提高业务技能。

2. 生产总监量化考核表

生产总监量化考核表(示例)如表10-10所示。

表10-10　生产总监量化考核表(示例)

被考核者姓名		职位	生产总监	部门	
考核者姓名		职位	总经理	部门	
指标维度	指标	权重	考核目的	绩效目标值	
财务	单位生产成本下降率	10%	确保产品生产成本竞争力	达到____	%
	库存资金占用率	10%	加强库存流转，减少资金占用	达到____	%
	主营业务收入	5%	保障产品供应，支持商业成功	达到____	万元
内部运营	生产计划完成率	10%	确保按计划排产，完成交付	达到____	%
	产品产量	10%	完成产量目标，确保供应	达到____	万台
	产品质量合格率	10%	加强产品质量管理，提升客户满意度	达到____	%
	设备利用率	10%	提升设备使用效率，避免闲置	达到____	%
	供货准确率	10%	保证产成品供应的及时准确	小于____	%
	安全事故发生次数	5%	确保安全生产，降低事故发生率	小于____	次
客户	客户满意度	5%	持续提升客户对产品的满意度	达到____	%
	内部满意度	5%	支持内部上下游协作	达到____	%
学习与发展	核心员工保有率	5%	留住骨干员工	达到____	%
	培训计划完成率	5%	提升生产部门员工的能力	达到____	%

10.5.2　工艺部经理量化考核

工艺部负责对产品工艺进行设计和实施。工艺部经理应该有良好的技术能力和现场问题解决能力，敬业，质量意识强。

1. 工艺部经理岗位职责(参考)

(1) 根据制造中心战略规划，制订并落实工艺部工作计划，执行并优化部门内各项日常管理工作，确保工艺部的有效运作。

(2) 参与新产品开发或老产品改进的设计调研及设计(改进)方案讨论，安排并督促工艺人员完成产品结构工艺性审查及工艺文件编制，并进行审批。

(3) 落实解决试制、生产过程中与工艺有关的技术问题，实现产品设计要求。

(4) 组织并落实重大技术改进项目，推动工艺技术改进，实现降本增效。

(5) 安排并指派工艺人员完成生产线工艺改进及工艺装备设计。

(6) 审批针对生产设施及生产线布局调整的技术配置或方案，同时负责新设备进厂的技术验收，实现生产线的合理布局。

(7) 根据企业实际生产加工条件及设备状况、员工素质，组织制定并完善产品工时定额、材料消耗定额。

2. 工艺部经理量化考核表

工艺部经理量化考核表(示例)如表10-11所示。

表10-11 工艺部经理量化考核表(示例)

被考核者姓名		职位		工艺部经理	部门	
考核者姓名		职位		生产总监	部门	
指标维度	指标	权重		考核目的	绩效目标值	
财务	单位生产成本下降率	10%		确保产品生产成本竞争力	达到____%	
	工艺工装成本降低率	10%		改进工艺、工装，降低成本	达到____%	
	部门管理费用控制	5%		费用控制在预算范围内	预算范围内	
内部运营	工艺设计按时完成率	15%		按时完成规定的工艺设计任务	达到____%	
	工艺工装设计差错	10%		确保设计质量零缺陷	小于____次	
	模具开发成功率	15%		降低开模成本，提高效率	达到____%	
	标准工时降低率	10%		提高生产效率	达到____%	
	工艺问题解决率	5%		提升工艺水平，快速定位解决问题	达到____%	
客户	工艺指导投诉次数	5%		持续提升工艺指导水平	小于____次	
	内部满意度	5%		支持内部上下游协作	达到____%	
学习与发展	核心员工保有率	5%		留住骨干员工	达到____%	
	培训计划完成率	5%		提升生产部门员工的能力	达到____%	

10.5.3 车间主任量化考核

生产车间是生产任务交付的直接执行单位，对生产任务交付的质量、进度、成本负责。根据企业规模，可以下设数个车间班组。车间主任是生产任务的主要管理者，应有丰富的生产现场管理经验，熟悉设备和工艺流程，工作规范度高，责任意识强。

1. 车间主任岗位职责(参考)

(1) 根据企业下达的生产任务，合理安排车间各项工作进度。

(2) 全面把控各班组的生产活动，监督并检查各班组、工序的生产进度和计划。

(3) 负责对生产工人的管理、教育、培训、考核。

(4) 实施规范化作业管理，不断提升生产效率，确保安全生产。

(5) 提出改进设备、工艺流程等方面的建议。

(6) 做好生产成本控制及成本核算工作。

2. 车间主任量化考核表

车间主任量化考核表(示例)如表10-12所示。

表10-12 车间主任量化考核表(示例)

被考核者姓名		职位	车间主任	部门	
考核者姓名		职位	生产部经理(总监)	部门	
指标维度	指标	权重	考核目的	绩效目标值	
财务	单位生产成本下降率	10%	确保产品生产成本竞争力	达到____%	
内部运营	生产任务按时完成率	15%	按时完成规定的生产任务	达到____%	
	交期达成率	10%	按期完成每项生产任务	达到____%	
	产品合格率	15%	不断提高产品交付质量	达到____%	
	标准工时降低率	10%	提高生产效率	达到____%	
	在制品周转率	10%	库存合理，降低损耗，最大化产出	达到____%	
	设备完好率/使用率	5%	确保设备完好，有效使用	达到____%	
	生产安全事故发生次数	10%	保障生产安全	小于____次	
客户	内部满意度	5%	支持内部上下游协作	达到____%	
学习与发展	车间员工考核合格率	5%	提高员工技能	达到____%	
	培训计划完成率	5%	提升生产部门员工的能力	达到____%	

10.5.4 车间班组长量化考核

班组是负责生产任务的基层作业单元，班组长根据车间主任的安排开展生产现场管理工作，应该具备相关的模块生产知识，熟悉质量规范和生产标准，积极主动，吃苦耐劳。作为末梢的交付主体，对于车间班组长一般不采用平衡计分卡而直接按照关键任务目标对其进行考核。

1. 班组长岗位职责(参考)

(1) 根据生产车间的作业计划，合理组织生产，加强班组员工之间的协作，随时掌握生产进度，保质保量，确保按时完成生产部下达的各项生产任务。

(2) 加强设备管理，保障设备状态良好，使用正常。

(3) 及时处理生产中出现的各种工艺、技术问题，保证生产顺利进行。

(4) 发现质量问题及时处理并且报告上级领导，杜绝带有质量缺陷的产品出厂。

(5) 贯彻安全生产管理的规章制度，做好班前班后的安全检查。不违反操作规程，不擅自更改工艺，不违章作业和冒险操作。监督员工正确使用安全防护设施和劳动保护用品，提高员工的安全意识和自我保护意识。

(6) 开展传、帮、带活动，帮助员工提高技术水平，组织员工持续改进，提高生产水平。

2. 车间班组长量化考核表

车间班组长量化考核表(示例)如表10-13所示。

表10-13 车间班组长量化考核表(示例)

被考核者姓名		职位	车间班组长	部门	
考核者姓名		职位	车间主任	部门	
考核项目	指标	权重	考核目的	绩效目标值	
生产计划	生产任务按时完成率	30%	按时完成规定的生产任务	达到____%	
产品质量	产品合格率	20%	不断提高产品交付质量	达到____%	
生产效率	工时定额标准达成率	10%	持续提高生产效率	达到____%	
设备管理	设备完好率	10%	确保设备完好	达到____%	
	设备使用率	10%	确保设备有效使用	达到____%	
安全管理	生产安全事故发生次数	10%	保障生产安全，无人身伤亡事故	小于____次	
	生产操作违章次数	10%	保障生产安全，确保过程控制	小于____次	

10.6 营销领域管理者量化考核

10.6.1 营销总监量化考核

营销总监全面负责企业的市场和销售工作，制订整体的营销战略和销售计划，提升客户满意度，实现企业销售目标。根据企业策略和管理幅度，可以下设市场部、销售部、客户服务部等部门。营销总监应该有敏锐的市场意识、优秀的客户关系建立能力和强烈的开拓精神。

1. 营销总监岗位职责(参考)

(1) 根据企业总体发展规划，组织制订并实施企业营销战略规划和年度计划。

(2) 制定和完善市场销售的相关制度、规范。

(3) 制订市场策略和计划，负责市场活动监督和市场费用控制。

(4) 指导市场开发、重点客户开发工作。

(5) 制定销售策略，控制销售费用，完成销售计划。

(6) 建立售后服务体系，提升客户满意度，建立良好的、可持续发展的客户关系。

(7) 建立与外部媒体、政府及相关机构的良好合作关系。

2. 营销总监量化考核表

营销总监量化考核表(示例)如表10-14所示。

表10-14　营销总监量化考核表(示例)

被考核者姓名		职位	营销总监	部门	
考核者姓名		职位	总经理	部门	
指标维度	指标	权重	考核目的	绩效目标值	
财务	销售收入	15%	确保年度销售收入任务完成	达到____万元	
	销售量	10%	确保年度销售量完成	达到____万台	
	销售费用率	10%	确保提高销售费用的产出	小于____%	
	销售回款率	5%	确保销售款项及时回收	达到____%	
	新产品销售收入占比	5%	确保新产品销售增长	达到____%	
内部运营	销售增长率	10%	确保年度销售收入增长	达到____%	
	市场推广计划完成率	5%	完成企业市场推广计划，确保市场影响力	达到____%	
客户	市场占有率	10%	确保企业的市场领先地位	达到____%	
	客户满意度	5%	持续提升客户对产品的满意度	达到____%	
	品牌知名度	5%	提升品牌影响力	提升____%	
	新客户增加数	5%	拓展新客户，确保未来增长	达到____个	
	客户保有率	5%	维护客户售后满意，促使其产生再次购买的行为	达到____%	
学习与发展	核心员工保有率	5%	留住骨干员工	达到____%	
	培训计划完成率	5%	提升营销部门员工的能力	达到____%	

10.6.2　市场部经理量化考核

市场部负责企业的市场调研、市场开拓和推广工作，是一个为企业造"势"的部门。市场部经理应该具有敏锐的市场洞察力、卓越的策划能力和优秀的沟通能力。

1. 市场部经理岗位职责(参考)

(1) 制订并实施市场开发计划。

(2) 做好市场信息收集与处理工作。

(3) 开展品牌推广、客户引导活动。

(4) 分析与监控市场、竞争对手。

(5) 控制市场开发成本。

(6) 建立良好外部环境，做好危机公关处理。

2. 市场部经理量化考核表

市场部经理量化考核表(示例)如表10-15所示。

表10-15 市场部经理量化考核表(示例)

被考核者姓名		职位		市场部经理	部门	
考核者姓名		职位		营销总监	部门	
指标维度	指标	权重		考核目的	绩效目标值	
财务	市场推广费用控制	10%		推广费用与效果相协同,提高有效性	小于____%	
	品牌市场价值增加率	15%		提升企业和产品的品牌影响力	达到____%	
	部门管理费用控制	5%		费用控制在预算范围内	预算范围内	
内部运营	市场拓展计划完成率	10%		确保市场拓展任务完成	达到____%	
	市场调研计划完成率	10%		确保市场调研任务完成	达到____%	
	市场策划方案成功率	10%		提升策划方案的质量	达到____%	
	媒体正面曝光次数	5%		增加在公众媒体上宣传企业正面形象的次数	达到____次	
客户	市场占有率	15%		不断提升用户黏性并开发新客户	达到____%	
	媒体满意度	10%		改善与媒体的合作关系	达到____%	
学习与发展	核心员工保有率	5%		留住骨干员工	达到____%	
	培训计划完成率	5%		提升市场领域员工的能力	达到____%	

10.6.3 销售部经理量化考核

销售部负责企业整体的产品销售或某一产品线、客户类型或者地区的销售。销售部经理应该有很强的销售规划和实施销售活动的能力,有敏锐的市场意识和客户服务意识,有管理销售团队的能力。

1. 销售部经理岗位职责(参考)

(1) 建立并维护销售相关的规章制度。

(2) 制订与执行销售计划,完成企业的销售任务。

(3) 负责客户资信管理,保障销售回款。

(4) 严格管理预算,合理控制并不断降低销售费用。

(5) 根据企业发展战略及销售部门的经营目标,配合市场部门组织实施本区域市场开发计划及具体的方案,促进企业形象及产品品牌的提升。

(6) 做好客户关系管理,加强客户黏性,提高客户满意度。

(7) 及时收集市场信息,建立客户档案交易记录,为企业决策提供支持。

(8) 帮助下属员工提高工作业绩，增强团队凝聚力和合作精神，建立一支高效的销售团队。

2. 销售部经理量化考核表

销售部经理量化考核表(示例)如表10-16所示。

表10-16 销售部经理量化考核表(示例)

被考核者姓名		职位	销售部经理	部门	
考核者姓名		职位	营销总监	部门	
指标维度	指标	权重	考核目的	绩效目标值	
财务	产品销售收入	15%	不断提升销售业绩	达到____%	
	产品销售量	10%	不断提升企业销售量	达到____台	
	销售回款率	10%	促进销售及时回款，提升企业资金流动效率	达到____%	
	销售费用率	10%	提高销售费用的产出	小于____%	
	坏账率	5%	最大限度地避免坏账，减少损失	小于____%	
内部运营	合同履约率	10%	确保销售合同的执行，提高合同质量	达到____%	
客户	市场占有率	10%	不断提升用户黏性并开发新客户	达到____%	
	客户增长率	10%	拓展客户资源，转化潜在客户	达到____%	
	客户满意度	10%	持续提升销售行为中的客户感知	达到____%	
学习与发展	核心员工保有率	5%	留住骨干员工	达到____%	
	培训计划完成率	5%	提升市场领域员工的能力	达到____%	

10.6.4　客户服务部经理量化考核

客户服务部负责为客户提供技术服务与支持，处理客户咨询和投诉，并为前端产品和服务设计提供反馈。客户服务部经理应熟悉企业产品和服务，具有良好的沟通能力和快速处理问题的能力，客户意识强，抗压力强。

1. 客户服务部经理岗位职责(参考)

(1) 配合销售部开展工作，负责为客户提供技术服务与支持。

(2) 建立并维护企业的客户服务体系。

(3) 组织制定客户服务人员行为规范并督导贯彻执行。

(4) 管理客户服务信息，包括汇总客户服务档案、质量跟踪及反馈。

(5) 组织客户服务系统对客户产品实施技术升级服务。

(6) 组织制定企业产品维修或客户服务手册。

(7) 受理客户咨询、投诉，跟踪解决客户问题。

2. 客户服务部经理量化考核表

客户服务部经理量化考核表(示例)如表10-17所示。

表10-17　客户服务部经理量化考核表(示例)

被考核者姓名		职位	客户服务部经理	部门	
考核者姓名		职位	营销总监	部门	
指标维度	指标	权重	考核目的	绩效目标值	
财务	客户服务预算控制	20%	确保支持服务费用在预算范围内	在预算范围内	
内部运营	报装实施及时率	10%	确保售后报装及时实施	达到____%	
	维修及时率	10%	确保售后维修服务及时实施	达到____%	
	售后服务一次成功率	10%	提升售后服务水平，提高服务效率	达到____%	
客户	投诉受理及时处理率	15%	快速解决客户问题，提高服务能力	达到____%	
	客户投诉次数	10%	衡量客户对客服人员的服务态度、专业技能等的满意情况	小于____次	
	客户满意度	10%	持续提升服务环节的客户感知	达到____%	
	客户回访完成率	5%	按计划完成客户回访工作	达到____%	
学习与发展	核心员工保有率	5%	留住骨干员工	达到____%	
	培训计划完成率	5%	提升市场领域员工的能力	达到____%	

10.7　人力行政领域管理者量化考核

10.7.1　人力行政总监量化考核

人力行政总监负责规划、指导企业人力资源管理与行政管理工作，保证企业人力资源供应和内部支持系统的正常运行，提升员工工作效率。根据企业发展策略和管理幅度，可以下设人力资源部和行政部。人力行政总监应该精通人力资源相关的法律法规，具备一定的财务知识，有良好的沟通协调能力，有大局观。

1. 人力行政总监岗位职责(参考)

(1) 根据企业总体发展规划，制定人力资源和行政战略，制订中、长期的人力资源发展计划并组织实施。

(2) 构建和完善适应企业发展的人力资源管理体系与行政管理体系，强化人力资源管理与行政管理的专业性和规范性，提升企业核心竞争力。

(3) 监督并推进招聘管理、员工培训与发展、绩效管理、薪酬管理及劳动用工等各项人力资源管理组织工作。

(4) 负责建立企业"人才库",建立和维护后备人才梯队体系。

(5) 全面负责塑造、维护与传播企业文化,加强企业与员工之间的凝聚力。

(6) 实施职位管理,完善组织机构设置,提升组织运营效率。

(7) 负责各类中高级人才的甄别和选拔,指导并规划员工的职业发展。

(8) 进行人力资源管理和行政成本控制和预算,并监督各部门的成本费用支出。

2. 人力行政总监量化考核表

人力行政总监量化考核表(示例)如表10-18所示。

表10-18 人力行政总监量化考核表(示例)

被考核者姓名		职位	人力行政总监	部门	
考核者姓名		职位	总经理	部门	
指标维度	指标	权重	考核目的	绩效目标值	
财务	主营业务收入	5%	围绕企业发展战略牵引人力行政工作	达到____万元	
	人工成本利润率	10%	提高人力成本的投入产出	达到____%	
	人事费用率	10%	扩大人力成本的收入规模	小于____%	
	行政管理费用控制	10%	合理控制行政费用	在预算范围内	
内部运营	人力资源年度战略目标达成率	10%	确保人力资源年度重点工作完成	达到____%	
	中层经理绩效计划达标率	5%	聚焦中层管理者的合理任务分解,辅助目标达成	达到____%	
	固定资产使用率	5%	提升固定资产的使用效率	达到____%	
客户	员工组织氛围满意度	5%	提升员工敬业度	达到____分	
	部门协作满意度	5%	提升周边配合能力	达到____%	
	后勤服务投诉次数	5%	提升行政服务满意度,保障企业正常运营	少于____次	
学习与发展	企业员工培训计划完成率	10%	提升企业员工整体能力	达到____%	
	核心员工保有率	10%	留住骨干员工	达到____%	
	员工主动离职率	10%	提升员工凝聚力,降低主动离职率	低于____%	

10.7.2 人力资源部经理量化考核

人力资源部根据企业发展策略,组织相应的人力资源的供应、使用、管理等工作。规模比较大的企业,人力资源部可以下设招聘调配部、培训发展部、绩效薪酬部等次级部门。人力资源部经理应熟悉国家关于人力资源管理的相关法律法规，具有企业发展大局观，有良好的组织协调能力、变革管理能力。

1. 人力资源部经理岗位职责(参考)

(1) 根据企业总体发展规划，制定人力资源规划并组织实施。

(2) 根据企业人力需求，组织招聘调配工作，确保企业的人才供给。

(3) 组织制订、实施相应的培训计划，并对培训效果进行评估。

(4) 组织绩效考核等绩效管理工作，确保各层级绩效管理目标的实现。

(5) 建立有竞争力、公平的薪酬福利管理体系，负责企业日常薪酬福利管理。

(6) 负责劳动合同和劳动关系的管理工作，及时解决劳动纠纷。

2. 人力资源部经理量化考核表

人力资源部经理量化考核表(示例)如表10-19所示。

表10-19 人力资源部经理量化考核表(示例)

被考核者姓名		职位		人力资源部经理	部门	
考核者姓名		职位		人力行政总监	部门	
指标维度	指标	权重		考核目的	绩效目标值	
财务	人均招聘费用	10%		降低招聘成本	小于____元	
	培训费用控制	10%		合理控制培训费用	在预算范围内	
	人事费用率	10%		关注业务成功，动态调整人力投入	小于____%	
内部运营	人力资源年度计划工作达成率	10%		确保人力资源年度重点工作完成	达到____%	
	招聘任务完成率	5%		确保招聘计划按期完成	达到____%	
	平均招聘周期	5%		提高招聘效率，保障人才供应	小于____天	
	薪酬计算错误人次	5%		保证工资、奖金发放的准确性	小于____次	
	员工投诉、争议处理有效性	5%		有效处理员工投诉，不断改进员工管理	达到____%	
客户	员工组织氛围满意度	5%		提升员工敬业度	达到____分	
	部门协作满意度	5%		提升周边配合能力	达到____%	
学习与发展	企业员工培训计划完成率	10%		提升企业员工整体能力	达到____%	
	员工任职资格达标率	5%		确保员工符合岗位要求	达到____%	
	核心员工保有率	10%		留住公司骨干员工	达到____%	
	员工主动离职率	5%		提升员工凝聚力，降低员工主动离职率	低于____%	

10.7.3 招聘调配部经理量化考核

招聘调配部负责企业的招聘和调配工作，根据企业发展需要，做好人员储备，开拓招聘渠道，它是人力资源部的次级部门。如果企业规模不大，也可以不设立独立的招聘调配部，可直接设立招聘经理或招聘主管岗位，向人力资源部经理汇报，直接承接人力资源部分解的招聘调配领域相关指标。招聘调配部经理应该具有人才测评的相关能力，熟悉劳动法律法规，有良好的组织协调能力。

1. 招聘调配部经理岗位职责(参考)

(1) 根据现有编制及业务发展需求，协调、统计各项目及各部门的招聘需求，编制年度人员招聘调配计划。

(2) 建立和完善企业的招聘调配流程和招聘体系。

(3) 分析人力资源内外部状况，制定合适的招聘调配策略。

(4) 利用内外部各类招聘渠道传播招聘信息，不断优化渠道。

(5) 选拔、培训和管理面试官。

(6) 建立人才选拔系统，执行人员筛选、面试、录用、入职引导等相关工作。

(7) 制定内部后备人才选拔方案，建立人才储备机制。

2. 招聘调配部经理量化考核表

招聘调配部经理量化考核表(示例)如表10-20所示。

表10-20 招聘调配部经理量化考核表(示例)

被考核者姓名		职位	招聘调配部经理	部门	
考核者姓名		职位	人力资源部经理	部门	
考核项目	指标	权重	考核目的	绩效目标值	
计划管理	招聘计划完成率	20%	招聘计划是否符合企业发展需要	达到____%	
招聘效率	平均招聘周期	20%	提高招聘效率，快速保障人才供应	小于____天	
招聘渠道	内部人才比率	10%	拓展内推渠道，提高人才符合度	达到____%	
招聘质量	招聘适岗率	10%	确保候选人符合岗位任职要求	达到____%	
	试用期合格率	10%	确保招聘质量并支持员工在试用期融入企业文化	达到____%	
	试用期主动离职率	10%	确保招聘质量，找到合适的人	小于____%	
招聘成本	人均招聘费用	10%	降低招聘成本	小于____元	
	招聘预算管理	10%	严格控制预算，确定费用投入合理	在预算范围内	

10.7.4　培训发展部经理量化考核

培训发展部负责员工的能力提升和晋升管理工作，是人力资源部的次级部门。如果企业规模不大，也可以不设立独立的培训发展部，直接设立培训经理或培训主管岗位，向人力资源部经理汇报，直接承接人力资源部分解的培训发展领域的相关指标。培训发展部经理应该熟练掌握该领域的相关技能，并具备一定的培训辅导能力和人才测评能力。

1. 培训发展部经理岗位职责(参考)

(1) 建立与企业业务发展和人才策略相一致的人才培养和培训体系。

(2) 根据企业业务发展的要求，订立和实施适当的培训政策及管理流程。

(3) 根据继任者计划和职业发展计划对企业干部进行阶梯式培训，负责制订企业所有核心管理人员的培养计划。

(4) 建立岗位胜任力模型，设计岗位标准课程，配合内部讲师和内部导师体系，建立和发展培训运作体系，并承担部分讲师课程。

(5) 推行辅导文化和导师制、师徒制，以推动学习型组织文化与流程制度的养成。

(6) 根据企业发展计划及各部门的员工培训需求，确定年度培训预算，确保培训效益最大化。

(7) 领导实施具体的培训管理活动，包括培训方案设计、需求调研、培训项目采购、现场管理、培训评估、培训教材与课件及学员手册的撰写或整理。

2. 培训发展部经理量化考核表

培训发展部经理量化考核表(示例)如表10-21所示。

表10-21　培训发展部经理量化考核表(示例)

被考核者姓名		职位	培训发展部经理	部门	
考核者姓名		职位	人力资源部经理	部门	
考核项目	指标	权重	考核目的	绩效目标值	
体系管理	培训体系建设重点工作完成率	20%	确保培训体系建设完成	达到____%	
培养执行	人才培养计划完成率	15%	按计划完成人才培养计划	达到____%	
	内部岗位人才符合度	5%	做好人才储备，满足高级岗位对内部人才的需求	达到____%	

(续表)

被考核者姓名		职位	培训发展部经理	部门	
考核者姓名		职位	人力资源部经理	部门	
考核项目	指标	权重	考核目的	绩效目标值	
培训执行	培训计划完成率	15%	按计划完成培训计划	达到____%	
	人均学时	5%	确保培训投入合理	达到____小时/人	
	培训覆盖率	5%	确保培训实现精准的人群覆盖	达到____%	
课程体系	培训课程体系建设达成率	10%	按计划完成课程体系建设	达到____%	
讲师培养	认证讲师数量	5%	提升讲师能力，改善讲师队伍质量	达到____人	
培训效果	任职资格达标率	10%	提升员工技能，通过任职资格认证情况	达到____%	
	培训满意度	5%	提升员工对培训工作的满意度	达到____%	
培训成本	培训预算管理	5%	严格预算管理，确保费用投入合理	在预算范围内	

10.7.5 绩效薪酬部经理量化考核

绩效薪酬部负责员工绩效管理和薪酬福利方面的工作，是人力资源部的次级部门。如果企业规模不大，也可以不设立独立的绩效薪酬部，可直接设立绩效经理或薪酬经理岗位，向人力资源部经理汇报，直接承接人力资源部分解的薪酬绩效领域的相关任务。绩效薪酬部经理应该掌握劳动关系相关法律法规和一定的财务知识，具有良好的数据分析能力和过硬的职业操守。

1. 绩效薪酬部经理岗位职责(参考)

(1) 根据工作分析和岗位评估结果，设计并持续优化企业薪酬体系、绩效考核体系。

(2) 制订并执行员工福利和社会保障计划。

(3) 分析市场薪酬数据，根据企业业务情况及人员变动规律，制定企业薪酬调整方案和年度薪酬预算并监督执行。

(4) 负责建立企业职位流动和晋升体系。

(5) 建立、调整、更新各部门和各岗位的关键绩效指标库。

(6) 负责绩效考核方案的制定和执行，对绩效考核的各个环节进行指导和监控。

(7) 对绩效考核结果进行闭环管理，为人员晋升、降职、调动提供绩效考核依据。

(8) 处理员工绩效、薪酬相关投诉。

2. 绩效薪酬部经理量化考核表

绩效薪酬部经理量化考核表(示例)如表10-22所示。

表10-22 绩效薪酬部经理量化考核表(示例)

被考核者姓名		职位	绩效薪酬部经理	部门	
考核者姓名		职位	人力资源部经理	部门	
考核项目	指标	权重	考核目的	绩效目标值	
体系管理	绩效体系建设重点工作完成率	20%	根据企业实际情况设计绩效薪酬体系	达到____%	
	薪酬福利体系建设重点工作完成率	20%	建设内部公平、外部有竞争力的薪酬福利体系	达到____%	
绩效管理	绩效考核计划按时完成率	15%	按计划进行企业绩效考核	达到____%	
	绩效考核申诉处理及时率	5%	及时处理员工绩效考核申诉	达到____%	
	绩效评估报告完成及时率	5%	按时准确地完成绩效评估报告	达到____%	
薪酬福利管理	工资奖金计算差错数	10%	确保工资、奖金核算准确	出错1次扣1分	
	工资奖金报表编制准确、及时率	5%	准确、及时地编制工资奖金报表	达到____%	
	工资发放准确、及时率	5%	准确、及时地发放工资	达到____%	
	办理保险福利的准确、及时率	5%	准确、及时地办理各项保险福利手续	达到____%	
	薪酬调查完成及时性	5%	每年按期完成行业薪酬调查	在规定日期完成	
	核心员工薪酬满意度	5%	确保关键岗位高绩效员工的薪酬竞争力	达到____%	

10.7.6 行政部经理量化考核

行政部是企业的综合管理部门,负责行政、后勤、车辆等事务,是企业运行的重要保障。行政部经理负责建立各项行政管理制度和规范流程,制定各项行政费用预算并监督落实,安排各类对外接待等后勤事务,一般下辖行政、后勤、车辆主管或专员等岗位。行政部经理应该精通各类办公管理软件,做事积极主动,职业操守过硬,有良好的沟通和协调能力。

在设计行政部经理量化考核要点的时候要注意,行政部是典型的经常被理解为"不出事就是好事"的部门,那么如何才能不出事?应该做好各类检查和预防工作,结合重要的考核要点进行自检,积极采取事故预防措施。

1. 行政部经理岗位职责(参考)

(1) 组织制定企业行政管理的各项规章制度并监督执行。

(2) 按照企业年度费用预算，严格管理各项行政费用支出。

(3) 负责企业办公设备及办公用品的管理，对固定资产进行登记和使用管理。

(4) 组织协调企业的后勤工作，包括重要会议、办公环境、工作餐、员工宿舍等方面。

(5) 组织做好企业安全保卫、环境和卫生等管理。

(6) 组织做好重要客户的接待工作。

2. 行政部经理量化考核表

行政部经理量化考核表(示例)如表10-23所示。

表10-23 行政部经理量化考核表(示例)

被考核者姓名		职位	行政部经理	部门	
考核者姓名		职位	人力行政总监	部门	
指标维度	指标	权重	考核目的	绩效目标值	
财务	行政费用控制	10%	合理使用行政费用	在预算范围内	
	办公用品费用控制	10%	节约办公用品费用	在预算范围内	
内部运营	行政管理体系建设工作达成率	10%	确保行政管理年度体系建设重点工作完成	达到____%	
	行政重点工作计划完成率	10%	按时完成年度工作计划	达到____%	
	固定资产使用率	5%	提高固定资产使用效率	达到____%	
	固定资产盘亏率	5%	加强固定资产管理	小于____%	
	固定资产完好率	5%	加强固定资产日常维护管理	达到____%	
	办公用品采购及时率	5%	办公用品采购按期到货，保证业务运营	达到____%	
内部运营	消防、安全事故发生次数	10%	杜绝事故发生	发生1次扣10分	
客户	员工行政工作满意度	15%	在合理的行政费用下提升员工满意度	达到____%	
	外部客户满意度	5%	提升接待外部客户的专业程度	达到____%	
学习与发展	员工培训计划完成率	5%	提升部门员工整体能力	达到____%	
	核心员工保有率	5%	留住骨干员工	达到____%	

10.8 财务领域管理者量化考核

10.8.1 财务总监量化考核

财务总监主持企业财务战略的制定，对企业的财务活动和会计活动进行管理与监督，为企业经营战略提供财务决策支持，实现企业财务目标。根据企业财务管理策略和管理规模，可以考虑不同的机构设置。如果没有分支机构，设置财务部就可以，内部设立财务管理、会计核算、资金管理和审计等专项经理岗位；对于中型企业，可以下设财务管理部、会计核算部、资金管理部、审计部等部门；对于大型企业，还可以设置税收筹划部和成本控制部(生产型公司)；对于公众上市公司，审计部多独立于财务总监而归公司审计委员会管理。财务总监应该具有财务专家的职业素质，具有领导力、大局观和良好的决策支持管理能力。

1. 财务总监岗位职责(参考)

(1) 制定企业的财务目标、政策及财务业务操作程序。

(2) 建立健全企业财务系统的组织结构，设置岗位，明确职责，保障财务会计信息质量，降低经营管理成本，保证信息通畅，提高工作效率。

(3) 对企业经营目标进行财务描述，为经营管理决策提供依据，并定期审核和计量企业的经营风险，采取有效措施予以防范。

(4) 建立健全企业内部财务管理、审计制度并组织实施，主持企业财务战略的制定、财务管理及内部控制工作。

(5) 协调企业同银行、工商、税务、统计、审计等部门的关系，维护企业利益。

(6) 审核财务报表，提交财务分析和管理工作报告，参与投资项目的分析、论证和决策，跟踪分析各种财务指标，揭示潜在的经营问题。

(7) 确保企业财务体系的高效运转，组织并具体推动企业年度经营(预算)计划程序，包括对资本的需求规划及正常运作。

(8) 根据企业实际经营状况，制订有效的融资策略及计划，利用各种财务手段，确保企业保持最优资本结构。

2. 财务总监量化考核表

财务总监量化考核表(示例)如表10-24所示。

表10-24 财务总监量化考核表(示例)

被考核者姓名		职位	财务总监	部门	
考核者姓名		职位	总经理	部门	
指标维度	指标	权重	考核目的	绩效目标值	
财务	净资产回报率	10%	基于企业战略方向，确保股东收益最大化	达到____%	
	主营业务收入	10%	确保财务管理工作围绕企业业务进行	达到____万元	
	财务费用控制	10%	控制财务费用	在预算范围内	

(续表)

被考核者姓名		职位	财务总监	部门	
考核者姓名		职位	总经理	部门	
指标维度	指标	权重	考核目的	绩效目标值	
内部运营	财务计划、报告编制及时率	10%	按期制订财务计划、编制报告，支持企业运营决策	达到____%	
	融资计划完成率	10%	按计划达成企业年度融资目标	达到____%	
	资金供应及时性	5%	资金供应及时	因资金不足影响经营活动次数为0	
	资金利用率	5%	提高资金周转率	达到____%	
客户	外部单位关系满意度	10%	外部合作顺畅，营造良好的经营和融资环境	达到____%	
	内部满意度	10%	支持内部上下游协作	达到____%	
学习与发展	员工培训计划完成率	5%	提升财务领域员工业务知识和技能	达到____%	
	核心员工保有率	10%	留住骨干员工	达到____%	
	任职资格达标率	5%	提高财务领域员工岗位技能符合度	达到____%	

10.8.2 财务管理部经理量化考核

财务管理部是负责制订企业财务计划和编制预算的部门。财务管理部经理直接承担企业财务管理方面的工作职责，可以下设投资、融资、预算、资金管理等岗位，如部分岗位业务量较大，可以再单设部门。财务管理部经理应具备扎实的财务、税务管理技能，熟悉投融资业务，有很强的经营数据分析能力，风险意识强，有良好的职业道德素质。

1. 财务管理部经理岗位职责(参考)

(1) 制订财务计划，完善财务制度。

(2) 制定合理的财务规划和财务预算。

(3) 拓展融资渠道，及时筹措资金。

(4) 开拓投资渠道，提高投资回报率。

(5) 提高资金周转率，确保资金安全增值。

2. 财务管理部经理量化考核表

财务管理部经理量化考核表(示例)如表10-25所示。

表10-25 财务管理部经理量化考核表(示例)

被考核者姓名		职位	财务管理部经理	部门	
考核者姓名		职位	财务总监	部门	
考核项目	指标	权重	考核目的	绩效目标值	
财务预算管理	财务预算达成率	20%	按计划完成财务预算	达到____%	
财务费用管理	财务费用降低率	15%	降低财务费用	达到____%	
财务计划	财务计划编制及时率	15%	按要求及时编制财务计划	达到____%	
筹资管理	筹资及时率	10%	及时筹措资金，保证供应	达到____%	
	筹资成本	10%	确保较低的资金成本	低于____%	
投资管理	投资收益率	15%	确保投资收益	达到____%	
资金管理	资金周转率	15%	确保资金流转，提高使用效率	达到____%	

10.8.3 会计核算部经理量化考核

会计核算部负责会计管理工作，应准确、及时地提供企业内部及外部关联方进行各项决策所需的支持信息。会计核算部经理直接承担会计核算管理方面的责任，可以下设财务会计、财务分析、出纳等岗位。会计核算部经理应有丰富的财务、税务相关知识，有熟练操作财务软件的能力，责任心强，原则性强。

1. 会计核算部经理岗位职责(参考)

(1) 负责制定统一的会计政策，如实记录各类数据，真实反映企业业务和资产债务情况。

(2) 指导监督企业会计核算业务。

(3) 及时审核处理账务，有凭有据，核算准确。

(4) 规范内部财务报表，准确、及时地进行审核和上报。

(5) 负责企业各项财务分析活动，及时组织编写分析报告。

(6) 整理并保管印章、文件及会计档案，定期进行检查。

2. 会计核算部经理量化考核表

会计核算部经理量化考核表(示例)如表10-26所示。

表10-26　会计核算部经理量化考核表(示例)

被考核者姓名		职位	会计核算部经理	部门	
考核者姓名		职位	财务总监	部门	
考核项目	指标	权重	考核目的	绩效目标值	
会计核算	会计核算差错次数	15%	确保高质量的会计核算	少于____次	
账务处理	账务处理及时率	15%	对各项往来凭证按顺序登记、及时处理	达到____%	
	账务处理差错次数	15%	确保账务处理的质量	少于____次	
财务报告	财务报告编制及时率	15%	按要求及时编制财务报告	达到____%	
	财务报告出错项数	10%	保证财务报告的准确性	少于____次	
资料管理	会计资料及时归档率	10%	定期将会计报表、会计档案整理归档	达到____%	
财务分析	财务分析报告完成及时率	20%	协助财务总监进行财务分析，按时完成财务分析报告	达到____%	

10.8.4　审计部经理量化考核

审计部经理是企业财务的"电子眼"，主要职责是及时发现资产和资金使用、业务和管理流程中的漏洞，采取预警措施，为企业避免损失。审计部经理负责企业的审计管理工作，要求有较深厚的财务功底，具备沟通协调能力、计划组织能力，有较强的原则性。

1. 审计部经理岗位职责(参考)

(1) 按照国家审计法规、企业财会审计制度的有关规定，负责拟订企业审计实施细则。

(2) 建立针对资产和资金使用的监控机制及其他财务监控机制，发现违规现象，及时采取预警措施。

(3) 组织对企业重大经营活动、重大项目、重大经济合同的审计活动。

(4) 全面审查各区域对授权制度和作业流程的执行情况。

(5) 定期或不定期地组织必要的专项审计、专案审计和财务收支审计。

(6) 支持完成外部审计相关工作。

2. 审计部经理量化考核表

审计部经理量化考核表(示例)如表10-27所示。

第10章 中基层管理者绩效考核量化设计

表10-27 审计部经理量化考核表(示例)

被考核者姓名		职位		审计部经理	部门	
考核者姓名		职位		财务总监	部门	
考核项目	指标	权重		考核目的	绩效目标值	
审计成本	审计预算控制	15%		制定策略,提高审计效率	预算范围内	
审计任务	审计计划执行率	20%		按计划进行定期或不定期的审计	达到____%	
审计结果	审计报告及时提交率	20%		按要求及时编制审计报告	达到____%	
	审计报告一次性通过率	15%		提高审计报告质量,减少差错	达到____%	
	审计问题跟踪检查率	10%		持续跟踪审计问题,闭环解决	达到____%	
	审计结果准确性	10%		减少审计更正	更正少于____次	
资料管理	审计报告归档率	10%		审计报告在规定时间内进行归档	达到____%	

> **小贴士 知名企业的管理者考核**

一、华为

(1) 华为优先从优秀团队中选拔干部,优先从主战场、一线和艰苦地区选拔干部。出成绩的团队出干部,连续不能实现管理目标的主管要免职,免职部门的副职不许升正职,鼓励专家型人才进入专家通道。干部任用的原则是小步快跑,不求全责备,用人所长。这些都是华为的用人特色。

(2) 干部的选拔任用——价值观是底线,绩效是分水岭。品德因素具有一票否决权,党委就是专门接受相关投诉的。

(3) 华为有明确的管理任职资格要求,并以此对干部进行牵引,对中高级基层管理者按3~5级进行划分,强调干过什么、能干什么,而不是知道什么,其认证依据来自管理者实际工作中的行为表现。

(4) 对于干部的能力要求,华为有"干部四力"的说法,即干部持续取得高绩效行为所应该具备的4种能力:决断力、理解力、执行力、与人连接力。

(5) 中基层管理者实行半年度考核,中高层管理者实行年度考核。对干部实施末位淘汰,开展末位述职。

二、联想

(1) 对管理班子"德"的要求。

① 有敬业精神、上进心、责任感;

② 有大局观,有宽广的胸怀、眼界;

③ 有自知之明,能超越自我;

④ 公正、廉洁自律、谦逊文明。

(2) 对管理班子"才"的要求。

① 有敏锐的洞察力；

② 富有创新精神；

③ 善于总结提高；

④ 有务实精神。

(3) 考核方式。联想采取多视角、全方位考核，包括上级对下级的考核、平级之间的互评、下级对上级的评议以及部门互评等。部门互评的目的是对各部门在"客户意识、沟通合作、工作效率"等软性工作指标方面进行评价，评价结果作为对部门负责人年度绩效考核的参考依据。通过部门互评，发现组织在工作关系方面存在的问题。民主评议的目的是考查干部管理业绩，为干部选拔提供参考依据，并为培养干部及干部的自我发展提供参考，建立干部提升的透明、健康发展机制。

三、海尔

海尔对干部素质的要求有对下、对左右、对上三点。

(1) 对下，目的明确，身先士卒；

(2) 对左右，矜而不争，群而不党，不要斤斤计较；

(3) 对上，同心同德，大局为重。

四、腾讯

(1) 考核指标。企业一把手及部门一把手的绩效指标与其负责的企业或部门的绩效指标一致。企业经营班子其他人员，由企业一把手根据其重点分管工作和职权，从企业的关键绩效指标和管理要项中分解出相关指标进行确定。

(2) 考核内容。关键绩效指标、管理要项、行为能力改进与工作创新述职评价和两级考评。

(3) 考核周期。企业领导实行年度考核，部门负责人实行季度或年度考核。

(4) 权重设置，采用一把手绩效关联制。各级企业总经理和部门负责人承担所负责企业或部门的绩效责任；其所负责企业或部门的绩效考评结果，占其个人考评结果的80%；个人的创新和行为改进占其考评结果的20%。企业一把手每年中期述职，着重考查企业一把手的个人能力、素质，年终考评分值依据该企业1月至11月的绩效完成情况得出，季度考评成绩仅作参考。部门一把手的年终述职占60%的权重,月度或季度考评占40%的权重。

(5) 能力提升。在考核结束后,基层干部签署职业&领导力发展规划书,对专业能力和领导力的提升进行分析和规划,并明确具体的行动计划。

五、阿里巴巴

五级以上干部采取年度述职的考核方式。

(1) 述职内容。经理级以上人员在年终围绕本年度工作总结、下年度工作计划等拟出工作报告,进行述职。述职应表明本年度工作进展情况、取得的成绩和作出的贡献,还应表明存在的缺陷、不足及解决办法,以及下年度工作目标和重点工作计划。个人陈述后,还需就其他人员的问题和质疑进行答辩。

(2) 述职对象。由人力资源部组织述职,经理级以上人员及述职人员所在部门员工或员工代表参加。

(3) 述职评分。由直接上级、总裁、横向各部门负责人、下属员工参与评价和打分。

(4) 年度考核成绩。个人年度考核成绩=直接管理部门年度考核成绩×50%+职能或行业管理下属部门年度考核平均成绩×20%+个人述职考核×30%。

(5) 2013年开始,阿里巴巴推行案例制考核,围绕"创新""协同""今天和明天"进行考核,阿里巴巴在考核中特别强调对价值观的考核,属于互联网公司中的异类。

第11章　专业技术类员工绩效考核量化设计

中国进入持续快速发展的轨道，个人的职业发展也被人口红利所推动。应届生作为新生力量需要成长，他们因此承接了大量的基础性工作，这就推动着同样年轻的"前辈"们纷纷有机会在短时间内奔向管理岗位，"工作三年，不当个主管、经理，都不好意思"已经成为很多行业年轻人对职业发展的基本看法。诚然，在这一趋势下，年轻人有机会快速成长，但这种浮躁、虚夸、不注重基础夯实的"成长"带来的弊端是显而易见的，因为基础技术和管理能力的发展也是需要持续积累的。

2014年6月5日的《中国青年报》上，刊登了华为的大幅广告，内容很简单，就一句话，"华为坚持什么精神？就是真心向李小文学习"。图片中，外表普通、身着布衣布鞋的李老先生正坐在中国科学院教室里作报告，他的身份是中国科学院院士。李小文长期从事地学与遥感信息科学领域的研究工作，一系列研究成果有力地推动了定量遥感研究的发展，使中国在多角度遥感领域保持着国际领先地位。华为的致敬之举，再次强调了华为的"英雄观"：耐得住寂寞的，才能做科技上的英雄。这也是华为一直倡导的"板凳要坐十年冷"的专业精神。

这个时代需要专业精神，这既是人口红利消退时我们需要面对的客观现实，也是我们尊重发展规律、厚积薄发以提升产品竞争力的必然基础。对于中基层管理者的考核，我们重点强调组织协调和团队管理能力；对于专业领域人员的绩效考核，我们重点强调履行岗位职责的专业精神和本领域的高质量交付。

11.1　专业技术类员工绩效考核管理办法

专业技术类员工绩效考核管理办法主要对考核对象、考核内容、考核周期、考核程序、考核应用等进行系统说明。以下提供某××采用目标管理制对专业技术类员工进行绩效考核的管理办法，供大家参考。

××公司专业技术类员工绩效考核管理办法(示例)

一、考核目的

为保障组织体系的顺畅运作，持续提升员工业绩，确保公司战略目标的达成，加强对专业技术人员的考核，特制定本办法。

(1) 造就一支业务精干的、高素质的、高境界的、具有高度凝聚力和团队精神的人才队伍，并形成以责任结果为核心导向的人才管理机制。

(2) 适应公司业务变革和功能型工作文化向流程型、时效型工作文化的转变，促进跨部门团队及与之相适应的团队文化的建设。

(3) 及时、公正地对员工过去一段时间的工作绩效进行评估，肯定成绩，发现问题，为下一阶段工作的绩效改进做好准备。

(4) 为专业技术类员工的职业发展计划的制订和员工薪酬待遇以及相关教育培训提供人事信息与决策依据。

二、适用范围

(1) 本办法适用于专业技术类岗位已转正员工。

(2) 试用期间的员工考核按照《新员工试用期综合考核办法》执行。

三、指导思想

(1) 绩效考核是立足于员工现实工作的考核，强调员工的工作表现与工作要求相一致，而不是基于其在本部门或在公司的工作年限进行评价。

(2) 绩效考核必须自然地融入部门的日常管理工作中，才有其存在价值。双向沟通的制度化、规范化，是考核融入日常管理的基础。

(3) 通过绩效辅导帮助下属提升能力，与完成管理任务一样都是管理者义不容辞的责任。

四、考核原则

(1) 结果导向原则。工作态度和工作能力应当体现在工作绩效改进上。考核应该引导员工用正确的方法做正确的事，不断追求良好的工作效果。

(2) 目标承诺原则。考核初期双方应就绩效目标达成共识，被考核者须对绩效目标进行承诺。目标制定和评价应体现依据职位分类分层的思想。

(3) 考评结合原则。考核初期，部门应界定绩效评价者，评价时，须充分征求绩效评价者的意见与评价，并以此作为考核依据。绩效评价者应及时提供客观的反馈。

(4) 客观性原则。以日常管理中的观察、记录为基础，注意定量与定性相结合，强调以数据和事实说话。

五、考核周期

员工的绩效考核分为月度绩效考核和季度绩效考核，各部门可按照以下原则，根据本部门实际情况确定各组员工的具体考核形式，但要求部门内保持一致。需要说明的是，参加跨功能部门团队的成员根据项目进展情况，进行项目阶段审视，项目组负责人负责项目阶段评价及结果应用。

(1) 月度绩效考核。在月度结束时，由直接上级依据下属该月的个人绩效承诺进行考核。

(2) 人力资源部可根据实际需要对基层员工每三个月进行一次季度综合评定。月度考核(或汇总)结果是基层员工季度综合评定的重要输入，季度综合评定是基层员工年度综合评议的重要输入。

六、考核关系

人力资源部按表1落实员工的绩效考核责任关系，并及时根据组织变动、人事任免、人员异动等情况及时进行调整和落实。

表1　考核角色及考核对象对应关系

考核对象	考核角色			
	绩效评价者	考核责任者	考核复核者	备案者
专业技术类岗位员工	项目负责人或业务接口部门负责人	直接上级、部门负责人	各领域总监、分管副总	人力资源部

七、考核程序

考核可分为三个阶段，即绩效目标制定阶段(考核期初)、绩效辅导阶段(考核期中)、考核及沟通阶段(考核期末)。这三个阶段是紧密关联、相互融合和共同促进的。

八、绩效目标制定阶段

(1) 直接上级与员工就绩效考核目标达成共识，共同制订个人绩效计划，个人绩效计划应符合SMART原则。

(2) 个人绩效计划承诺的目标主要有以下来源。

① 来源于部门总目标，体现该岗位对总目标的贡献。

② 来源于跨部门团队或业务流程最终目标，体现该岗位对跨部门团队目标或流程终点的支持。

③ 来源于岗位应负责任等。

九、绩效辅导阶段

(1) 该阶段是直接上级辅导员工共同达成计划的过程，也是直接上级收集及记录员工行为和结果的关键事件或数据的过程。

(2) 该阶段管理者应注重在部门内建立健全"双向沟通"制度，包括周或月例会制度、周或月总结制度、汇报或述职制度、关键事件记录、工作日志制度、周工作记录制度等。

十、考核及沟通阶段

(1) 该阶段直接上级综合收集到的考核信息，参考被考核者的个人绩效计划，结合工作业绩、工作态度、任职能力三方面作出客观评价。评价结果经考核复核者同意后，经过充分准备，就考核结果向员工进行正式的反馈沟通。

(2) 对于主要精力投入跨部门项目工作中的人员，部门在进行绩效考核时，原则上采用项目组的评价结果；若有不同意见，应与项目组充分沟通，达成一致。

十一、考核信息

管理者可征询员工对信息来源的意见，共同确定收集信息的渠道和方式，一般有以下几种。

(1) 绩效评价者提供的该员工的事实记录或证明材料。

(2) 员工的定期工作总结及日常关键行为记录材料。

(3) 直接上级与员工沟通过程中积累的与绩效有关的信息。

(4) 相关部门同事或同一团队成员提供的该员工在协作方面的反馈。

十二、考核责任

员工的各级管理者、绩效评价者和员工共同承担考核责任。

(1) 考核责任者。考核责任者综合各绩效评价者提供的意见和依据，对照被考核者的个人绩效计划完成情况，从工作业绩、工作态度、任职能力三方面作出客观评价。考核责任者对员工考核结果的公正性、合理性负责。

(2) 绩效评价者。绩效评价者根据员工个人绩效计划的完成情况，作出客观评价并提供客观事实依据。绩效评价者对绩效评价的公正性、公平性和事实依据的真实性负责。

(3) 考核复核者。考核复核者对考核结果负有监督、指导及统筹部门考核尺度的责任。考核复核者若对考核责任者的评价有异议，应在同考核责任者沟通协调的基础上修正员工的考核结果。

(4) 备案者。备案者负责对员工的绩效考核结果进行备案，并监督其应用。

十三、沟通责任

(1) 绩效评价者有责任根据该员工目标的达成情况以及考核等级的定义，给出该员工建议的评价等级以及优缺点信息，评价时向员工所在部门及时准确地反馈。

(2) 考核责任者必须就考核结果与员工进行正式的面对面的反馈沟通，内容包括肯定成绩、指出不足及改进措施，共同确定下一阶段的个人绩效目标(含绩效改进目标)。对于考核结果为"需改进"者，还需特别制订限期改进计划。

十四、考核申诉

(1) 考核申诉是为了使考核制度完善和在考核过程中真正做到公开、公正、合理而设定的特殊程序。

(2) 员工与考核主管在讨论考核内容和结果后，如有异议，可先向部门主管提出申诉，由部门主管进行协调；如部门主管协调后仍有异议，可向人事决策委员会提出申诉，由人力资源部绩效专员进行调查并协调。

(3) 考核申诉时，必须提供具体的事实依据。

十五、考核等级及应用

(1) 考核等级定义表如表2所示。

表2 考核等级定义表

等级	说明	参考比例
杰出A (90分以上)	实际绩效经常显著超出预期计划/目标和岗位职责/分工要求，在计划/目标和岗位职责/分工要求所涉及的各个方面都取得特别出色的成绩	15%
良好B (75~89分)	实际绩效达到或部分超过预期计划/目标和岗位职责/分工要求，在计划/目标和岗位职责/分工要求所涉及的主要方面取得比较突出的成绩	45%
正常C (60~74分)	实际绩效基本达到预期计划/目标和岗位职责/分工要求，无明显失误	40%
需改进D(60分以下)	实际绩效未达到预期计划/目标和岗位职责/分工要求，在很多方面或主要方面存在明显的不足或失误	

(2) 考核结果应用于员工的薪酬管理、晋升管理、培训发展、荣誉管理、末位淘汰、岗位调配等方面。参照《公司绩效奖励办法》执行。

本考核办法的解释权归公司人力资源部。

××公司人力资源部

2022年×月×日

11.2 技术研发领域岗位员工量化考核

11.2.1 产品设计岗位人员量化考核

产品设计岗位人员主要从事产品的外观设计、界面设计、交互设计等工作。在企业做设计，其工作内容往往与单纯的艺术设计不同，一个高水平的设计人员不仅需要有外观设计、交互设计策划和实现的能力，有良好的审美意识和艺术修养，还需要在产品工程、可生产性、可维护性等方面有全面的考虑。"锤子手机"即使设计得再好，但不具有可制造性，同样只能是一件无法量产的艺术品。

产品设计岗位人员的量化考核，可以从如表11-1所示的指标着手进行考虑，对于有不同要求的设计人员，可以在指标和权重上进行选择和调整。

表11-1　产品设计岗位人员量化考核表(示例)

指标	权重	考核描述	绩效目标值
设计任务完成率	20%	按计划完成企业要求的设计任务	达到____%
设计平均周期	20%	提高设计效率，缩短设计周期	少于____天
图纸错误率	15%	保证设计质量，减少错误，每错一次扣1分	无严重错误
设计任务数量	15%	考查工作的饱和程度	达到____件
设计方案采纳率	10%	考查设计人员的方案设计水平，引入内部竞争机制	达到____%
设计文档归档率	10%	设计文档在规定时间内进行归档	达到____%
设计的可生产性、可维护性	10%	全生命周期的设计考虑	无不当设计

11.2.2 产品开发岗位人员量化考核

产品开发岗位人员主要从事产品开发工作，承担某一模块或产品的具体开发任务。一个优秀的产品开发人员应该具备良好的产品意识，对客户需求有准确的理解，具备快速学习和解决实际问题的能力。

产品开发岗位人员量化考核，可以从如表11-2所示的指标着手进行考虑，对于有不同要求的开发人员可以在指标和权重上进行选择和调整。

表11-2　产品开发岗位人员量化考核表(示例)

指标	权重	考核描述	绩效目标值
项目开发任务按时完成率	20%	按计划完成企业要求的项目或模块开发任务	达到____%
新产品开发周期	20%	提高开发效率，缩短开发周期	少于____天
技术评审合格率	15%	保证开发质量，减少开发缺陷	达到____%

(续表)

指标	权重	考核描述	绩效目标值
产品的可生产性	10%	全生命周期的产品考虑	无生产设计问题导致的返工
标准、专利数量	10%	牵引技术创新，形成标准、专利	达到____个
研发成本降低率	15%	不断降低开发成本，提升研发竞争力	达到____%
研发文档归档及时率	5%	提高开发规范度，做好文档管理	达到____%
产品开发过程符合度	5%	提高开发规范性，确保过程质量	达到____%

11.2.3 工程技术岗位人员量化考核

工程技术岗位人员负责企业全流程领域的技术规程和技术管理，向产品生产和研发部门提供反馈信息和解决方案。工程技术岗位人员应对产品全流程的技术问题有清晰的把握，有良好的沟通协调能力，有丰富的现场问题分析和解决能力。

工程技术岗位人员量化考核，可以从如表11-3所示的指标着手进行考虑，对于有不同要求的工程技术岗位人员可以在指标和权重上进行选择和调整。

表11-3 工程技术岗位人员量化考核表(示例)

指标	权重	考核描述	绩效目标值
技术方案设计完成及时率	20%	根据要求完成技术方案设计	达到____%
技术问题解决率	15%	解决全流程的技术难点	达到____%
技术方案采用率	10%	衡量技术方案的质量	达到____%
技术改造费用控制率	10%	合理有效地控制费用支出，节约成本	控制在预算之内
技术服务满意度	20%	产品、研发、生产等部门对于技术服务支持的满意程度	达到____%
技术资料归档及时率	10%	按要求及时进行技术资料归档	达到____%
重大技术改进项目完成数	15%	以技术改进提升产品工艺水平	达到____项

11.2.4 技术研究岗位人员量化考核

技术研究岗位人员负责企业前沿科学研究领域的相关工作。对于这些前沿创新的工作，中小规模企业或是没有投入，或是采取外包的方式由产品开发团队承接。部分企业技术研究人员往往存在于预研部、平台技术部等部门。由于这些人员的输出周期较长，不建议进行短期考核。技术研究岗位人员应该有产品背景，有广阔的行业视野和敏锐的洞察力，思维开阔，创新能力强。

技术研究岗位人员量化考核，可以从如表11-4所示的指标着手进行考虑，对于有不同要求的技术研究岗位人员可以在指标和权重上进行选择和调整。

表11-4 技术研究岗位人员量化考核表(示例)

指标	权重	考核描述	绩效目标值
科研课题完成量	20%	根据要求完成科学研究课题	达到____个
科研成果转化效果	20%	当期科研成果转化为产品应用的数量	达到____个
外部技术交流次数	10%	提升企业在行业内的技术影响力	达到____次
内部技术培训次数	10%	技术研究方向产品的输出	达到____次
创新专利产出	20%	当期申请专利通过交底书审核的数量	达到____个
行业分析报告满意度	10%	按要求输出技术领域行业分析报告供战略决策参考	达到____%
技术服务满意度	10%	支持产品开发团队开发新产品	达到____%

11.3 采购供应领域岗位员工量化考核

11.3.1 采购计划岗位人员量化考核

采购计划岗位人员主要负责制订采购计划,包括例行和临时采购计划。采购计划岗位人员需要平衡和调整供货周期,并监督采购计划的执行情况以保证供应。采购计划岗位人员应该掌握市场预测分析方法,并具有规范化的管理意识。

采购计划岗位人员量化考核表(示例)如表11-5所示。

表11-5 采购计划岗位人员量化考核表(示例)

指标	权重	考核描述	绩效目标值
采购计划编制及时率	20%	及时下达采购计划,避免临时采购	达到____%
采购物料供应及时率	25%	确保全流程监督采购计划的实现,保证及时供应	达到____%
采购资金占用率	20%	确保采购资金流转,减少呆死料,以最少的资金占用取得较好的采购规模	低于____%
采购成本控制	20%	合理控制采购成本	采购成本在预算范围内
采购增补计划提交及时率	15%	根据供应情况及时进行采购增补,做好应急采购预案	达到____%

11.3.2 采购执行岗位人员量化考核

采购执行岗位人员需要按照采购计划以合适的价格采购一定数量的合格物料。采购执行人员应该有良好的谈判能力、沟通协调能力、抗压能力。

采购执行岗位人员量化考核表(示例)如表11-6所示。

表11-6　采购执行岗位人员量化考核表(示例)

指标	权重	考核描述	绩效目标值
采购任务按时完成率	20%	按时完成既定的采购任务	达到____%
物料采购的准确率	15%	确保采购无差错，错1次扣1分	零差错
采购费用降低率	15%	持续降低采购成本	达到____%
采购物料质量合格率	15%	确保采购物料的质量要求	达到____%
因采购不及时影响生产次数	20%	停工待料，影响工时，出现1次扣1分	零延误
采购订单处理时间	15%	提高采购效率，减少订单处理时间	少于____天

11.3.3　采购检验岗位人员量化考核

采购检验岗位人员负责采购物料的质量和数量检验工作，并对不合格品进行跟踪处理。采购检验岗位人员应该有良好的职业操守，工作尽责认真，并具备扎实的物料相关知识。

采购检验岗位人员量化考核表(示例)如表11-7所示。

表11-7　采购检验岗位人员量化考核表(示例)

指标	权重	考核描述	绩效目标值
检验工作按时完成率	30%	按计划完成物料检验工作	达到____%
物料现场使用合格率	20%	确保检验质量	达到____%
采购检验报表准确率	20%	检验报表无差错，出现1次扣1分	零差错
检验分析报告提交及时率	20%	按时提交分析报告，延迟提交1次扣1分	零延迟
检验仪器或设备完好率	10%	保证仪器或设备的良好运行	达到____%

11.3.4　供应商管理岗位人员量化考核

供应商管理岗位人员主要负责供应商的开发和维护。供应商管理岗位人员应该具有良好的职业操守、规范化的管理意识、出色的谈判能力。

供应商管理岗位人员量化考核表(示例)如表11-8所示。

表11-8　供应商管理岗位人员量化考核表(示例)

指标	权重	考核描述	绩效目标值
供应商开发计划完成率	20%	衡量在规定时间内新开发供应商的数量是否达到目标	达到____%
供应商调查报告提交及时率	10%	按时提交调查报告，延迟提交1次扣1分	零延迟
供应商档案完备率	10%	所有供应商都应该有完备的档案，缺1个扣1分	零缺失
供应商数据库及时更新率	10%	所有供应商都应该及时更新数据库，缺1个扣1分	零延迟
合同履约率	20%	衡量供应商的综合履约能力	达到____%
供应商准时交货率	15%	衡量供应商的交付能力	达到____%
采购物料质量合格率	15%	加强供应商认证和维护，确保采购质量达到要求	达到____%

11.3.5 储运管理岗位人员量化考核

储运管理岗位人员负责物料的仓储和运输管理工作。储运管理岗位人员应有强烈的工作责任心、很高的工作规范度、优秀的执行力。

储运管理岗位人员量化考核表(示例)如表11-9所示。

表11-9 储运管理岗位人员量化考核表(示例)

指标	权重	考核描述	绩效目标值
在库物料质量合格率	15%	确保库存物料质量	达到____%
仓容利用率	10%	充分利用仓储空间,提高储存效率	达到____%
收发物料差错率	10%	确保收发准确度,出现1次扣1分	零差错
库存物料损耗率	10%	确保物料保存完好,降低损耗	小于____%
账货相符率	10%	加强管理,确保账实相符	达到____%
物料准时配送率	10%	准时保障生产物料供应,延迟1次扣1分	零延迟
存储费用率	10%	衡量单位物料的存储费用	少于____元/立方米
运输费用率	10%	衡量单位物料的运输费用	少于____元/立方米(千克)
储运安全事故次数	15%	确保安全生产,杜绝事故,发生1次扣1分	零事故

11.4 生产领域岗位员工量化考核

11.4.1 生产计划岗位人员量化考核

生产计划岗位人员负责制订生产计划,合理安排生产,检查并监督各车间的计划执行情况并对生产完成情况进行分析,提出改进建议。生产计划岗位人员应该具有优秀的生产项目管理能力,熟悉产品质量规范和生产标准,工作责任心强,做事有条理。

生产计划岗位人员量化考核表(示例)如表11-10所示。

表11-10 生产计划岗位人员量化考核表(示例)

指标	权重	考核描述	绩效目标值
生产计划下达及时率	20%	根据总体生产任务安排,编制并按期下达生产计划,延迟1次扣2分	零延迟
生产排程准确率	30%	根据生产经理的要求,负责生产排程工作	达到____%
生产计划完成率	20%	跟踪检查生产计划完成情况	达到____%
临时订单按时完成率	10%	根据要求接受临时订单,确保临时订单按时完成	达到____%
生产效率提高率	10%	制订合理的生产计划,持续提升生产效率	达到____%
生产计划不合理导致生产紊乱次数	10%	确保生产合理有序,发生一次紊乱扣2分	零错误

11.4.2 生产调度岗位人员量化考核

生产调度岗位人员负责协调各种资源实现生产计划，组织召开调度会议并及时处理生产调度中的突发问题。生产调度岗位人员应熟悉生产工艺流程，吃苦耐劳，谨慎细致。

生产调度岗位人员量化考核表(示例)如表11-11所示。

表11-11　生产调度岗位人员量化考核表(示例)

指标	权重	考核描述	绩效目标值
交期达成率	20%	根据总体生产计划，按期交付生产任务	达到____%
生产排程达成率	30%	按照生产计划完成排程	达到____%
生产均衡率	20%	合理排程，使设备和人力负载均衡	达到____%
生产调度会议组织	10%	调度会议及时召开并下发纪要，延误1次扣2分	零延误
突发事件处理	10%	及时有效解决突发事件	有效解决
生产调度不合理导致生产紊乱次数	10%	确保调度合理有序，发生一次紊乱扣2分	零错误

11.4.3 设备管理岗位人员量化考核

设备管理岗位人员负责对设备进行检查维护，做好设备的动力供应以确保设备良好运行。设备管理岗位人员应该掌握设备运行原理、熟悉操作规程和规范，具有高度的责任心和安全意识。

设备管理岗位人员量化考核表(示例)如表11-12所示。

表11-12　设备管理岗位人员量化考核表(示例)

指标	权重	考核描述	绩效目标值
设备采购成本节约率	10%	提高设备使用效率，降低采购成本	达到____%
设备完好率	20%	确保设备完好，保障生产顺利进行	达到____%
设备故障停机	20%	避免因设备故障导致生产停机情况，发生1次扣3分	零停机
设备检修率	10%	对设备的维修保养进行统一管理，定期或不定期进行检查	小于____%
设备利用率	10%	合理利用设备，均衡负载	达到____%
动力保障率	10%	不因动力不足导致停机，出现1次扣2分	零事故
设备事故发生率	20%	杜绝设备事故发生，发生1次扣3分	零事故

11.4.4 安全管理岗位人员量化考核

安全管理岗位人员负责安全防范和检查，落实安全制度，杜绝安全事故。安全管理岗位人员应该熟悉相关安全法律法规，具有良好的协调、组织及管理能力，工作积极主动，吃苦耐劳。

安全管理岗位人员量化考核表(示例)如表11-13所示。

表11-13　安全管理岗位人员量化考核表(示例)

指标	权重	考核描述	绩效目标值
杜绝重大安全事故	20%	做好安全防范，杜绝重大事故，发生1次，计0分，总体考核不合格	零事故
千人工伤事故率	20%	做好安全设施的安装、调配和管理，加强安全教育，减少工伤事故	小于____%
安全生产检查率	10%	按要求进行安全生产检查，少查1次扣1分	达到100%
安全隐患整改率	10%	按要求及时整改安全隐患	达到____%
安全培训计划完成率	10%	按计划完成安全培训工作	达到____%
安全培训覆盖率	10%	加强安全教育，确保全员安全意识和能力的提升	达到____%
安全事故处理及时率	20%	发生安全事故及时处理，避免扩大化，延迟1次扣1分	零延迟

11.4.5　材料工艺岗位人员量化考核

材料工艺岗位人员负责编制材料工艺文件，及时解决材料工艺问题。材料工艺岗位人员应该熟悉材料性能和产品要求，熟悉生产工艺流程，有良好的沟通及协调能力。

材料工艺岗位人员量化考核表(示例)如表11-14所示。

表11-14　材料工艺岗位人员量化考核表(示例)

指标	权重	考核描述	绩效目标值
工艺文件编写及时率	15%	按照生产工艺要求及时编写工艺文件	达到____%
工艺文件准确率	20%	下发的工艺文件编写准确，出现1次差错扣3分	零差错
材料工艺测试及时率	20%	按计划完成工艺测试，延迟1次扣2分	零延迟
材料消耗降低率	20%	持续改进工艺，降低材料消耗水平	达到____%
工艺技术问题解决率	15%	提高当期工艺问题解决能力	达到____%
工艺文档归档率	10%	及时、规范归档工艺文档	达到____%

11.4.6　产品工艺岗位人员量化考核

产品工艺岗位人员负责工艺设计和改进，并对生产现场进行检查，提供工艺指导，解决生产中的工艺技术问题。产品工艺岗位人员应熟悉企业产品生产工艺和质量特性，并能熟练指导员工作业，工作严谨，有责任心，勤奋敬业，有一定创新意识。

产品工艺岗位人员量化考核表(示例)如表11-15所示。

表11-15　产品工艺岗位人员量化考核表(示例)

指标	权重	考核描述	绩效目标值
工艺设计任务完成率	20%	按计划完成工艺设计任务	达到___%
工艺改进项目数	20%	持续改进工艺，提高生产效率	达到___项
生产消耗降低率	20%	通过工艺改进降低生产消耗	达到___%
工艺技术问题解决率	20%	及时解决工艺技术问题	达到___%
工艺文档归档率	10%	及时、规范归档工艺文档	达到___%
工艺文件完整率	10%	确保工艺文件的完整性，缺失1项扣5分	零缺失

11.5　质量领域岗位员工量化考核

11.5.1　质量控制岗位人员量化考核

质量控制岗位人员通过事前的质量控制、事中的质量控制以及事后的质量改进三个方面对产品和服务的质量负责。和后端的质量检验工作相比，质量控制人员信奉"质量是管控出来的而不是检验出来的"理念，通过流程控制和组织改进来确保产品的质量符合要求。质量控制岗位人员一般需要有国家或第三方机构认可的质量审核人员资质，熟悉质量体系，掌握质量管理工具和方法，逻辑思维能力强，富有团队精神，抗压能力强，工作认真负责，严谨细致，有较强的分析、解决问题的能力。

质量控制岗位人员量化考核表(示例)如表11-16所示。

表11-16　质量控制岗位人员量化考核表(示例)

指标	权重	考核描述	绩效目标值
产品质量检验规程符合度	20%	确保产品的设计、开发、生产全流程符合企业的质量规程	达到___%
质量改进方案编写及时率	15%	针对质量问题及时形成改进方案，实施过程改进	达到___%
产品合格率	20%	通过过程控制改进质量，确保产品合格	达到___%
产品返修率	15%	衡量产品返厂维修情况	小于___%
质量事故数	10%	质量事故对企业声誉和财务影响巨大，应避免质量事故发生，该指标衡量发生严重质量事故的次数	少于___起
质量认证通过	10%	按时通过外部机构质量年审，未通过该项计0分	按时通过
质量文档管理规范度	10%	质量文档管理规范，无缺失，缺失1个扣3分	零缺失

11.5.2　质量检验岗位人员量化考核

质量检验岗位人员负责来料、产品质量的检测，总体而言，他们的责任就是在产品出厂之前，设置层层关卡进行检查，杜绝不合格产品出厂。质量检验岗位人员应对质量标准有清晰的理解，工作责任心强，爱岗敬业，能坚持原则。

质量检验岗位人员量化考核表(示例)如表11-17所示。

表11-17 质量检验岗位人员量化考核表(示例)

指标	权重	考核描述	绩效目标值
来料检验准确率	10%	检查来料质量，确保按质量标准进行检测	达到____%
来料检验及时率	10%	及时进行来料检验，避免窝工	达到____%
漏检率	10%	严格按照程序进行产品、来料检验，无漏检，漏检1次扣5分	零漏检
检验设备完好率	10%	做好检验设备维护，确保检验结果可信	达到____%
产品质量合格率	20%	通过过程检验，确保产品出厂合格率	达到____%
产品直通率	10%	衡量在生产线投入100套材料中，制程一次性通过的良品数量	达到____%
产品退货率	10%	因质量问题导致产品退货的比率	小于____%
产品质保期内返修率	10%	衡量质保期内的返修水平	小于____%
因质量检测失误导致的质量事故数	10%	加强质量检测，杜绝因检测不力发生质量事故	少于____起

11.6 营销领域岗位员工量化考核

11.6.1 市场策划岗位人员量化考核

市场策划岗位人员负责市场信息收集、调研和市场活动策划。市场策划岗位人员应了解市场趋势和竞争对手动态，思路清晰，文笔精湛，具有良好的组织和协调能力。

市场策划岗位人员量化考核表(示例)如表11-18所示。

表11-18 市场策划岗位人员量化考核表(示例)

指标	权重	考核描述	绩效目标值
市场调研活动次数	20%	按计划完成市场调研	达到____次
市场调研分析报告数量	10%	按计划提交市场调研分析报告	达到____份
重点市场活动效果	20%	达成预期目标的市场活动比率	达到____%
市场调研分析报告满意度	20%	主管领导对调研分析报告质量的评估	达到____%
品牌满意度	10%	加强市场人员对品牌的推广和维护	达到____%
市场拓展计划完成率	10%	按计划支持市场开拓的目标	达到____%
市场费用控制	10%	按计划控制市场活动支出	预算范围内

11.6.2　广告企划岗位人员量化考核

广告企划岗位人员负责广告策划和投放，确保对市场销售活动的支持，以提升企业品牌影响力。广告企划岗位人员应该有良好的文字功底，文笔流畅有感染力，有较强的策划能力和创意能力，能快速了解销售市场动态或客户意图，和媒体关系良好。

广告企划岗位人员量化考核表(示例)如表11-19所示。

表11-19　广告企划岗位人员量化考核表(示例)

指标	权重	考核描述	绩效目标值
广告策划方案通过率	20%	评估广告策划的质量	达到____%
广告投放计划完成率	10%	按计划在要求的广告位投放广告	达到____%
广告经费控制	10%	合理使用广告经费，追求最好效果	预算范围内
广告投放有效率	10%	衡量广告投放的有效性	达到____%
广告投放增销率	10%	广告对销售支持效果的评估	达到____%
广告费用占销比	10%	提升广告费用的投入产出	小于____%
软广告媒体正面曝光次数	10%	建立良好媒体合作关系，加强品牌形象	达到____次
品牌认知度	10%	利用广告提升品牌影响力	达到____%
品牌价值增长率	10%	利用广告提升品牌价值	达到____%

11.6.3　销售代表岗位人员量化考核

销售代表岗位人员负责某一区域、渠道、客户的销售工作，其主要工作任务就是拓展市场，完成销售任务。销售代表岗位人员要对产品有较好的理解，尤其应有良好的客户导向能力，出色的沟通能力和技巧，同时具备自律严谨的职业操守。

销售代表岗位人员量化考核表(示例)如表11-20所示。

表11-20　销售代表岗位人员量化考核表(示例)

指标	权重	考核描述	绩效目标值
销售收入	20%	按计划完成销售收入任务	达到____万元
销售量	10%	按计划完成销售量任务	达到____万台
销售毛利率	15%	注重销售质量，保持合适的利润水平	达到____%
渠道覆盖率	5%	确保产品覆盖主流销售渠道	达到____%
新增客户数量	10%	拓展新客户，加强客户群管理	达到____个
老客户保有率	10%	确保客户黏性，维护老客户持续购买	达到____%
销售回款率	10%	促进销售回款，保持现金流充沛	达到____%
销售费用率	10%	提高销售的投入产出	小于____%
客户有效投诉	10%	确保客户满意度，投诉1次扣2分	零投诉

11.6.4 渠道拓展岗位人员量化考核

渠道拓展岗位人员负责渠道管理和渠道拓展，通过合作伙伴(包括零售商、分销商和商业伙伴)进行间接销售，并提供服务支持。在当前的产业环境下，竞争已经成了产业链的竞争，因此，与各渠道的合作已经成为各企业市场拓展的非常手段。渠道拓展岗位人员应该具有良好的商务谈判能力、关系建立能力和策划能力。

渠道拓展岗位人员量化考核表(示例)如表11-21所示。

表11-21 渠道拓展岗位人员量化考核表(示例)

指标	权重	考核描述	绩效目标值
销售收入	15%	衡量负责渠道的销售收入情况	达到____万元
销售量	10%	衡量负责渠道的销售量情况	达到____万台
渠道开发计划实现率	10%	衡量新渠道开发任务的完成情况	达到____%
回款达成率	10%	促进销售回款，保持现金流充沛	达到____%
销售费用率	10%	提高销售的投入产出	小于____%
新产品渠道铺货率	10%	提高新产品在渠道销售中的比重	达到____%
渠道库存	10%	合理控制渠道库存，减少压货风险	不要偏离正常值
渠道满意度	15%	渠道满意度的高低，可以通过渠道调查来实现，比如通过第三方调查机构调查	达到____%
代理商培训计划完成率	10%	按计划完成代理商培训，做好渠道激励工作	达到____%

11.6.5 客户经理岗位人员量化考核

客户经理岗位人员就是与客户尤其是大客户打交道的管理人员，他们负责客户开发和客户维护。客户有需求只需找客户经理，作为代表企业与客户联系的"大使"，客户经理岗位人员应积极主动并经常与客户保持联系，发现客户的需求，引导客户的需求，并及时给予满足，为客户提供"一站式"服务。客户经理岗位人员应该有丰富的商务洽谈经验，有独立签单能力，熟悉企业业务流程，对市场有良好的把控能力。

客户经理岗位人员量化表指标(示例)如表11-22所示。

表11-22 客户经理岗位人员量化考核表(示例)

指标	权重	考核描述	绩效目标值
大客户开发数量	20%	不断增加新开发的大客户	达到____个
销售目标完成率	20%	促进大客户销售，达成销售目标	达到____%
大客户流失率	15%	维护好关键客户，减少客户流失	小于____%
大客户投诉	10%	维护健康的客户关系，持续提升客户满意度。投诉1次扣5分	零投诉
大客户回访率	10%	要求覆盖所有关键客户，少1个扣2分	100%覆盖
客户满意度	25%	持续提升客户满意度，可以通过第三方进行调查	达到____%

11.6.6 售后服务岗位人员量化考核

售后服务岗位人员负责售后服务工作,他们要接受客户的咨询和投诉,进行客户回访,负责产品维修等。售后服务岗位人员应该熟悉企业的产品和业务流程,具备良好的客户服务意识,认真敬业,抗压力强。

售后服务岗位人员量化考核表(示例)如表11-23所示。

表11-23 售后服务岗位人员量化考核表(示例)

指标	权重	考核描述	绩效目标值
投诉受理及时率	20%	及时受理客户投诉,降低不良影响	达到____%
投诉办结率	15%	及时闭环客户投诉,快速解决问题	达到____%
服务满意度	20%	客户对售后服务的评价	达到____%
客户回访率	10%	完成对客户的回访	达到____%
售后服务费用	10%	合理控制收费后服务费用	在预算范围内
客户投诉次数	10%	客户对售后服务的投诉,出现1次扣5分	零投诉
售后服务一次成功率	15%	提高售后服务效率,争取一次满足客户服务需求	达到____%

11.7 人力行政领域岗位员工量化考核

11.7.1 招聘岗位人员量化考核

招聘岗位人员主要负责完成招聘任务,开拓和维护招聘渠道,确保招聘质量,保障企业的人力供给。招聘岗位人员应该具备人选甄选的能力,善于调动资源,具备组织协调的内外部能力。

对于招聘岗位人员的考核,可以从招聘任务的完成情况、招聘质量、招聘效率等方面进行设计。招聘岗位人员量化考核表(示例)如表11-24所示。

表11-24 招聘岗位人员量化考核表(示例)

指标	权重	考核描述	绩效目标值
招聘计划完成率	20%	招聘计划是否符合企业发展需要	达到____%
平均招聘周期	20%	提高招聘效率,快速保障人才供应	少于____天
招聘渠道管理	10%	开拓新招聘渠道的数量和质量,主管领导的满意度	达到____%
招聘适岗率	10%	确保候选人符合岗位任职要求	达到____%
试用期合格率	10%	确保招聘质量并支持员工试用期融入企业	达到____%
试用期主动离职率	10%	确保招聘质量,找到合适的人	小于____%
人均招聘费用	10%	降低招聘成本	少于____元
招聘活动组织满意度	10%	招聘活动是否达到预期效果	达到____%

11.7.2 培训岗位人员量化考核

培训岗位人员负责员工的培训管理、关注员工培训需求、制订并执行培训计划、不断改进培训质量。培训岗位人员应该学习并熟练掌握自身所处领域的相关技能，并具备一定的培训辅导能力和人才测评能力。

对培训岗位人员的考核可以从培训组织设计、培训讲师、培训课程、培训效果等方面进行设计，培训岗位人员量化考核表(示例)如表11-25所示。

表11-25 培训岗位人员量化考核表(示例)

指标	权重	考核描述	绩效目标值
培训需求调查报告提交率	20%	培训需求报告的质量和及时性，可以由主管进行评价	达到____%
培训计划完成率	15%	按计划完成培训计划	达到____%
培训覆盖率	10%	确保培训精准覆盖相关人群	达到____%
培训课程开发数量	10%	按计划完成课程开发	达到____门
认证讲师数量	10%	提升讲师能力，改善讲师队伍质量	达到____人
任职资格达标率	10%	员工技能提升，通过任职资格认证	达到____%
培训工作满意度	10%	员工对培训工作的满意情况	达到____%
培训课堂满意度	5%	员工对培训现场效果反馈情况	达到____%
培训组织满意度	5%	员工对培训组织的反馈情况	达到____%
培训档案归档率	5%	培训档案及时按要求归档	达到____%

11.7.3 薪酬岗位人员量化考核

薪酬岗位人员负责职位评估、薪酬调查、薪酬核算和薪酬发放，他们应该熟练掌握职位评估、薪酬体系设计的方法，熟悉薪酬福利方面的法律法规，善于分析数据，为人正直，忠诚守信，工作严谨，为所从事工作严格保密。

对薪酬岗位人员的考核可以从薪酬调查、薪酬核算和发放等方面进行设计，薪酬岗位人员量化考核表(示例)如表11-26所示。

表11-26 薪酬岗位人员量化考核表(示例)

指标	权重	考核描述	绩效目标值
薪酬调查完成及时性	20%	每年按期完成行业薪酬调查，逾期为0分	在规定日期完成
职位体系管理工作	20%	职位体系管理到位，确保关键岗位的薪酬策略执行到位，由主管评价	达到____%
工资、奖金计算差错数	10%	工资、奖金核算及发放准确，出现1次差错扣1分	零差错
工资、奖金报表编制准确率	10%	准确编制并上报工资、奖金报表	达到____%
工资、奖金报表编制及时率	10%	及时编制并上报工资、奖金报表	达到____%
工资发放准确、及时率	20%	准确、及时地发放工资	达到____%
保险福利的准确、及时率	10%	准确、及时地办理各项保险福利手续	达到____%

11.7.4 绩效管理岗位人员量化考核

绩效管理岗位人员主要负责绩效考核表的设计、绩效考核的组织工作。他们应该掌握绩效管理的相关工具，深刻理解绩效考核的主要模式，并能对相关人员进行培训。他们应善于处理数据，工作严谨，具备一定的组织协调能力。

对绩效管理岗位人员的考核可以从绩效过程组织、绩效培训、绩效数据处理、绩效申述处理等方面进行设计，绩效管理岗位人员量化考核表(示例)如表11-27所示。

表11-27 绩效管理岗位人员量化考核表(示例)

指标	权重	考核描述	绩效目标值
绩效考核计划按时完成率	20%	按计划及时进行绩效考核	达到____%
绩效考核申诉处理及时率	10%	及时处理员工绩效考核申诉	达到____%
绩效评估报告完成及时率	15%	按时、准确地完成绩效评估报告	达到____%
绩效考核数据统计差错数	15%	确保考核数据统计的准确性，出现差错1次扣2分	零差错
绩效考核覆盖率	15%	确保对应接受考核的员工进行考核	达到____%
绩效考核表设计的完善性	15%	核心考核内容为员工在各岗位的表现，要求企业导向清晰，岗位特征明确，可以由主管结合周边部门意见评价	达到____%
绩效管理培训覆盖率	10%	使目标人群掌握绩效管理相关知识，衡量目标人群的培训覆盖水平	达到____%

11.7.5 劳动关系管理岗位人员量化考核

劳动关系管理岗位人员主要负责员工的人事关系管理，包括入职和离职手续办理、档案合同管理、员工关系管理、组织氛围营造等。劳动关系管理岗位人员应该熟悉相关法律法规，工作认真细致、原则性强。

劳动关系管理岗位人员量化考核表(示例)如表11-28所示。

表11-28 劳动关系岗位人员量化考核表(示例)

指标	权重	考核描述	绩效目标值
入职、离职手续办理差错次数	20%	高质量地完成入职、离职手续办理工作，出现1次差错扣5分	零差错
劳动合同规范管理	10%	及时办理劳动合同签订、变更、续签、终止等，延迟1次扣5分	零延迟
劳动纠纷处理及时率	10%	及时、有效地处理劳动纠纷	达到____%
合同资料归档及时率	10%	资料完备，及时归档	达到____%
组织氛围满意度	25%	建设高效型组织，提升员工敬业度	达到____%
员工主动离职率	25%	保持队伍稳定，降低业务风险	低于____%

11.7.6 法务管理岗位人员量化考核

为了管理企业对内、对外的法律相关事务,有些企业会设置专门的法务部门,多数企业则是由法务专员或其他岗位人员承接法务管理的相关工作。法务人员需要及时规范地处理企业的日常法务工作,解决法务纠纷。法务人员应该熟悉《中华人民共和国公司法》《中华人民共和国民法典》《中华人民共和国知识产权法》等法律法规,思维严谨,做事认真,抗压力强。

法务管理岗位人员量化考核表(示例)如表11-29所示。

表11-29 法务管理岗位人员量化考核表(示例)

指标	权重	考核描述	绩效目标值
法律文件处理及时率	20%	根据企业要求及时处理相关法律文件,延迟1次扣5分	零延迟
法律文书起草质量	20%	确保法律文书的质量,发生1次差错扣5分	零差错
法律纠纷胜诉率	25%	及时处理法律纠纷,保障企业合法权益	达到____%
法律合同评审及时率	25%	按照要求及时评审外部合同	达到____%
合同文本归档率	10%	合同文档规范管理,出现1次差错扣5分	100%归档

11.7.7 行政管理岗位人员量化考核

行政管理岗位人员负责企业日常行政工作,包括办公环境管理、办公设备管理、重要会议组织等。行政管理人员应该工作积极主动,"眼里有活",有良好的服务意识,爱岗敬业,正直诚信,同时应善于解决一些内外部矛盾,有较好的沟通协调能力。

对行政管理岗位人员的考核可以从办公设备管理、办公用品管理、公文管理、会议管理、车辆管理等角度进行衡量,行政管理岗位人员量化考核表(示例)如表11-30所示。

表11-30 行政管理岗位人员量化考核表(示例)

指标	权重	考核描述	绩效目标值
日常行政工作满意度	15%	考察周边、上级、员工对行政工作的感知	达到____%
办公设备完好率	10%	做好日常办公设备的维护,确保设备状态良好	达到____%
办公用品采购及时率	10%	及时采购办公用品,保障日常办公需要,延迟1次扣5分	零延迟
公文起草及时性	10%	及时起草相关公文和通知,延迟1次扣5分	零延迟
文件归档及时率	5%	办公资料及时归档,管理规范	达到____%
会议组织满意度	10%	衡量重大会议的组织效果	达到____%
会议纪要整理及时性	5%	及时整理和发布会议纪要,传达会议精神,延迟1次扣3分	零延迟
车辆完好率	5%	保证车辆状况,确保车辆正常使用	达到____%
出车及时率	10%	根据需要快速响应,及时出车	达到____%
车辆维护费用控制	10%	控制车辆养护和维修费用	在预算范围内
交通违章次数	10%	安全驾驶,杜绝违章行为的发生	小于____次

11.7.8　后勤管理岗位人员量化考核

后勤管理岗位人员主要负责企业的后勤管理，包括食宿、绿化、动力、安全等。后勤管理岗位人员为企业的正常运作、员工的顺畅工作贡献了不小的力量。如果员工没有得到后勤保障，往往无法安心工作。后勤管理岗位人员应该具有高度的工作责任心，认真敬业，执行力强。

后勤管理岗位人员量化考核(示例)如表11-31所示。

表11-31　后勤管理岗位人员量化考核表(示例)

指标	权重	考核描述	绩效目标值
维修费用控制	15%	费用管理清晰，预算支出合理	在预算范围内
设备检修计划完成率	10%	按期完成设备检修，确保设备运行良好	达到____%
环境卫生达标率	10%	确保良好的环境卫生，达到相关要求	达到____%
保洁工具完好率	10%	做好保洁工具管理，确保工具完好	达到____%
员工对食堂满意度	10%	做好食堂管理，在预算范围内合理满足员工餐饮需求	达到____%
食堂采购成本降低率	15%	做好成本控制，降低采购成本	达到____%
安全事故次数	15%	做好安全教育，杜绝安全事故，发生1次扣5分，重大事故直接扣为0分	零事故
员工投诉次数	15%	做好管理沟通，提升服务质量	少于____次

11.8　财务领域岗位员工量化考核

11.8.1　会计岗位人员量化考核

会计岗位人员负责对企业的经济交易或相关事项进行核算和监督，提供经济信息，参与预算决策。会计岗位人员要熟悉企业财务制度，扎实掌握业务具体流程，熟悉《中华人民共和国会计法》《中华人民共和国税法》等相关法规，熟练使用财务软件，工作认真细致、严谨敬业。

对会计岗位人员的考核可以从会计报表的编制归档、账务登记核算、纳税申报、财务分析等角度进行衡量。会计岗位人员量化考核表(示例)如表11-32所示。

表11-32　会计岗位人员量化考核表(示例)

指标	权重	考核描述	绩效目标值
会计报表编制及时率	10%	按要求及时编制会计报表	达到____%
会计报表编制差错率	15%	确保报表填写准确	小于____%
账务处理及时率	10%	对各项往来凭证按顺序登记、及时处理	达到____%
账务处理差错次数	10%	账务处理的质量	少于____次
纳税申报及时率	5%	按照规定及时进行纳税申报，延迟1次扣2分	零延迟

(续表)

指标	权重	考核描述	绩效目标值
纳税申报准确率	5%	纳税申报准确，无差错，错误1次扣5分	零错误
会计资料及时归档率	5%	定期将会计报表、会计档案整理归档	达到____%
财务分析报告完成及时率	10%	协助财务总监进行财务分析，按时完成财务分析报告	达到____%
会计核算差错次数	10%	高质量的会计核算	少于____次
账簿登记差错次数	10%	账簿登记准确，避免差错，错误1次扣2分	零差错
资产账实不符次数	10%	记账准确，杜绝错误，不符1次扣3分	零差错

11.8.2 出纳岗位人员量化考核

出纳岗位人员与员工打交道比较多，因为所有的报销单据、报销打款都需要出纳岗位人员进行审核。出纳岗位人员负责现金、银行相关业务和账户的处理，他们直接与货币打交道，除了要具备过硬的出纳业务知识以外，还必须具备良好的财经法纪素养和职业道德修养。

对出纳岗位人员的考核可以从现金收付、日记账登记、银行结算、工资及报销处理、凭证管理等角度进行衡量。出纳岗位人员量化考核表(示例)如表11-33所示。

表11-33 出纳岗位人员量化考核表(示例)

指标	权重	考核描述	绩效目标值
现金业务差错次数	10%	根据银行结算和企业报销制度，审核原始凭证的合法性和准确性，及时完成现金收付，开具或索取发票。错误1次扣5分	零差错
现金日记账差错次数	10%	及时登记现金日记账，每日账款盘存确保准确。错误1次扣5分	零差错
银行日记账差错次数	10%	及时登记银行日记账，填写日报表，确保银行账目准确。错误1次扣5分	零差错
现金账实相符	10%	根据经营需要提取送存和保管现金，做到账账相符、账实相符。错误1次扣5分	零差错
银行结算及时性	10%	及时办理银行存款、汇款、划款等结算业务	少于____天
银行结算准确性	10%	准确办理银行存款、汇款、划款等结算业务。错误1次扣5分	零差错
工资发放及时性	10%	工资按时发放，延迟1次扣10分	零延迟
员工报销满意度	10%	有关开支的款项报销，及时准确，员工满意度高	达到____%
凭证管理完整率	10%	处理原始资料，做好凭证档案管理，保证凭证的完整性。错误1项扣2分	达到100%
发票开具及时率	5%	根据现金回收情况及时开具相关票据	达到____%
发票开具准确性	5%	保证票据开具的准确性，错误1次扣5分	零错误

11.8.3 投资管理岗位人员量化考核

投资管理岗位人员主要负责企业对外的投资管理，他们负责寻找投资机会、推动投资交易并进行投后管理。有些企业专门设立投资部管理企业的投资业务。投资管理岗位人员应对公司发展战略有准确的理解,熟悉相关法律法规,具备财务、经济、金融的复合知识,有良好的沟通表达能力和抗压力。

投资管理岗位人员量化考核表(示例)如表11-34所示。

表11-34 投资管理岗位人员量化考核表(示例)

指标	权重	考核描述	绩效目标值
投资计划完成率	30%	根据企业投资策略完成投资计划	达到____%
投资调查报告及时提交率	20%	及时提交对投资标的的调查报告	达到____%
投资项目报告及时提交率	20%	及时提交项目报告	达到____%
投资收益率	20%	加强投资分析,提高投资收益	达到____%
投资评估准确性	10%	避免资本投资中的重大失误。项目启动后,如发现严重评估缺陷,发现1次扣5分	零缺陷

11.8.4 融资管理岗位人员量化考核

融资管理岗位人员主要负责企业的资金筹措,他们负责开拓融资渠道,及时筹措资金,确保企业业务的正常运营和战略发展需要。他们应该对企业融资策划和实施有较全面的了解,具有一定的财务、金融及企业管理知识,有较强的敬业、团队精神及协作意识。

融资管理岗位人员量化考核表(示例)如表11-35所示。

表11-35 融资管理岗位人员量化考核表(示例)

指标	权重	考核描述	绩效目标值
筹资计划达成率	20%	按计划完成企业的筹资任务	达到____%
融资总额	20%	完成融资规模	达到____万元
筹资渠道拓展	10%	按计划完成投资渠道拓展	达到____种
筹资费用率	20%	降低筹资费用	小于____%
融资周期	20%	完成融资所需要的平均时间	少于____天
融资报告一次性通过率	5%	提高融资报告质量	达到____%
融资报告提交及时率	5%	按计划及时提交融资分析报告,延迟1次扣5分	零延迟

11.8.5 资金管理岗位人员量化考核

资金管理岗位人员负责企业的资金管理,他们负责制订资金使用计划,办理资金支付手续,做好资金的使用分析。资金管理岗位人员应该熟悉企业财务分析、财务管理、预算管理,熟练使用财务系统,有较强的沟通协调能力和工作责任感。

资金管理岗位人员量化考核表(示例)如表11-36所示。

表11-36 资金管理岗位人员量化考核表(示例)

指标	权重	考核描述	绩效目标值
资金计划编制及时率	20%	按期编制资金计划，及时提交批准	达到____%
资金支付手续及时性	20%	正常情况下及时支付资金，延迟1次扣3分	零延迟
资金业务核算差错次数	15%	准确进行资金核算，发生1次错误扣3分	零错误
资金收支准确度	15%	确保资金收支的准确性，发生1次错误扣3分	零错误
账实不符的次数	15%	确保资金账实相符，发生1次错误扣5分	零错误
资金使用分析报告提交及时率	15%	按计划及时提交资金使用分析报告，延迟1次扣5分	零延迟

11.8.6 税务管理岗位人员量化考核

税务管理岗位人员负责企业税务的相关管理工作，包括税务筹划、核算、税费缴纳、税务档案管理等。对于经营项目比较复杂的企业，有必要设置专职税务人员进行税务筹划。税务管理岗位人员应该具有从事财务工作的经验，了解营业税、增值税、企业所得税相关法律法规，责任心强，作风严谨，工作认真，有较强的人际沟通与协调能力。

税务管理岗位人员量化考核表(示例)如表11-37所示。

表11-37 税务管理岗位人员量化考核表(示例)

指标	权重	考核描述	绩效目标值
税费核算差错金额	20%	日常税费核算准确，减少错误	小于____元
税费缴纳及时率	20%	日常税费及时缴纳，避免欠税漏税	达到____%
税费缴纳差错金额	15%	日常税费缴纳准确，减少错误	小于____元
税负降低的金额	15%	通过税收筹划降低纳税额	达到____元
税务报表提交及时率	15%	按照要求及时提交税务报表	达到____%
税务报表差错率	15%	税务报表编制准确，避免差错	低于____%

11.8.7 审计岗位人员量化考核

审计岗位人员的主要职责是利用各种审计手段及时发现资产和资金使用、业务和管理流程中的漏洞，采取预警和控制措施。审计岗位人员应该有较深厚的财务背景，具备沟通协调能力、计划组织能力，有较强的原则性。

审计岗位人员量化考核表(示例)如表11-38所示。

表11-38 审计岗位人员量化考核表(示例)

指标	权重	考核描述	绩效目标值
审计计划执行率	20%	按计划进行定期或不定期的审计	达到____%
审计报告及时提交率	20%	按要求及时编制审计报告	达到____%
审计报告一次性通过率	15%	提高审计报告质量，减少差错	达到____%

(续表)

指标	权重	考核描述	绩效目标值
审计问题跟踪检查率	10%	持续跟踪审计问题，闭环解决	达到____%
审计结果准确性	10%	减少审计更正	少于____次
审计报告归档率	10%	审计报告在规定时间内进行归档	达到____%

> **小贴士：要想牵出牛，重要的是先找到牛鼻子**
>
> 　　找到某岗位的系列考核指标不难，真正的难点是找到适合当前场景、能牵引核心目标实现的指标。此外，对于考核指标的选取，目标赋值远远比指标本身更加重要。如果能真正理解指标背后的牵引导向，即便放弃所有的表格工具，企业上下也必定会同心协力，无往不利！

第12章 操作辅助类员工绩效考核量化设计

操作辅助类员工指的是在企业一线从事生产、促销、文员、司机等岗位工作的人员。这类岗位门槛相对不高，重复性工作内容比较多，业务技能的提升主要依靠随工作时间和操作次数的积累。他们的工作更多来自主管布置的中短期任务，工作产出在短期内也相对容易显性量化。因此，绩效考核时，应从他们的工作产出即数量、质量、效率、成本等方面进行衡量，工作态度的考评则偏重于员工在劳动纪律、责任心和执行力等方面的表现。

操作辅助类员工通过努力可以实现操作技能的提升，但如果要转向一个优秀的专业技术人员，则需要在责任、技能、心态、考核激励模式上进行转换。在责任方面，影响范围扩大，要更多地考虑对周边和全流程的影响；在技能方面，需要有更高的复杂度，并且需要在面对变化时有更强、更灵活的处理能力；在心态方面，要从被动安排变成主动经营，为实现目标而非为挣"工分"而工作；在考核激励模式方面，从计件、计时的过程计量性质转变为以工作成果为衡量标准的结果计量性质。

12.1 操作辅助类员工绩效考核管理办法

对于操作辅助类员工的考核，需要从考核原则、考核内容、考核周期、考核结果等方面进行明确。因为他们的工作相对标准化，多数情况下不采用目标管理制，而直接用考核量表对照绩效衡量标准对产出、态度、能力进行考核。以下提供××公司操作辅助类员工绩效考核管理办法，供大家参考。

××公司操作辅助类员工绩效考核管理办法(示例)

一、考核目的

(1) 加强上下级员工之间的有效沟通，达成管理的创新与改善。

(2) 客观评价员工工作绩效，帮助员工了解工作要求，找出差距，促进工作绩效持续提高。激发员工的积极性、主动性和创造性，提高员工基本素质和工作效率。

(3) 通过规范化的考核，客观、公正评价员工工作绩效，为薪资发放、评优、异动晋升、员工职业规划等提供依据，提高员工对企业管理制度的满意度。

二、适用范围

本管理办法适用于各车间全体操作员工及行政辅助类岗位员工。

三、考核原则

(1) 客观原则。所有考核者要做到以事实为依据，尽可能用量化指标来衡量被考核者的工作成果及进步状况，对被考核者的评价应有客观依据。

(2) 公正原则。考核者以提高下属的工作绩效和工作能力为最终目标，应做到客观、公正，不应该以个人好恶为标准，凭主观感觉进行考核。

(3) 沟通原则。在考核过程中，考核者和被考核者要开诚布公地进行沟通与交流，考核结果应及时反馈给被考核者。

四、工作职责

(1) 生产管理部/行政部。负责组织制定绩效考核方案，组织推进、监督操作辅助类员工的绩效考核工作。

(2) 人力资源部。协助制定、优化绩效考核方案，开展相关培训及宣贯工作，监督考核过程的规范性和合法性，对考核结果进行审核和备案。

(3) 车间/行政部。负责本车间和行政辅助人员的绩效考核工作，持续提高本车间和操作人员的工作绩效。

(4) 车间班组/行政主管。负责对部属进行认真评估，提升绩效及团队士气。

五、绩效考核权限

(1) 绩效考核小组由三人组成，主体考核者(员工的直接上级)负责为员工评分，考核小组其他两位成员参与并监督考核过程。

(2) 生产总监和总经理虽然不是各岗位员工的最终考核人，但是保留对考核结果的建议权，并参加绩效考核相关会议，提出培训、岗位晋升以及处罚的相关要求。

(3) 考核者应该熟练掌握绩效考核相关表格、流程、制度，做到及时与被考核者进行沟通并向其进行信息反馈，公正地完成考核工作。

六、考核内容

1. 绩效考核具体内容说明

(1) 工作业绩。工作业绩的考核主要从工作任务完成的数量、质量、效率、成本节约或者耗费等方面进行设计。

硬指标，即有明确的数字达成来源的指标。通过设定计算公式及评分标准确定硬指标的考核方法。

软指标，即没有明确的数字达成来源或目前不具备量化条件、量化成本较高的指标。软指标应明确工作要求，制定具体的、易于量化的评分标准。

(2) 工作态度。工作态度统一考核4个指标，分别为纪律性、责任与敬业精神、积极性、团队合作意识。

各部门依据部门管理需要，对此上述6个指标明确考核要求，考核前应明确告知员工。考核时，直接上级依据下属的日常行为表现、关键事件进行考核评分。工作态度每月进行考核，年度考核时取用本年度内月度工作态度考核得分的平均值，不再另行考核。

(3) 工作技能。工作技能统一考核4个指标，分别为岗位知识、操作技能、问题解决能力、团队合作能力。

(4) 奖惩，具体包括以下两方面。

①月度考核时，员工当期的奖惩归入相关的考核指标进行考核。

②员工本年度与工作相关的奖惩情况作为年度考核的奖惩加减分，通报表扬5分/次，嘉奖10分/次；书面警告5分/次，记过及以上10分/次。

2. 考核内容权重分配(见表1)

表1 考核内容权重分配

考核周期	考核内容	分值	考核指标
月度	工作业绩	60分	工作量(15分) 工作效率(15分) 质量与成本(10分) 安全与规范(10分) *贡献(10分)
	工作态度	20分	纪律性(4分) 责任与敬业(4分) 主动性(4分) 合作性(4分) 5S(4分)
	工作技能	20分	岗位知识(5分) 作业技能(5分) 问题解决能力(5分) 团队合作能力(5分)
年度	取月度考核得分平均值		

3. 考核标准制定

(1) 各指标制定标准：轻微违规扣1分/次；一般性违规扣2分/次；较严重违规或口头

警告扣3分/次；严重违规或书面警告扣4～6分/次；情节特别严重的，本项得0分。

(2) "*贡献"为得分制，制定标准：无贡献为0分；有价值的改善建议得1分/次；价值相当于1000元以上的贡献得2分/次；价值相当于5000元以上的贡献得3～5分/次；价值相当于1万元以上的贡献得6分/次。得分不超过本项总分值。

(3) 员工当月获记过处分者，当月考核得分不得高于80分；获记大过处分者，当月考核得分不得高于60分。

七、考核流程

1. 月度考核流程

(1) 每月1日前，员工对上月工作进行自评，提交上月考核表，有需要时向直接上级提交工作成果、报表或报告。如果当月考核指标需要调整，一并提交当月考核表，列明调整建议。

(2) 每月3日前，直接上级对下属员工上月绩效进行评价及考核评分，填写所有下属的上月考核表及绩效考核结果汇总表，并逐级上报；同时，与下属确定当月考核表内容。

(3) 每月5日前，部门指定专人汇总本部门考核结果，汇总成部门绩效考核结果汇总表，经部门负责人签批后，将绩效考核结果汇总表电子版及手签版原件提交人力资源部。

(4) 每月10日前，直接上级向员工反馈上月考核结果，如员工考核等级为一般或较差，则需要进行绩效面谈，帮助下属制订绩效改进计划。双方签名确认上月考核结果，原件由上级或由部门安排专人保管。

2. 年度考核流程

(1) 每年1月8日前，直接上级对下属员工进行评价及考核评分，审核员工工作业绩、工作态度、工作技能月度考核得分，计算平均分，结合当年奖惩情况，得出年度考核结果，填写所有下属的上一年度考核表及年度绩效考核结果汇总表，逐级上报。

(2) 每年1月15日前，直接上级应向下属反馈年度考核结果，与下属进行绩效面谈，帮助下属制订工作改进计划及能力提升计划。双方在考核表上签名确认。

(3) 每年1月20日前，各部门指定专人收齐上一年员工绩效考核表(年度)原件，交人力资源部。人力资源及行政部审核无误后，存入员工档案。

八、考核结果等级分布(见表2)

表2 考核结果等级分布

考核分数段	考核等级	描述
得分≥90分	优	主动完成具有挑战性的工作，绩效完全达到或超出目标和要求，各方面表现特别出色，在团队内部起到较好的表率与标杆作用；工作态度、工作能力表现优秀
80≤得分<90	良	绩效达到或部分超出目标和要求，工作表现出色；工作态度、工作能力表现比较优秀
70≤得分<80	中	绩效大部分达到目标和要求，无明显的失误或差错；工作态度、工作能力表现比较优秀或一般
60≤得分<70	一般	绩效少部分未达到目标和要求，工作存在明显的不足或失误；工作态度、工作能力表现一般
得分<60	较差	工作绩效整体未达到或某项重要指标远未达到目标和要求，不足与失误较多；工作态度、工作能力表现一般或较差

九、员工参加考核说明

(1) 所有在岗且出勤的各级员工均应参加考核，包括新入职员工。

(2) 考核周期内未出勤的员工，不参加当期考核。

(3) 考核周期内发生职位调整的员工，由原职位直接上级提前考核，将考核得分交员工新职位直接上级。在正常考核时，新职位直接上级参考原职位直接上级考核意见，对员工进行考核。考核周期结束后发生职位调整的员工，由原职位直接上级负责考核。职位调整日期以相关表单注明的生效日期为准。

(4) 考核周期内离职的员工，应提前至离职前完成考核，并出具考核结果。

十、绩效考核结果应用

绩效考核结果与绩效奖金、工资调整、年度分红、异动晋升密切挂钩。

十一、绩效考核申诉

(1) 员工如对绩效考核结果有异议，首先向直接上级提出；若不能达成共识，可向直接上级的上级或部门负责人提出；员工对部门内部的处理意见仍有异议的，可向考核审查小组提出申诉。员工应在接到考核结果的3个工作日内填写"绩效考核申诉表"，并连同相关资料一起交至考核审查小组，过期申诉不予受理。

(2) 考核审查小组由厂长、人力资源部经理、被考核者所在部门负责人、考核者上司等。

(3) 在员工申诉期间，暂以上级意见为准统计考核结果，待申诉完成后，依据申诉结果调整考核结果。如需调整考核结果，部门重新填写"绩效考核结果汇总表"，经审批后，提交人力资源部。

本考核办法的解释权归属人力资源部，未尽事宜或有冲突之处以公司相关制度为准。

××公司人力资源部
2022年×月×日

12.2 生产操作工量化考核

生产操作工一般指车间生产一线的操作人员，他们的劳动绩效考核多数以计件或计时方式进行。生产操作工需要按照要求完成生产任务，协助设备维护，并负责车间内的清洁卫生与工具摆放。生产操作工应该了解产品相关工艺和生产流程、产品性能方面的知识，熟悉机械操作，工作规范意识强，具备吃苦耐劳、踏实肯干的工作态度。

生产操作工量化考核表(示例)如表12-1所示。

表12-1 生产操作工量化考核表(示例)

考核项目	权重	指标	评价等级				得分
			优	良	中	差	
生产任务完成情况	30%	生产计划完成率	10	8	6	2	
		生产定额完成率	10	8	6	2	
		服从生产调度情况	10	8	6	2	
岗位作业指导要求	10%	岗位作业指导要求执行情况	10	8	6	2	
质量指标	20%	产品交验合格率	8	6	4	2	
		投入产出率	6	5	3	0	
		工艺标准执行情况(点检、首检等相关质量记录)	6	5	3	0	
设备维护使用	20%	使用设备工具的合理性	5	3	2	1	
		设备模具维护保养	5	3	2	1	
		设备利用率	5	3	2	1	
		设备模具故障率	5	3	2	1	
5S执行情况	20%	工作现场、卫生包干区的清洁程度	4	3	1	0	
		劳保用品穿戴情况	4	3	2	1	
		文明操作及现场维持程度	4	3	1	0	
		安全生产	4	3	1	0	
		出勤	4	3	2	1	
持续改进	加分项目	节能降耗(节约资金超过一定额度)	6	5	4	2	
		提高效率	6	5	4	2	
		合理化建议所带来的收益超过一定额度	4	3	2	1	

优、良、中、差的评分标准可以参考生产操作工评分标准说明表，如表12-2所示。

表12-2 生产操作工评分标准说明表(示例)

指标	评分标准			
	优	良	中	差
生产计划完成率(X)	$X=100\%$	$95\% \leq X < 100\%$	$90\% \leq X < 95\%$	$<90\%$
生产定额完成率(X)	$X=100\%$	$95\% \leq X < 100\%$	$90\% \leq X < 95\%$	$<90\%$
服从生产调度情况	完全服从	基本服从	一次不服从	两次不服从
岗位作业指导要求执行情况	全部按照作业指导书操作	基本按照作业指导书操作	部分按照作业指导书操作	极少按照作业指导书操作
产品交验合格率(X)	$X>97\%$	$96\% \leq X < 97\%$	$95\% \leq X < 96\%$	$94\% \leq X < 95\%$
投入产出率(X)	$X>99.5\%$	$99.4\% \leq X < 99.5\%$	$99.2\% \leq X < 99.4\%$	$99\% \leq X < 99.2\%$
工艺标准执行情况(点检、首检等相关质量记录)	严格按照工艺标准操作	未违反工艺质量纪律	违反一次工艺质量纪律	违反两次工艺质量纪律
使用设备工具的合理性	正确使用，维护得当，工具领用定额节约10%以上	不按规定要求使用工具但未造成经济损失	不能正确使用工具并造成1000元以下经济损失	不能正确使用工具并造成1000元以上经济损失
设备模具维护保养	严格按照操作规程要求	只能维持设备的正常运转	设备运转不正常，一次未按照要求点检	设备运转不正常，两次未按要求点检
设备利用率(X)	$X>95\%$	$90\% \leq X < 95\%$	$85\% \leq X < 90\%$	$X<85\%$
设备模具故障率	无	人为造成一般设备故障	人为造成严重设备故障	人为多次造成严重设备故障
工作现场、卫生包干区的清洁程度	环境整洁	一处不整洁	两处不整洁	三处以上不整洁
劳保用品穿戴情况	穿戴整齐	穿戴不齐全一次	穿戴不齐全两次	穿戴不齐全三次以上
文明操作及现场维持程度	按规程操作，现场定置管理好	能按规程操作	操作混乱，定置管理意识差	极差
安全生产	安全意识强，无违章行为	未违反安全生产纪律	违反安全生产纪律1次	违反安全生产纪律2次
出勤	全勤	无迟到、早退，但有病事假不超过2天	1次以上迟到、早退或病事假3天，未刷卡1次	2次以上迟到、早退或病事假5天，未刷卡2次
节能降耗(节约资金超过一定额度)(X)/元	$X \geq 1000$	$500 \leq X < 1000$	$200 \leq X < 500$	$X<200$
提高效率(X)	$X \geq 10\%$	$5\% \leq X < 10\%$	$3\% \leq X < 5\%$	$X<3\%$
合理化建议所带来的收益超过一定额度(X)/元	$X>1000$	$500 \leq X < 1000$	$200 \leq X < 500$	$X<200$

12.3 库管员量化考核

库管员负责企业的仓储管理,他们需要按照企业规定办理物料出入库手续、进行相关盘点、记录,并保证物料安全。库管员应熟悉物料仓储运作基本方法和工作流程,掌握企业生产经营中各种物料和产品的基本情况,工作细心,办事稳重,工作计划性强,坚持按规章制度办事,不徇私情、不牟私利。

库管员量化考核表(示例)如表12-3所示。

表12-3 库管员量化考核表(示例)

考核项目	权重	指标	评价等级 优	良	中	差	得分
库存管理	40%	入库准确率	10	8	6	3	
		出库准确率	10	8	6	3	
		出入库单据填写准确率	10	8	6	3	
		出入库台账及时登记率	10	8	6	2	
岗位作业指导要求	10%	岗位作业指导要求执行情况	10	8	6	2	
库存质量	20%	收发业务检查	5	4	3	2	
		先进先出管理	5	4	3	2	
		废料清退及时性	10	8	5	2	
设备维护使用	10%	仓储设备利用率	10	8	5	2	
5S执行情况	20%	工作现场、卫生包干区的清洁程度	5	3	1	0	
		文明操作及现场维持程度	5	3	1	0	
		安全生产	5	3	1	0	
		出勤	5	3	2	1	
持续改进	加分项目	节能降耗(节约资金超过一定额度)	6	5	4	2	
		提高效率	6	5	4	2	
		合理化建议所带来的收益超过一定额度	4	3	2	1	

优、良、中、差的评分标准可以参考库管员评分标准说明表,如表12-4所示。

表12-4 库管员评分标准说明表

指标	评分标准 优	良	中	差
入库准确率(X)	X=100%	95%≤X<100%	90%≤X<95%	X<90%
出库准确率(X)	X=100%	95%≤X<100%	90%≤X<95%	X<90%
出入库单据填写准确率	每月抽查无差错	每月抽查1次差错	每月抽查2次差错	每月抽查3次以上差错

(续表)

指标	评分标准			
	优	良	中	差
出入库台账及时登记率(X)	X=100%	97%≤X<100%	95%≤X<97%	X<95%
岗位作业指导要求执行情况	全部按照作业指导书操作	基本按照作业指导书操作	部分按照作业指导书操作	极少按照作业指导书操作
收发业务检查	每月抽查无不合格	每月抽查1次不合格	每月抽查2次不合格	每月抽查3次以上不合格
先进先出管理	每月根据先进先出要求和物料保管期限要求检查，无不合格	每月根据先进先出要求和物料保管期限要求检查1次不合格	每月根据先进先出要求和物料保管期限要求检查2次不合格	每月根据先进先出要求和物料保管期限要求检查3次以上不合格
仓储设备利用率(X)	X>95%	90%≤X<95%	85%≤X<90%	X<85%
工作现场、卫生包干区的清洁程度	环境整洁	1处不整洁	2处不整洁	3处以上不整洁
文明操作及现场维持程度	按规程操作，现场定置管理好	能按规程操作	操作混乱，定置管理意识差	极差
安全生产	安全意识强，无违章行为	未违反安全生产纪律	违反安全生产纪律1次	违反安全生产纪律2次
出勤	全勤	无迟到、早退，有病事假不超过2天	1次以上迟到、早退或病事假3天，未刷卡1次	2次以上迟到、早退或病事假5天，未刷卡2次
节能降耗(节约资金超过一定额度)(X)/元	X≥1000	500≤X<1000	200≤X<500	X<200
提高效率(X)	X≥10%	5%≤X<10%	3%≤X<5%	X<3%
合理化建议所带来的收益超过一定额度(X)/元	X>1000	500≤X<1000	200≤X<500	X<200

12.4 配送员量化考核

配送员负责企业产品、配件的配送，他们是客户或合作伙伴取得产品的"最后一公里"。配送员负责备货、分拣、配送，他们应该了解产品基本知识，了解软、硬标签装订的适用范围及方法，能熟练操作理货区各种设备，熟悉搬运、摆放要求。配货员应该吃苦耐劳、工作细心、规范性好、执行力强。

配送员可以按照配送阶段进行业绩评分，量化考核表(示例)如表12-5所示。

表12-5 配送员量化考核表(示例)

考核项目	权重	指标	评价等级				得分
			优	良	中	差	
配送前	20%	分拣准确率	5	4	3	1	
		紧急订单响应率	5	4	3	1	
		按时发货率	10	8	6	3	
配送中	50%	配送延误率	10	8	6	3	
		货物破损率	10	8	6	0	
		货物差错率	10	8	6	3	
		货物丢失率	10	7	4	0	
		签收单返回率	10	8	4	2	
配送后	20%	通知及时率	5	3	1	0	
		客户投诉	5	3	1	0	
		客户满意度	10	8	5	0	
岗位作业指导要求	10%	岗位作业指导要求执行情况	10	8	6	2	
持续改进	加分项目	节能降耗(节约资金超过一定额度)	6	5	4	2	
		提高效率	6	5	4	2	
		合理化建议所带来的收益超过一定额度	4	3	2	1	

优、良、中、差的评分标准可以参考配送员评分标准说明表,如表12-6所示。

表12-6 配送员评分标准说明表

指标	评分标准			
	优	良	中	差
分拣准确率(X)	$X=100\%$	$98\%\leq X<100\%$	$97\%\leq X<98\%$	$X<97\%$
紧急订单响应率(X)	$X=100\%$	$95\%\leq X<100\%$	$90\%\leq X<95\%$	$X<90\%$
按时发货率(X)	$X=100\%$	$98\%\leq X<100\%$	$95\%\leq X<98\%$	$X<95\%$
配送延误率	所有产品、配件配送无延误	配送有1次延误	配送有2次延误	配送有3次以上延误
货物破损率(X)	货物无破损	$X<1\%$	$1\%\leq X<2\%$	$X>2\%$
货物差错率	货物无差错	出现1次差错	出现2次差错	出现3次以上差错
货物丢失率	货物无丢失	出现1次丢失	出现2次丢失	出现3次以上丢失
签收单返回率(X)	$X=100\%$	$98\%\leq X<100\%$	$97\%\leq X<98\%$	$X<97\%$
通知及时率(X)	$X=100\%$	$98\%\leq X<100\%$	$97\%\leq X<98\%$	$X<97\%$
客户投诉	无客户投诉	出现1次客户投诉	出现2次客户投诉	出现2次以上严重投诉
客户满意度(X)	$X\geq 99\%$	$95\%\leq X<99\%$	$90\%\leq X<95\%$	$X<90\%$
岗位作业指导要求执行情况	全部按照作业指导书操作	基本按照作业指导书操作	部分按照作业指导书操作	极少按照作业指导书操作
节能降耗(节约资金超过一定额度)(X)/元	$X\geq 1000$	$500\leq X<1000$	$200\leq X<500$	$X<200$
提高效率(X)	$X\geq 10\%$	$5\%\leq X<10\%$	$3\%\leq X<5\%$	$X<3\%$
合理化建议所带来的收益超过一定额度(X)/元	$X>1000$	$500\leq X<1000$	$200\leq X<500$	$X<200$

12.5 导购员量化考核

导购员在零售终端直接面向最终消费者,他们通过介绍和引导促进消费者的购买决策和购买行为。导购员负责商品的陈列、导购,他们需要对产品的卖点有清晰的认识,需要具备良好的沟通影响力,服务意识强,抗压力强。

导购员量化考核表(示例)如表12-7所示。

表12-7 导购员量化考核表(示例)

考核项目	权重	指标	评价等级				得分
			优	良	中	差	
商品管理	20%	补货及时率	5	4	3	1	
		商品陈列合格率	5	4	3	1	
		商品不良品率	10	8	6	3	
商品导购	50%	销售任务完成率	30	20	10	5	
		销售数据正确率	10	8	6	0	
		销售记录提交及时率	10	8	6	0	
客户管理	30%	客户投诉	10	8	6	0	
		客户信息收集率	10	8	6	3	
		客户服务响应率	10	8	6	3	
持续改进	加分项目	合理化建议所带来的收益超过一定额度	5	4	2	1	

优、良、中、差的评分标准可以参考导购员评分标准说明表,如表12-8所示。

表12-8 导购员评分标准说明表

指标	评分标准			
	优	良	中	差
补货及时率	从未缺货	缺货1次	缺货2次	缺货3次以上
商品陈列合格率(X)	$X=100\%$	$95\%\leq X<100\%$	$90\%\leq X<95\%$	$X<90\%$
商品不良品率	按照商品陈列规范,无不良品上架	抽查到1个不良品上架	抽查到2个不良品上架	抽查到3个以上不良品上架
销售任务完成率(X)	$X>100\%$	$98\%\leq X\leq100\%$	$90\%\leq X<98\%$	$X<90\%$
销售数据正确率	抽查全部准确	抽查到小于等于2次的数据错误	抽查到小于等于3次的数据错误	抽查到3次以上的数据错误
销售记录提交及时率(X)	$X=100\%$	$90\%\leq X<100\%$	$85\%\leq X<90\%$	$X<85\%$
客户投诉	无客户投诉	出现1次客户投诉	出现2次客户投诉	出现2次以上严重投诉
客户信息收集率	收集到100条以上客户信息	收集到90条以上客户信息	收集到70条以上客户信息	收集到70条以下客户信息
客户服务响应率	无响应怠慢情况	抽查到1次响应怠慢情况	抽查到2次响应怠慢情况	抽查到3次以上响应怠慢情况
合理化建议所带来的收益超过一定额度(X)/元	$X>2000$	$1000\leq X<2000$	$500\leq X<1000$	$X<500$

12.6 呼叫中心座席员量化考核

呼叫中心座席员主要负责通过呼叫热线接听客户来电、电话客户回访等工作。呼叫中心座席员需要有较强的文字写作能力和沟通协调能力,要能够熟练使用办公自动化软件,普通话标准,服务意识强,应变能力强。

呼叫中心座席员量化考核表(示例)如表12-9所示。

表12-9 呼叫中心座席员量化考核表(示例)

考核项目	权重	指标	评价等级				得分
			优	良	中	差	
接听热线	50%	呼叫平均响应时长	10	8	6	3	
		电话接听率	10	8	6	3	
		转接率	10	8	6	3	
		平均处理时间	10	8	6	3	
		非工作态平均时长	10	8	6	3	
客户回访	10%	客户回访任务完成率	10	8	6	3	
客户管理	40%	客户满意度	20	15	10	5	
		呼叫记录完整率	10	8	6	4	
		客户投诉	10	8	4	0	
持续改进	加分项目	合理化建议所带来的收益超过一定额度	5	4	2	1	
		工作量超过一定的数量	5	4	2	0	

优、良、中、差的评分标准可以参考座席员评分标准说明表,如表12-10所示。

表12-10 呼叫中心座席员评分标准说明表

指标	评分标准			
	优	良	中	差
呼叫平均响应时长(X)	$X \leq 2$秒	2秒$\leq X < 3$秒	3秒$\leq X < 4$秒	$X \geq 4$秒
电话接听率(X)	$X = 100\%$	$98\% \leq X < 100\%$	$95\% \leq X < 98\%$	$X < 95\%$
转接率(X)	$X < 2\%$	$2\% \leq X < 4\%$	$4\% \leq X < 7\%$	$X > 7\%$
平均处理时间(X)	$X < 90$秒	90秒$\leq X < 120$秒	120秒$\leq X < 130$秒	$X > 130$秒
非工作态平均时长/每小时	$X < 200$秒	200秒$\leq X < 240$秒	240秒$\leq X < 260$秒	$X > 260$秒
客户回访任务完成率(X)	$X = 100\%$	$98\% \leq X < 100\%$	$95\% \leq X < 98\%$	$X < 95\%$
客户满意度(X)	$X = 100\%$	$98\% \leq X < 100\%$	$95\% \leq X < 98\%$	$X < 95\%$
呼叫记录完整率(X)	$X = 100\%$	丢失2条以内	丢失5条以内	丢失超过5条
客户投诉	无客户投诉	出现2次以下客户投诉	出现4次以下客户投诉	出现4次以上严重投诉
合理化建议所带来的收益超过一定额度(X)/元	$X > 2000$	$1000 \leq X < 2000$	$500 \leq X < 1000$	$X < 500$
工作量超过一定的数量(X)/次	$X > 2000$	$1500 \leq X < 2000$	$1200 \leq X < 1500$	$X < 1200$

12.7 前台接待量化考核

前台是一个企业的门面,可以称为"企业的第一张脸",前台工作的称职与否直接关系到企业整体形象的好坏和业务开展质量的高低。前台接待人员负责接待来访的客户、及时接听电话、处理相关函件。前台接待人员一般需要熟悉办公室行政管理知识及工作流程,要有较好的沟通表达能力及服务意识,工作有条理、细致、认真,有责任心。

前台接待量化考核表(示例)如表12-11所示。

表12-11 前台接待量化考核表(示例)

考核项目	权重	指标	评价等级				得分
			优	良	中	差	
客人接待	40%	接待记录完整率	10	8	6	3	
		接待记录准确率	10	8	6	3	
		着装礼仪规范度	20	15	10	5	
接听电话	20%	电话接听及时率	10	8	6	3	
		重要电话记录准确度	10	8	6	3	
员工服务	20%	函件收发及时率	10	8	6	3	
		服务响应时间	10	8	6	3	
投诉	10%	服务投诉次数	10	8	6	0	
5S执行情况	10%	工作现场整洁程度	10	8	6	0	
持续改进		被采纳的合理化建议数	5	4	2	1	

优、良、中、差的评分标准可以参考前台接待评分标准说明表,如表12-12所示。

表12-12 前台接待评分标准说明表

指标	评分标准			
	优	良	中	差
接待记录完整率(X)	$X=100\%$	$98\%\leq X<100\%$	$96\%\leq X<98\%$	$X<96\%$
接待记录准确率(X)	$X=100\%$	$98\%\leq X<100\%$	$96\%\leq X<98\%$	$X<96\%$
着装礼仪规范度	着装礼仪全部符合公司规范	抽查1次不合格	抽查2次不合格	抽查3次以上不合格
电话接听及时率(X)	$X=100\%$	$98\%\leq X<100\%$	$95\%\leq X<98\%$	$X<95\%$
重要电话记录准确度	重要电话全部记录完整准确	抽查1次不合格	抽查2次不合格	抽查3次以上不合格
函件收发及时率	100%及时准确	1次延迟或错误	2次延迟或错误	3次以上延迟或错误
服务响应时间	按照服务级别协议要求均能及时响应	1次延迟	2次延迟	3次以上延迟
服务投诉次数	无投诉	出现2次以下内外部投诉	出现4次以下内外部投诉	出现4次以上内外部严重投诉
工作现场整洁程度	环境整洁	1处不整洁	2处不整洁	3处以上不整洁
被采纳的合理化建议数	3条以上合理化建议被采纳	2条合理化建议被采纳	1条合理化建议被采纳	无被采纳的合理化建议

12.8 行政文员量化考核

行政文员指的是在各业务部门或行政部门从事日常行政性支持工作的人员,他们需要维护管理好办公用品、部门设备,帮助员工安排机票、酒店事宜,协助组织开展相关会议、活动等。行政文员应该熟练使用各种办公设备和常用办公软件,工作敬业、细心,有服务意识,有合作性,并有一定的保密意识。

行政文员可以从工作量、规范度、效率方面进行评价,行政文员量化考核表(示例)如表12-13所示。

表12-13 行政文员量化考核表(示例)

考核项目	权重	指标	评价等级				得分
			优	良	中	差	
会务工作	30%	会务规范度	20	15	10	5	
		会议纪要及时、准确性	10	7	4	1	
文档管理	20%	文本制作任务完成率	10	7	4	2	
		文件收发及时、准确率	5	4	3	1	
		文档管理规范度	5	4	3	1	
人员接待	10%	人员接待规范性	10	8	5	0	
员工服务	10%	员工服务满意度	10	8	5	0	
人事工作	10%	考勤管理准确度	5	4	3	1	
		人员盘点准确率	5	4	3	1	
办公设备管理	10%	办公设备利用率	5	3	2	1	
		办公用品管理供应及时率	5	3	2	1	
5S执行情况	10%	工作现场、卫生包干区的清洁程度	5	3	1	0	
		出勤	5	3	2	1	

优、良、中、差的评分标准可以参考行政文员评分标准说明表,如表12-14所示。

表12-14 行政文员评分标准说明表

指标	评分标准			
	优	良	中	差
会务规范度	按照会议准备规范要求,会前通知到位,场地妥当,设备完备,会前支持有力,100%完成	有1次严重错误	有2次严重错误	有3次以上严重错误
会议纪要及时、准确性	100%及时准确	1次延迟或错误	2次延迟或错误	3次以上延迟或错误
文本制作任务完成率(X)	$X=100\%$	$95\% \leq X < 99\%$	$90\% \leq X < 95\%$	$X < 90\%$
文件收发及时、准确率	100%及时准确	1次延迟或错误	2次延迟或错误	3次以上延迟或错误
文档管理规范度	每月抽查无不合格	每月抽查1次不合格	每月抽查2次不合格	每月抽查3次以上不合格

(续表)

指标	评分标准			
	优	良	中	差
人员接待规范性	每月抽查无不合格	每月抽查1次不合格	每月抽查2次不合格	每月抽查3次以上不合格
员工服务满意度(差旅支持)(X)	$X=100\%$	$95\% \leq X < 99\%$	$90\% \leq X < 95\%$	$X < 90\%$
考勤管理准确度	无错误	1次错误	2次错误	3次以上错误
人员盘点准确率	100%准确	$97\% \leq X < 99\%$	$95\% \leq X < 97\%$	$X < 95\%$
办公设备利用率(X)	$X > 95\%$	$90\% \leq X < 95\%$	$85\% \leq X < 90\%$	$X < 85\%$
办公用品管理供应及时率	无延误	1次延迟供应	2次延迟供应	3次以上延迟供应
工作现场、卫生包干区的清洁程度	环境整洁	1处不整洁	2处不整洁	3处以上不整洁
出勤	全勤	无迟到、早退，有病事假不超过2天	1次以上迟到、早退或病事假3天，未刷卡1次	2次以上迟到、早退或病事假5天，未刷卡2次

> **小贴士**：使用再好的考核表也不如找到一个积极主动有责任心的人

操作辅助类岗位考核多数是从"不出错"的角度出发的，员工按要求做就能防止意外发生。这些岗位虽然技能门槛低，但真正做到精深还需要员工发自内心地热爱岗位工作。强制要求可以避免出错，但培养不出一个高绩效的员工。在信息高度发达、组织日益扁平化的时代，任何员工和客户都是"零"距离，只有每个人都能向客户、上下游传递积极主动、有责任心的正能量，才能形成一个高绩效的组织。

第2篇 提升篇

绩效经理的主要职责：

- 拟制并维护企业绩效考核制度，推进绩效考核的实施；
- 根据业务特点设计并组织实施基于战略的绩效管理系统；
- 进行员工群体绩效分析，完成群体绩效分析报告并组织改进；
- 进行群体绩效诊断，完成组织绩效分析报告并组织改进；
- 准确把握组织成功要素，落实组织绩效考核结果。

读完本部分，您应该掌握如下技能：

掌握从战略到执行的绩效管理系统设计方法；

掌握绩效指标库的构建方法；

掌握基于战略的中高层管理者绩效考核方案；

能设计合适的组织绩效考核方案，对组织或团队进行考核；

能独立输出组织绩效考核结果并进行应用闭环；

具有进行企业战略解读的能力。

绪言　中坚力量　从战略到执行

——写给那些"有担当"的绩效经理

学完了第1篇内容，掌握了绩效考核体系，了解了考核方法和考核表的使用方法，对于绩效管理，你已经入门了！但如果你认为自己可以从容地应对绩效考核，那就错了！

你很快便会发现，在现实企业中，绩效管理有些"曲高和寡"。你拿着方案和表格找领导，领导说："我今年业务压力那么大，工作重点是提高业务量，绩效考核交给人力资源部门负责吧，最后把结果告诉我就可以了。"听了领导的意见，你不禁陷入困惑，领导的态度，传达的是信任还是放任？

很快你又会发现，面对中层，自己可能"孤掌难鸣"。你向中层主管解释了业绩、能力、态度三要素，拿出几张量化考核表请他们配合，然而他们对此不以为意。

接下来你又发现，面对数据，你只能"自娱自乐"。日复一日，绩效管理似乎成了没有技术含量的案头工作。领导可能会说："我支持你，考核做了，工资调了，奖金也发了，但业务量并没有提升，绩效管理到底起到什么作用呢？"

或许你也会感到困惑，考核做了，优秀员工评了，末位员工也被淘汰了，自己还应该做些什么呢？

笔者曾经和某位CEO交谈，这位CEO对100%的业务增长量颇为自喜，笔者便问他："行业整体增长150%，你怎能因100%的增长而自喜？再者，你规划了下一年的蓝图，那有没有人为此在员工能力、团队建设、组织发展方面做准备？"

在这里需要再次强调，绩效管理是个系统，它不仅是人力资源管理系统的一部分，更是业务管理系统的一部分；绩效考核不仅要做好指标分解，更要实现企业上下战略解读的一致性；绩效考核不仅要考核数据比例，更应强调导向明晰和重点突出；绩效考核不仅针对员工个人，更面向组织和团队。

做正确的事，常常比正确地做事更重要。优秀的绩效经理，应该成为领导的顾问和业务人员的伙伴，可以解读战略、促进变革、凝聚团队、引导人心，打通从战略到执行的每一个环节，从而成就由平庸到卓越的绩效管理之路。现在，就让我们沿着绩效管理的"康庄大道"向前进发吧！

第13章 战略绩效考核方法

战略绩效考核方法是基于企业发展战略来设计的。绩效管理工具、绩效考核表是考核的载体和管道，战略则是流动其中之水，是灵魂。"水无定势"，故而不同行业、不同发展阶段、不同价值导向的企业战略也不相同。没有战略，僵化的考核很可能就把企业"考"死了。如何进行基于战略的绩效考核？本章介绍几种主流的战略绩效考核方法供大家参考。在现实操作中，往往可以根据不同情况将多种考核方法组合使用。

13.1 目标管理考核法

目标管理考核法比较常见，它假设人对明确的工作目标会更有主动性和参与感，能够更加积极地为之努力。管理者考核的目的在于促进目标结果的达成。

13.1.1 目标管理考核法简介

目标管理考核法于20世纪50年代在美国产生。目标管理考核法倡导者认为，传统管理学派倡导严格管理，它以工作为中心，员工干什么、怎么干都由管理部门来规定，忽视了人的主观能动性；行为管理学派倡导放手管理，过于强调人的主观能动性，干什么、怎么干都由员工自主决定，但忽视了人与工作的结合，降低了管理的严格程度，容易使员工放任自流。实践证明，无论是传统管理学派还是行为管理学派，都有它们自身的缺陷。

目标管理考核法把以工作为中心和以人为中心的管理方法有机地统一起来，使员工了解工作的意义和严肃性，对工作产生兴趣，实行"自我控制"。也就是说，目标管理就是根据目标来进行管理。它只规定员工干什么，不规定怎么干，在保证完成任务的前提下，员工可以独立自主地、创造性地选择完成任务的方法，这样既能保证任务完成，又能使员工有自由活动的余地，更能充分发挥员工的积极性和创造性。因此，目标管理考核法是比较先进的管理方法，是一种主动管理方法。

目标管理考核法实行以来，有力地激发了员工的积极性，许多企业借此提升了绩效。这主要应归功于目标管理考核法自身的科学方法论。目标是激励人们不断努力的动因。管理学家马斯洛认为，人的需求分为5个层次，自我实现的需求是最高层次的需求。人们在"选择目标—追逐目标—达到目标—再制定更高目标"的循环中不断前进。这里需要说明的是,目标不等于指标,为了避免关键绩效指标带来的短视行为,我们鼓励大家盯着目标而非指标,因为指标只是目标的一种描述形式。

13.1.2 目标管理考核法的关键程序

目标管理考核法的关键程序如图13-1所示。

图13-1 目标管理考核法的关键程序

1. 确定战略目标

(1) 确定企业发展的中长期战略目标。

(2) 制订短期的工作计划,确定组织目标。

① 逐级分解目标,如图13-2所示。

② 遵守SMART法则。

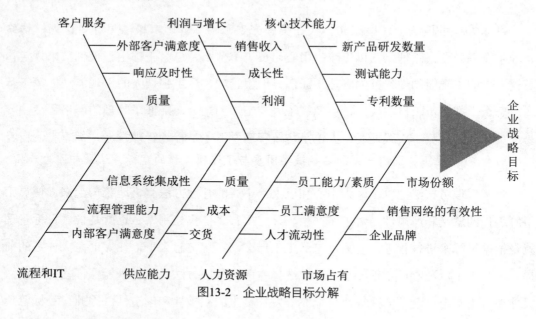

图13-2 企业战略目标分解

2. 明确绩效衡量方法

一旦确定某项目标被用于绩效考核,必须收集相关数据,明确如何衡量该目标,并建立相关的检查和平衡机制。

3. 绩效监控

(1) 管理者提供客观反馈，监控员工的工作进度。

(2) 比较员工达成目标的程度。

(3) 根据达成目标的程度指导员工，必要时修正目标。

4. 绩效评价

在绩效指标的截止期限到达后，将实际绩效与设定目标进行比较。

13.1.3 目标管理考核法的特点

1. 目标管理考核法的优点

(1) 绩效目标易于度量和分解。

(2) 考核的公开性比较好。

(3) 促进了企业内的人际交往。

2. 目标管理考核法的缺点

(1) 各部门只在内部对目标进行比较，导致难以进行部门间的工作绩效比较。

(2) 目标管理的核心就是目标设置，如果目标定错，可能会使绩效目标与结果南辕北辙。以下案例就说明了这一点。

案例：提不上去的钢号指标

三峡大坝是国家重点工程，所有的钢材设备采购都是面向全国乃至全世界进行招标的。在这种情况下，国内一家知名钢铁集团参与了这项工程的竞标，结果却因为产品钢号指标太低而落标。该集团党委对此非常重视，很快向下属炼钢分厂下达任务——务必在一周之内把钢号指标提上去。然而，炼钢分厂却以诸多理由反馈，说明无法完成任务。于是，集团委派了工作组到该分厂调查原因，结果发现，钢号指标难以提升的关键原因是该分厂考核指标设置不合理。长期以来，集团对炼钢分厂的厂长和职工的考核以产量为核心，即70%的指标与产量挂钩，只有30%的指标与质量挂钩。而钢号指标是一个质量指标，钢在炼炉里冶炼的时间越长，该项指标才会越高，但相应的能耗也就越大，出钢速度越慢。因此，如果按照集团的任务要求来执行，等于让全厂职工都拿不到奖金，如果不那么做，提高钢号指标的任务自然也就无法完成。

(3) 目标管理鼓励短期行为，如果目标定得不合理，则此缺点将更为突出。

案例：球队的目标

一个足球队的教练收到俱乐部的指示：在××××年赛季结束之前，球队要进××个球，并且球队要从甲B升为甲A。如果这个教练以这个指示为目标，那么他会让什么人上场去踢球？为了达到这个目标，谁有把握能踢进球就会用谁，也就是让老队员上场，而新人只能坐冷板凳，因为新人不能保证进球。

结果，教练完成了任务，球队由甲B升为甲A，教练也升了级，但他牺牲了这支球队的长远发展。由此可见，企业考评期定得越短，员工越容易冲着短期目标去努力，而放弃长远发展。

那么，如何避免短期行为呢？

应将绩效考核分为两个模块：第一个模块实行目标管理，确保企业当年绩效达标；第二个模块侧重于技能评估及员工发展规划，用来描述企业未来3～5年的发展计划，以及为了达到目标员工需要掌握哪些技能。这两个模块配套使用，在某种程度上可以降低短期行为带来的危害。

13.2 360度考核法

13.2.1 360度考核法简介

360度考核法也可以称为全方位考核法、多源考核法，它区别于自上而下，由上级领导直接考核下属员工的方式，除了员工上级领导之外，与员工工作相关联的各方主体，比如同事、下属、客户、合作伙伴等都可以作为评价者。这是一种全方位、多维度、从不同层面的人员处获取考核信息的方式。360度考核法如图13-3所示。

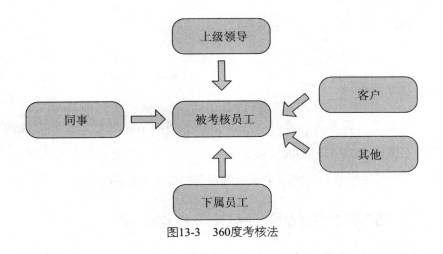

图13-3 360度考核法

13.2.2 360度考核法的关键程序

360度考核法的关键程序如图13-4所示。

图13-4 360度考核法的关键程序

1. 确定考核范围

要明确被考核员工,同时需要与被考核员工进行充分沟通,明确360度考核的价值和意义,确保员工对考核的认识与企业考核初衷一致,避免考核结果受到个人主观因素的影响。

2. 确定360度考核方式

除了员工自评外,由上级领导、同事、下属员工以及客户等从各个维度对员工进行评价时,要注意考核方法的有效性,同事、下属员工以及客户等的评价最好采用匿名形式,并对评价者填写的评价报告进行保密,这样做有利于评价者作出更真实的评价。当然,考核权重要有所侧重,要重点体现直接上级的评价。

3. 实施360度考核

按照多维度考核视角,人力资源部门要收集考核结果并进行初步分析,如发现明显不公平的结果,要和评价者进行有效沟通,必要时应落实相关证据。

4. 统计评价结果

对不同维度的评价结果进行汇总。

5. 考核结果反馈

向被考核员工反馈考核结果是一个非常重要的环节。通过来自各方(包括上级领导、同事、下属员工、客户等)的反馈，可以让被考核员工更加全面地了解自己的优缺点，以及自己的工作绩效与上级期望和关联同事绩效等存在的差距。

13.2.3　360度考核法的考评维度与特点分析

1. 360度考核法的考评维度比较

360度考核法的考评维度比较如表13-1所示。

表13-1　360度考核法的考评维度比较

考评维度	优点	注意点
自评	增强绩效考核参与意识，对照考核标准，员工对自己的工作有清醒的认识	过高评价自己，有时候很难做到"知人者智，自知者明"
直接上级	对下属工作比较熟悉，有利于绩效考核沟通	有时候会有考核偏见，导致过高或过低的评分；考核中容易发生晕轮效应或者光环效应；如果上级考核和被考核者薪酬调整挂钩，会导致上级有心理压力
同级	旁观者清，对被考核员工有独立判断	私人关系远近会导致考核偏见，此外，由于相对考评存在利害关系，会导致互相贬低对方的情况发生
外部专家	专业性强，和被考核者没有任何利益关系，相对客观和公正	考核成本高，另外，如果考核时间特别仓促，也会导致考核偏差
直接下级	对被考核者知根知底	如果被考核者在工作上不小心得罪下级，容易被下级"穿小鞋"
外部客户	独立第三方进行侧面评价，相对容易做到客观和公正	如果对被考核者了解不多或者对被考核者有偏见，则会导致考核"只见树木，不见森林"，客户评价标准不同，导致被考核者的考核成绩差异比较大

2. 360度考核法的特点分析

(1) 360度考核法的优点主要体现在如下几个方面。

① 更多和更有效的信息获取渠道。

② 兼听则明，评价信息互相验证。

③ 有效排除团队消极分子。

④ 多维度引导，促进员工全面发展。

(2) 360度考核法的缺点主要体现在如下几个方面。

① 数据收集和处理的成本非常高。

② 对于一些数据很难辨别真伪，需要花费大量精力去研究。

③ 考核过程中可能导致企业内部产生紧张气氛。

④ 可能导致团队内部勾心斗角，员工互相猜测，上下级不信任。

13.3 关键绩效指标考核法

13.3.1 关键绩效指标考核法简介

关键绩效指标(KPI)的理论基础是二八原理，它是由意大利经济学家帕累托提出的经济学原理，即一个企业在价值创造过程中，每个部门和每位员工80%的工作任务是由20%的关键行为完成的，抓住那20%，就抓住了关键。

二八原理为绩效考核指明了方向，即企业开展考核工作时应重点关注关键结果和关键过程，考核重心应放在关键绩效指标上，考核工作要围绕关键绩效指标展开。

KPA(key process area)意为关键过程领域，关键过程领域指出了企业需要集中力量改进和解决的问题，以及为了达到某种能力等级所需要解决的具体问题。每个KPA都明确地列出一个或多个目标，并且指明了一组相关联的关键实践。完成了这些关键实践就能实现这个关键过程领域的目标，从而达到增强过程能力的效果。从人力资源管理角度看，KPA意为关键绩效行动，也可以称为关键行为指标，当一项任务暂时没有找到可衡量的KPI或一时难以被量化时，就可以将任务分解为几个关键动作，形成多个目标，对多个目标进行检查，从而达到考量的结果。KPA是做好周计划和日计划的常用工具，通过KPA检查考量统计，可以将一个任务的KPI梳理出来。

13.3.2 关键绩效指标考核法的关键程序

关键绩效指标考核法的关键程序如图13-5所示。

图13-5 关键绩效指标考核法的关键程序

1. 确定使命、愿景和战略

首先要明确企业的长远目标是什么,即明确企业的使命、愿景和战略。

(1) 企业的使命(why)即企业的核心目标,说明了企业存在的意义。

(2) 企业的愿景(what)描绘了企业发展的蓝图,为企业指明了未来5~10年的发展方向。

(3) 战略(how)即为了达到预期的效果,企业应该采取的措施和行动。

对于如何明确使命、愿景和战略,我们将在后续章节中进行具体讲解。

要把战略具体落实,需要进行"显性化"处理,要对每个层面的关键绩效指标进行赋值,形成一个相对应的纵向目标体系。所以,在落实战略时有"两条线":一条线是指标体系,是工具;另一条线是目标体系,需利用指标工具来建立。

2. 指标体系构建与分解

从组织结构的角度来看,关键绩效指标系统是一个纵向的指标体系:先确定企业层面关注的关键绩效指标,再确定部门乃至个人要承担的关键绩效指标。关键绩效指标体系经过层层分解,可把战略落实到"人"。建立关键绩效指标体系的要点在于流程性、计划性和系统性。

(1) 明确企业的战略目标,并在企业会议上利用头脑风暴法和鱼骨分析法找出企业的业务重点,也就是企业价值评估的重点。然后,再用头脑风暴法找出这些关键业务领域的关键业绩指标,即企业级关键绩效指标。

(2) 各部门主管需要依据企业级关键绩效指标建立部门级关键绩效指标,并对相应部门的关键绩效指标进行分解,确定相关的要素目标,分析绩效驱动因素(技术、组织、人),确定实现目标的工作流程,分解出各部门级关键绩效指标,以便确定评价指标体系。

(3) 各部门主管和部门人员一起将关键绩效指标进一步细分,分解为更细的关键绩效指标及各职位的业绩衡量指标。这些业绩衡量指标就是员工考核的要素和依据。关键绩效指标体系的建立和测评过程,本身就是统一全体员工,使其朝着企业战略目标努力的过程,也必将对各部门管理者的绩效管理工作起到很大的促进作用。

(4) 指标体系确立之后，需要设定评价标准。一般来说，指标指的是从哪些方面衡量或评价工作，解决"评价什么"的问题；而标准指的是各个指标分别应该达到什么样的水平，解决"被评价者怎样做、做多少"的问题。

(5) 必须对关键绩效指标进行审核。比如，审核这样一些问题：多个评价者对同一个绩效指标进行评价，结果是否能取得一致？这些指标是否可以解释被评价者80%以上的工作目标？跟踪和监控这些关键绩效指标是否可以操作？等等。审核主要是为了确保这些关键绩效指标能够全面、客观地反映被评价者的绩效，并确保操作简易可行。

3. 目标体系构建与分解

指标体系是目标体系的载体。目标体系本身还是一个沟通与传递信息的体系，即使企业使用关键绩效指标体系这一工具，在具体制定目标时也需要各级管理者之间进行沟通。下级管理者必须参与更高一级目标的制定，这样他才能清楚本部门在更大系统中的位置，也能够让上级管理者更明确对部门自身的要求，从而保证制定出适当、有效的子目标。通过层层制定相应的目标，即可形成一条不偏离企业目标的"目标线"，保障企业战略将会有效传递和落实到具体的操作层面。目标分解图如图13-6所示。

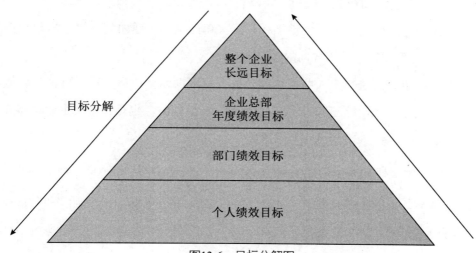

图13-6　目标分解图

绩效管理是管理双方就确定目标及如何实现目标达成共识的过程，管理者给下属确定工作目标的依据来自部门的关键绩效指标，部门的关键绩效指标来自上级部门的关键绩效指标，上级部门的关键绩效指标来自企业级关键绩效指标。只有这样，才能保证每个职位的人员都能按照企业要求的方向去努力。企业各个层面制订绩效计划的流程如图13-7所示。

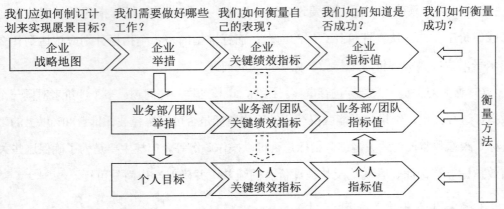

图13-7 企业各个层面制订绩效计划的流程

13.3.3 关键绩效指标考核法的特点

1. 关键绩效指标考核法的主要优点

(1) 目标明确，有利于企业战略目标的实现。关键绩效指标是企业战略目标的层层分解，通过关键绩效指标的整合和控制，员工绩效行为与企业目标要求的行为相吻合，可避免两者出现偏差，有利于保证企业战略目标的实现。

(2) 提出了客户价值理念。关键绩效指标提倡的是为企业内外部客户实现价值的思想，可促进企业形成以市场为导向的经营思想。

(3) 有利于组织利益与个人利益达成一致。策略性地将指标分解，可将企业战略目标分解为个人绩效目标，员工在实现个人绩效目标的同时，也是在实现企业总体的战略目标，两者达成和谐，实现企业与员工的共赢。

2. 关键绩效指标考核法的主要缺点

(1) 关键绩效指标比较难界定。关键绩效指标倾向于定量化指标，如果没有运用专业化的工具和手段进行测评，这些定量化指标是否真正对企业绩效产生关键性影响，是很难界定的。

(2) 运用关键绩效指标考核法要统计大量的数据，会增加管理成本。同时，过分地依赖考核指标，而没有考虑人为因素和弹性因素的影响，会产生一些考核上的争端和异议。

(3) 关键绩效指标考核法并不适用所有岗位。对于一些非主业务流程的辅助性岗位，关键绩效指标考核法就比较难应用，也很难把这些岗位的价值通过分解与主业务目标连接起来。

> 小贴士：核算的是关键绩效指标数据，但考量的一定是关键绩效指标以外的东西

非常值得注意的是，强化关键绩效指标导向往往会导致大家只做与关键绩效指标相关的事，对于关键绩效指标之外的事不闻不问或者能躲就躲。要知道，绩效管理一定是全面的绩效评价，关键绩效指标不能代表所有的工作要求。为了激励员工完成既定目标，短期的奖金等回报可以和关键绩效指标完全挂钩，但干部的选拔、绩效等级评定则不能完全参照关键绩效指标。

13.4 关键成功要素考核法

关键成功要素考核法(key success factors，KSF)原先是确定信息系统需求的MIS战略规划方法，该方法于1970年由哈佛大学教授William Zani(威廉·泽尼)提出。作为一种对于问题的重点影响因素进行识别的方法，关键成功要素考核法在战略绩效考核中经常被使用。关键成功要素考核法可以独立使用，其中较常使用的鱼骨图又可以作为一种思维分析和关键指标识别工具被其他战略绩效考核方法运用。

13.4.1 关键成功要素考核法简介

关键成功要素指的是对企业成功起关键作用的因素。关键成功要素考核法就是通过分析找出使得企业成功的关键因素，再围绕这些关键因素来确定系统的需求，并进行规划和管理。关键成功要素的重要性置于企业其他所有目标和策略之上。企业若能掌握少数几项重要因素(关键成功要素有5~9个)，便能确保较强的竞争力。如果企业想要持续成长，就必须对这些关键要素加以管理，否则无法达到预期的目标。

关键成功要素主要来自以下几个方面。

(1) 产业结构。不同企业所处的产业特性不同，因此会有不同的关键成功要素。

(2) 竞争策略、产业中的地位及地理位置。行业竞争状态对企业选择关键成功要素影响很大。

(3) 环境因素。企业外在环境的变化也会影响企业的关键成功要素，如总体经济情况等。

(4) 暂时因素。暂时因素主要来自企业内部组织的特殊情况。

13.4.2 关键成功要素考核法的关键程序

关键成功要素考核法主要包含如图13-8所示的几个步骤。

图13-8 关键成功要素考核法的关键程序

1. 确定企业的战略目标

不同企业的战略目标不同，其战略目标核心结构自然不同。通常情况下，战略目标包括市场目标、创新目标、盈利目标和社会目标。

2. 识别所有的成功要素

识别所有的成功要素主要是分析影响战略目标的各种因素和影响这些因素的子因素，从中选择决定企业成败的重要因素。关键成功要素的选择力求精练，通常控制在6个因素以内。在目标识别的基础上，由信息专家和决策者参与，通过设置一系列访谈问题来收集信息，确定关键成功要素。

3. 确定关键成功要素

不同行业的关键成功要素各不相同。即使是同一个行业的组织，由于不同组织所处的外部环境和内部条件不同，其关键成功要素也不尽相同。

在分析关键成功要素时，可采用鱼骨图，它又名特性因素图，是由日本管理大师石川馨先生发明的，故又名石川图。鱼骨图是一种发现问题"根本原因"的方法，它也可以称为"因果图"。鱼骨图简单实用，深入直观。它形似鱼骨，使用者将问题或缺陷(即后果)标在"鱼头"外，在鱼骨上画出鱼刺，在鱼刺上按问题出现概率列出产生问题的可能原因，以此说明各个原因之间如何相互影响。鱼骨图基本结构如图13-9所示。

4. 明确评价指标和评估标准

具体指标是对关键成功要素的明确和细化，构成了关键成功要素的具体评价体系。具体指标的确定过程是构造形象系统的评价体系的过程，也是为以后的工作提供框架的过程。一个关键成功要素的具体评价指标很多，在实际应用过程中，可根据每个指标的重要程度选择最重要的几个指标，通常控制在3个以内。

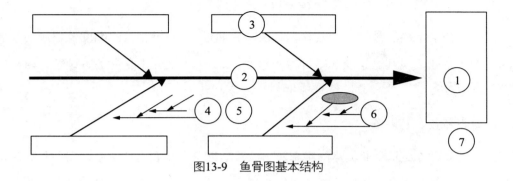

图13-9 鱼骨图基本结构

5. 制订行动计划

根据确定的关键成功要素和评价指标制订具体的行动计划。

6. 评估行动计划及各项指标的完成情况

建立监测系统，评估行动计划的落实情况及指标的完成情况。

13.4.3 关键成功要素考核法的特点

关键成功要素考核法利用鱼骨图的形式，能够形象清晰地呈现影响问题解决的各要素及其相互间的关系，可以帮助管理者找出引起问题的根本原因，针对性强，有助于管理者更加聚焦能促使企业成功的要素。这种分析方法能够将目光集中于问题的实质，而不是问题的由来，可避免个人主观因素影响考核结果。

但在用鱼骨图表示关键成功要素的过程中，必须注意因素分解的关联性、因素替代的顺序性，因为一旦某个主因素方向错误或者被遗漏，都会引起末梢的错误。同时，应用关键成功要素考核法需要注意，当影响问题解决的关键成功要素解决后，又会出现新的关键成功要素，必须不断地进行识别。

13.5 平衡计分卡考核法

平衡计分卡(balanced score card，BSC)考核法是哈佛商学院的卡普兰教授在1992年创立的。平衡计分卡考核法适用于解决如何将战略和绩效有机结合、如何形成具体的目标和测评指标等问题。平衡计分卡考核法引入中国后，成为很多大中型企业首选的战略绩效管理模式。

13.5.1 平衡计分卡考核法简介

平衡计分卡考核法是一种绩效管理方法，它通过4个逻辑相关的维度及相应的绩效指标，考查企业实现其远景及战略目标的程度。这4个维度分别是财务、顾客、内部流程、学习与成长。

1. 财务维度

财务维度可以显示企业策略的实施对于改善本期净利是否有所贡献。财务目标通常与获利能力有关，如销售的快速增长或现金流量增长等，而衡量标准往往是营业收入、资本回报率，或附加经济价值(economic value added，EVA)。企业在不同的生命周期，有不同的财务目标，企业的生命周期与衡量策略的财务指标可相互结合。可以将企业的生命周期分为成长期、成熟期、衰退期。这3个时期的企业策略，都受到3个财务性指标的驱动，分别为收益成长与组合、降低成本/改进生产力、资产利用/投资策略。处于不同时期的企业可依照企业策略，分析适合各财务性指标的绩效衡量维度。

2. 顾客维度

顾客是企业利润的主要来源，因此，满足顾客的需求便成为企业追求的目标之一。在这个维度，管理层确立他们希望部门竞逐的顾客和市场区间，并随时监督部门在这些目标区间的表现。同时，管理层也会协助部门明确地传达自己的价值主张来吸引和保留目标顾客，且价值主张是衡量顾客的动因，而衡量顾客的指标包括顾客满意度、顾客保留率、新顾客增加率及顾客获利率等。

3. 内部流程维度

为实现股东、顾客维度的目标，应先进行企业价值链分析，改善运营流程，建立一条能解决目前及未来问题的内部价值链。企业通用的内部价值链模式包含3个主要的流程，即创新、运营及售后服务。企业了解顾客需求，据此创新并将创新成果用于设计新的运营流程，再通过售后服务来达到顾客和股东的目的。

4. 学习与成长维度

员工相当于企业的无形资产，员工成长有助于企业进步。这个维度的目标为其他3个维度的目标提供了基础架构，并且是驱动前3个维度获得卓越成果的动力。企业的学习与成长来自3个方面，即人、系统、组织程序。在其他3个维度中，往往会显示人、系统、程序的实际能力以及其与目标间的差距，企业可借学习与成长维度来达到缩小差距的目的，其衡量指标包括员工的满意度、保留率、培训情况、技术水平等。

这4个维度之间的逻辑关系在于企业的目标是为股东创造价值(财务维度)，财务的增长取决于客户购买量和满意度(顾客维度)，为使客户满意，员工必须具备一定的技能(内部流程维度)，员工的技能归根到底取决于企业管理制度(学习和发展维度)。根据这4个维度，可以衍生出具体的指标体系。

平衡计分卡考核法常见的评价指标体系如表13-2所示。

表13-2 平衡计分卡考核法常见的评价指标体系

指标类别		具体指标	
财务指标	盈利指标	利润基础	税后利润、EVA、ROI、RI、NOPAT、EBIT
		现金基础	OCF、RCF、FCF、CFROI
		市价基础	股票市价、市价、托宾Q值
	运营指标	资产周转率、存货周转率、应收账款周转率	
	偿债指标	流动比率、速动比率、资产负债率	
非财务指标	顾客维度	顾客满意度、顾客忠诚度、顾客盈利分析	
	内部流程维度	产品开发	开发所用时间
		生产制造	成品率、次品率、返工率
		售后服务	对产品故障的反应速度、服务成本
			一次性成功的比例
	学习与成长维度	雇员	雇员满意度、雇员忠诚度
		相关制度	员工培训、晋升、轮岗

13.5.2 平衡计分卡考核法的关键程序

平衡计分卡考核法的关键程序如图13-10所示。

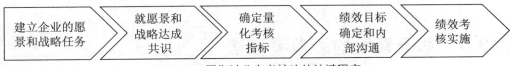

图13-10 平衡计分卡考核法的关键程序

1. 建立企业的愿景和战略任务

通过调查，采集企业信息，运用SWOT分析法、目标市场价值定位分析法等对企业内外部环境和现状进行系统分析，明确企业的愿景和战略任务。

2. 就企业的愿景和战略达成共识

与所有员工沟通，就企业的愿景和战略任务达成共识。

3. 确定量化考核指标

从财务、顾客、内部流程、学习与成长4个维度设定业绩考核指标。

4. 绩效目标确定和内部沟通

对愿景规划和战略构想进行宣贯渗透，把绩效目标和指标分解落实到每一个基层员工身上。

5. 绩效考核实施

在这个过程中需要完善整体系统，加强各项基础管理，建立高效率的度量系统。

13.5.3 平衡计分卡考核法的特点

1. 平衡计分卡考核法的主要优点

(1) 平衡计分卡考核法可以将抽象的、比较宏观的战略目标分解并细化为可测量的指标。

(2) 平衡计分卡考核法考虑了财务和非财务因素，也考虑了内部和外部客户，并将短期利益和长期利益相结合。

2. 平衡计分卡考核法的主要缺点

(1) 平衡计分卡考核法实施难度大，工作量也大。

(2) 平衡计分卡考核法不能有效地考核个人。

(3) 平衡计分卡考核法系统庞大，短期内很难体现其对战略的推动作用。

13.6 基于素质的绩效考核法

素质或胜任力(competency)考核建立了一个假设——为了完成企业的战略目标，需要选择具备相应素质或素质组合的员工。企业据此发现决定绩效好坏的关键因素，持续地对员工的某些素质进行考核，选择具备合适素质的员工或者敦促员工进行改进，以促使企业绩效目标的达成。

13.6.1 基于素质的绩效考核法简介

素质是驱动员工产生优秀绩效的各种个性特征的集合，是可以通过不同方式表现出来的知识、技能、个性和内驱力等。将素质应用于绩效考核始于20世纪70年代。1973年，美国管理学家戴维·麦克兰德发表论文，论证了行为品质和特征比潜能更有效地决定人们的工作绩效。在戴维·麦克兰德的研究中，绩效出众者具有较强的判断能力，能够更有效地发现问题，采取适当的行动加以解决，并能设定富有挑战性的目标，这样的行为相对独立于知识、个人技能水平和工作经验等。

自此以后，各项类似研究都在试图回答一个基本问题——为什么工作环境和管理机制相同，但不同员工的绩效却大相径庭？研究发现，员工的素质是造成绩效差异的重要原因。素质是判断一个人能否胜任某项工作的基准，是决定并区别绩效好坏的个人特征，素质考核是绩效考核的有效工具。

那么素质是如何构成的呢？

(1) 动机。这是推动个人为达到一定目标而采取行动的内驱力，如成就导向、亲和力、影响力，它们将驱动、引导和决定一个人的外在行动。

(2) 个性。个性表现出来的是一个人对外部环境与各种信息等的反应方式。

(3) 自我形象与价值观。这是指个人对其自身的看法和评价，即内在认同的本我。

(4) 社会角色。这是指一个人向大家展示的形象。

(5) 态度。这是一个人的自我形象、价值观以及社会角色综合作用外化的结果，它会根据环境变化而变化。

(6) 知识。这是指一个人在某一个特定领域拥有的事实型与经验型信息。

(7) 技能。这是指一个人结构化地运用知识完成某项具体工作的能力。

以素质为基础进行绩效考核，除了将目光聚焦于知识、经验和技能等可以直接观察到的信息，还要更加关注那些隐藏在冰山之下、不被人们直接观察到但却对绩效起决定作用的部分。

素质的冰山模型如图13-11所示。

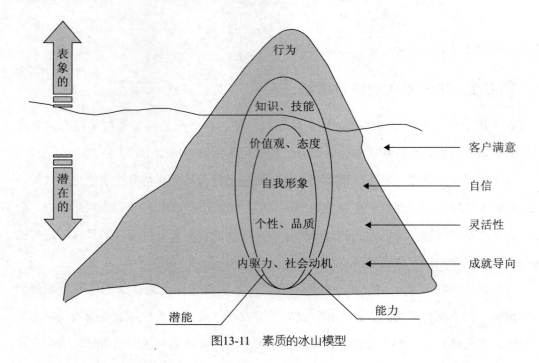

图13-11　素质的冰山模型

13.6.2　基于素质的绩效考核法的关键程序

基于素质的绩效考核法的关键程序如图13-12所示。

图13-12　基于素质的绩效考核法的关键程序

1. 编制素质库

要编制素质库就要明确，对企业而言，哪些素质是最重要的，要以哪些素质为基础进行绩效考核才能帮助组织实现既定的绩效目标，这些素质的划分等级标准是什么，等等。编制素质库不但是一个费时费力的艰苦过程，它更是一个专业化程度非常高的过程。

企业可以与研究机构或咨询公司合作，借助既有的研究成果，结合企业的实际，构建素质基本框架，细化具体的素质要素，最终编制适合本企业的素质库。Jone Warner(约翰·沃纳)为大家确定了36种比较通用的素质，包括核心素质、通用素质和角色素质。

2. 建立素质模型

(1) 选定研究职位。建立素质模型对企业来讲是耗时耗力的事情，要建立一套完整的素质模型通常要花费2~3个月的时间。因此，企业在建立素质模型之前必须确定哪些职位是关键职位，是值得企业投入的。企业可以通过分析组织结构图、战略计划执行记录，或对高层进行访谈的方式收集信息。

(2) 明确绩优标准。对于选定的职位，明确绩优标准，也就是要制定一些客观明确的标准与规则，用来确定与衡量什么样的绩效是优秀的，什么样的绩效是较差的。有些职位的绩优标准是显而易见、较容易衡量的，但有的职位则相反。除了参照绩效标准评价某职位的工作成果，还要由该职位的上级、同级及其他相关人员对任职者的绩效进行评价，以确保绩效考核的公正与客观。

根据绩优标准与实际考核结果，甄选该职位的素质模型研究样本：一组为具备胜任能力但是业绩不够突出的一般人员；另一组为绩优人员。其中一般人员2~3名，绩优人员3~6名。

(3) 任务要项分析。依据工作分析方法，将职位的绩优标准分解、细化成为一些具体的任务要项，以此来发现并归纳驱动任职者产生高绩效的行为特征。

(4) 行为事件访谈。采用结构化问卷分别对表现优秀和一般的任职者进行访谈，并对比分析访谈结论，发现那些能够导致两组人员绩效差异的关键行为特征，继而演绎成特定职位任职者所必须具备的素质特征。

(5) 信息整理与归类编码。将通过行为事件访谈获得的信息与资料进行归类，找出并重点分析对个人关键行为、思想和感受有显著影响的事件，发现绩优人员与绩效一般人员处理这些事件时的反应与行为差异，识别导致关键行为及结果且具有区分性的素质特征，并划分其层次级别。

3. 素质考核

素质考核常用的工具包括如下几个。

(1) 个人需求量表。

(2) 个人行为量表。

(3) 心理测量工具。

(4) 人格测量工具。

(5) 评价中心技术。

(6) 工作样本检测。

(7) 无领导小组。

(8) 关键事件访谈技术。

4.考核结果应用

考核结果应用与招聘甄选、培训开发、晋升调动、绩效改进等应用手段类似，在此不再赘述。

13.6.3 基于素质的绩效考核法的特点

1.基于素质的绩效考核法的主要优点

（1）素质模型中各岗位的能力指标是由组织愿景和战略目标分解而来的，是体现企业整体战略目标的较为明确和精细化的指标体系，可以有效避免"小团体主义"下的"团队精神"的缺失。

（2）素质模型使绩效评估更加结构化，能够明确绩效期望，防止因个人降低目标而带来的"挑战精神"的丧失。

（3）基于素质的绩效考核更加注重在考核中指导员工提高工作水平，督导员工达成工作目标，对员工的成长发展颇为关注。

2.基于素质的绩效考核法的主要缺点

（1）对结果性指标关注不足，容易造成人满意但事未成的尴尬局面。

（2）对评价等级的标准表述容易抽象和模糊，不同的评价者可能有不同的理解，故针对不同员工的评定等级差异较大，一旦操作不当，容易流于形式，难以达到预期的考核效果。

13.7 各类考核方法的选择与组合

所有考核方法都与企业战略相关，但不同考核方法各有其一定范围的适用性。企业选择考核方法时，要紧密结合企业管理实际和期望，如有需要，可将不同考核方法结合起来使用。此外，考核方法不是固定不变的，企业应针对不同类型人员具体考虑，尤其要注意，特殊岗位的考核不能采用"一刀切"的方式。

综合分析，各类考核方法适用对比如表13-3所示。

表13-3 各类考核方法适用对比

考核方法	适用场景	关注要点
目标管理考核法	适用范围较广，比较通用，只要目标可衡量即可。该方法适用于对组织和各类目标责任制员工的考核，尤其适合对销售等业绩目标单一、容易量化的岗位的考核	缺乏过程跟踪，考核过程容易失控
关键绩效指标考核法	该方法较为成熟，中型以上企业使用较多，如果结合平衡计分卡使用，会使指标选择更加准确。该方法适用于业务场景变化不大、部门职责清晰、指标容易量化、数据容易收集的岗位的考核	量化指标评价，需要提供大量数据支持
360度考核法	该方法适用于对个人进行考核，可从员工上司、直接下属、同事甚至客户等角度全方位了解个人绩效，多维度兼听。大型企业常运用该方法对员工进行绩效考核。如运用该方法进行组织考核，则需要明确考核指标和标准	工作量大，数据分析量大，可能成为某些员工发泄私愤的途径
平衡计分卡考核法	兼顾长期利益和短期利益、内部和外部客户，适用于多数大中型企业；从财务、顾客、内部流程、学习与成长4个维度进行考核，适用于部门经理以上人员的考核	将企业战略转化为4个维度，实施难度大，成本高，部分指标量化的难度大，实施周期也很长
关键成功要素考核法	该方法适用于目标清晰的创新或突破型场景，运用该方法能最大限度地找到企业成功要素，牵引问题解决或课题达成。该方法也可以作为基础工具和关键绩效指标考核法、平衡计分卡考核法等结合使用	当关键成功要素解决后，又会出现新的关键成功要素，必须时刻关注内外部要素变化，再进行识别
基于素质的绩效考核法	该方法适用于以人为基本生产要素的技术密集型企业，以人才的选拔、培养和发展为基础来开展企业绩效考核工作，有利于团队合作	为避免过度以"人"为中心，可与目标管理或其他结果导向型的考核方法结合使用

第14章 战略绩效体系设计

了解各类基于战略的考核方法后,如何基于战略来设计整个绩效体系呢?如何确定企业的战略发展目标并层层分解、实施闭环管理?本章重点介绍企业整体战略绩效体系的设计过程。

战略绩效体系设计包括确定企业使命、愿景和核心价值观,确定企业战略和战略地图,部门战略解码,分解落实指标。至于指标的定义和权重设计等,则分别在前文绩效计划环节和后文指标库建设环节进行讲解。

14.1 确定企业使命、愿景和核心价值观

在设计战略绩效体系时,首先要对企业进行战略梳理,因为明确企业战略之后,绩效指标体系才有源头。但明确战略首先要清晰企业使命、愿景和核心价值观,将使命、愿景和价值观与战略及日常工作联系起来。图14-1展示了如何明确企业使命、愿景和价值观及战略,并最终达成战略使命。

图14-1 企业使命、愿景、价值观和战略的关系

14.1.1 确定企业使命和愿景

企业的使命就是企业存在的意义,是企业区别于其他企业的本质;而愿景则是一个企业未来一段时间的发展蓝图。

1. 企业使命的特点

(1) 它应是宽泛和概括性的陈述,而非具体的陈述。

(2) 它具有前瞻性、发展性。

(3) 它应是本企业区别于其他企业的本质。

(4) 在较长时期内有效。

(5) 容易理解。

2. 企业愿景的特点

(1) 陈述简洁,最好是一句话。

(2) 它能调和企业内部存在的各种差异,包容不同利益相关者。

(3) 具有激励性、可行性。

(4) 它应和使命、核心价值观保持一致。

14.1.2 确定企业核心价值观

所谓核心价值观是指为了实现企业使命和愿景而提炼出来并予以倡导的,企业员工共同遵守的行为准则。企业核心价值观影响员工的行为,它也是企业评判赞成什么、反对什么的标尺。

企业核心价值观应该具备如下特点。

(1) 源于员工内心并极力倡导。

(2) 符合主流文化,与企业使命、愿景一致。

(3) 容易理解。

(4) 它能够影响员工的行为,使员工行为带有企业文化特征。

> **小贴士:知名企业的愿景、使命和核心价值观**
>
> 一、联想
>
> 愿景:高科技的联想、服务的联想、国际化的联想。
>
> 使命:为客户利益而努力创新。

核心价值观：成就客户、创业创新、精准求实、诚信正直。

二、华为

愿景：丰富人们的沟通和生活。

使命：聚焦客户关注的挑战和压力，提供有竞争力的通信解决方案和服务，持续为客户创造最大价值。

核心价值观：成就客户、艰苦奋斗、自我批判、开放进取、至诚守信、团队合作。

三、万科

愿景：成为中国房地产行业领跑者。

使命：建筑无限生活。

核心价值观：创造健康丰盛的人生。

四、阿里巴巴

愿景：

(1) 成为一家持续发展102年的公司；

(2) 成为全球最大电子商务服务提供商；

(3) 成为全球最佳雇主公司。

使命：让天下没有难做的生意。

核心价值观：客户第一、团队合作、拥抱变化、诚信、激情、敬业。

五、迪士尼公司

愿景：成为全球的超级娱乐公司。

使命：使人们过得快乐。

核心价值观：

(1) 极为注重一致性和细节刻画；

(2) 通过创造性、梦幻和大胆的想象不断取得进步；

(3) 严格控制、努力保持迪士尼的"魔力"形象。

14.2 确定企业战略与战略地图

企业根据使命、愿景和核心价值观，结合对内外部环境的分析，明确战略，并运用战略地图对从战略到执行的过程进行描述。

14.2.1 战略分析与描述

战略分析的方法和工具有很多种,本书重点介绍战略分析六步法。

第一步:社会环境分析

明确企业战略,需要先了解社会环境对企业战略的影响,可以采用PESTEL等分析工具,对影响企业战略的政策、经济、社会、技术、环境和法律等社会因素进行分析。

第二步:行业环境分析

明确企业战略,需要分析行业中的关键因素对企业战略的重大影响,包括标杆企业、竞争对手等。

第三步:企业环境分析

在分析了社会环境和行业环境后,再对企业内部在生产、营销、人才选拔、研发、财务管理等方面的情况进行系统分析,以便调整资源,制定切实的战略。

第四步:SWOT战略分析

SWOT分析工具是一种较为基础和常见的战略分析工具,其中,S(strengths)表示优势,W(weaknesses)表示劣势,O(opportunities)表示机会,T(threats)表示威胁。SWOT分析即基于内外部竞争环境和竞争条件下的态势分析。它可以集成以上三个步骤的分析结果,进行优势、劣势、机会和威胁分析。SWOT模型用于战略业务分析如图14-2所示。

S/W部分主要用来分析企业内部的资源能力,O/T部分主要用于分析企业外部环境因素的影响。利用SWOT分析法可以找出哪些因素对企业是有利的,值得发扬的;哪些因素是不利的,需要企业去避开或改善的。我们可以把企业的各项业务放到图14-2中,在不同区域采取不同的措施。例如,A区域业务市场机会多,但处于劣势,战略重点就应该放在避开劣势因素、利用机会上。其余区域亦可根据情况采取有针对性的战略决策,这些战略决策点可以在表14-1中进行描述。

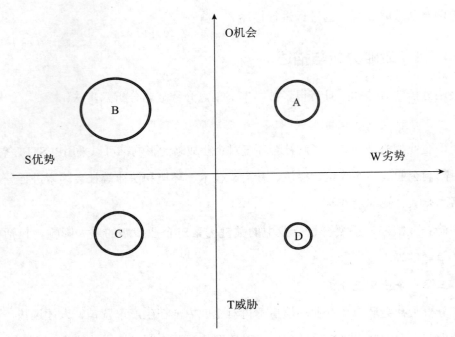

图14-2　SWOT模型用于战略业务分析

表14-1　SWOT分析表

我们的优势是什么(strength)	原因	我们应如何发挥优势才能增长业绩？
我们的劣势是什么(weakness)	原因	我们应如何规避劣势才能增长业绩？
我们的机会是什么(opportunity)		我们应如何抓住外部机会来提高业绩？
我们的威胁是什么(threat)		我们应如何应对外部威胁来提高业绩？

第五步：梳理战略重点

在上述分析的基础上，罗列战略重点，如提高库存控制能力、提高产品供应准确性、降低成本费用、改善激励体系等。之后将战略重点梳理出来,为后续的战略地图绘制做好准备。

第六步:绘制战略地图

战略地图的核心是客户价值主张,客户价值主张向上支撑企业战略及财务目标的实现,向下指导内部运营流程改善,是战略落地的重点。下文将对其进行重点讲解。

14.2.2 绘制战略地图

企业需要一个制胜的战略,更需要具备执行该战略的能力。企业可以运用战略地图来提高执行战略的能力。战略地图的核心思想就是明确不同的竞争策略,然后用战略地图的方式呈现出来。战略只有被清晰地描述出来才可能被理解,而只有能被理解的战略才可能被成功地执行。

战略转换,既是一个从上至下也是一个从下至上的过程。企业战略转化示例如图14-3所示。

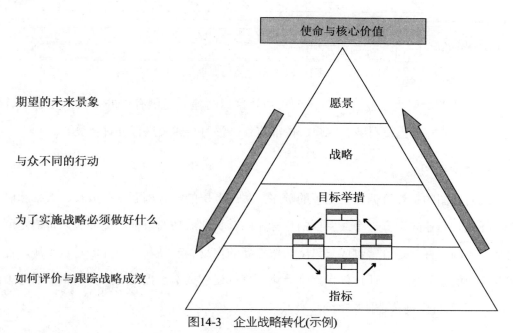

图14-3 企业战略转化(示例)

战略地图是对企业愿景、使命和战略重点的形象化描述。首先,确定股东价值目标,需要参照集团战略,对本部的愿景、使命等进行分析,以此确定本部战略,并根据本部战略来确定支持战略的财务目标。其次,根据战略和财务目标,从产品、服务特征与客户的关系定位以及要展现的形象来确定客户价值主张。再次,根据财务目标和客户价值主张，从流程的4个方面，即作业流程、客户管理流程、创新流程以及法规与环境流程确定战略主题。最后，根据战略主题确定战略准备度，分析企业现有无形资产的战略准备度，明确企业是否具备支撑关键流程的能力；如果企业不具备这种能力，找出办法来提升企业能力。战略地图整体框架如图14-4所示。

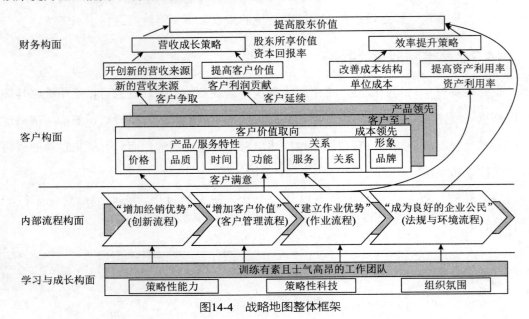

图14-4　战略地图整体框架

战略地图主要为企业、部门、个人绩效目标的建立提供有效的工具，使企业、部门、个人绩效目标围绕财务、客户、内部流程、学习与成长进行分解及设计。

1. 财务方面

战略地图的构建遵循从上至下的顺序，从最上层的财务构面——成长、效率和股东价值开始。企业应选择一个最主要的目标作为其长期成功的象征，提高股东价值是所有战略追逐的目标。通过营收成长策略，依靠新的市场、产品和客户开创营收来源，提升现有客户的获利水平。通过效率提升策略，降低运营成本，提高资产利用率。财务方面战略地图设计(样例)如图14-5所示。

2. 客户方面

企业应以目标客户为焦点来考核绩效，通常可以从3个角度考虑客户构面，即产品/服务特性、客户关系和品牌形象。客户方面战略地图设计(样例)如图14-6所示。

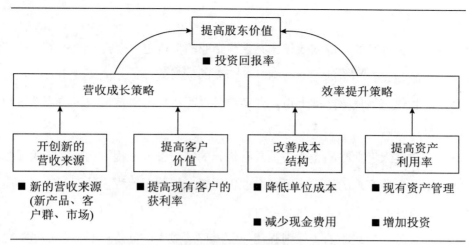

图14-5 财务方面战略地图设计(样例)

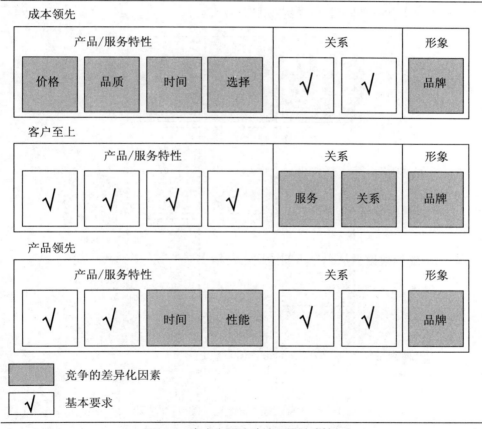

图14-6 客户方面战略地图设计(样例)

3. 内部流程方面

企业内部流程方面的关键绩效设计必须与企业的价值定位保持一致。

采取"产品领先"战略的企业必须具备领先的创新流程，才能研发出具有最佳功能的新产品，并且快速地使该产品上市，其客户管理流程可能着重于快速招揽新客户，以把握市场先机。

采取"客户至上"战略的企业必须具有优异的客户管理流程，例如客户关系管理与解决方案。基于目标客户的需求，可能企业仍需要发展创新流程，然而其着眼点是为了增进客户满意而开发新产品或强化服务内容。

采取"成本领先"战略的企业则强调作业流程的成本、品质、周期、卓越的供应商关系，以及供应商及配送流程的速度和效率。

内部流程方面战略地图设计(样例)如图14-7所示。

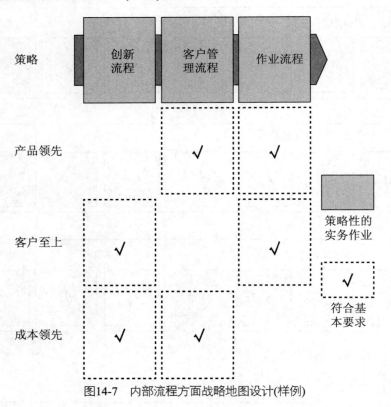

图14-7　内部流程方面战略地图设计(样例)

4. 学习与成长方面

学习与成长方面一般包括三个主要项目。

(1) 策略性能力，即工作团队为达成企业战略所应具备的技能和知识。

(2) 策略性科技，即实现战略企业所必需的资讯系统、资料数据库、工具和网络。

(3) 组织氛围，即实现企业战略所必需的企业文化转变、激励制度、授权及整合工作团队。

学习与成长方面战略地图设计(样例)如图14-8所示。

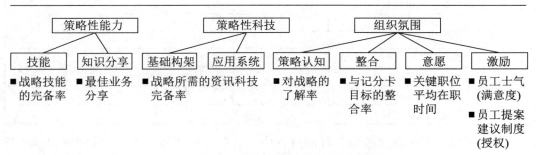

图14-8　学习与成长方面战略地图设计(样例)

14.3　部门战略解码

部门战略解码解决如何对齐企业目标和部门目标、个人目标并落地实施的问题，具体通过识别战略主题，明确部门愿景、使命和独特价值，建立价值模型及因果关系来实现。

14.3.1　识别战略主题

识别战略主题就是依据战略目标，通过战略主题识别矩阵，寻找到有相关性的部门，从而把战略目标分解到各部门，这是企业战略地图向部门分解的开始。战略主题识别矩阵如表14-2所示。

表14-2　战略主题识别矩阵

战略主题与目标		部门							
		市场部	销售部	生产部	客户服务部	研发部	产品部	人力资源部	财务部
财务	降低成本费用								
	提升老客户收入比重								
	增加新产品销售收入								
客户	提高产品获得便捷性								
	建立长期客户关系								
	提升公众形象								
	拓展政府客户								

(续表)

战略主题与目标		部门							
		市场部	销售部	生产部	客户服务部	研发部	产品部	人力资源部	财务部
内部流程	提高库存周转水平								
	提高生产运营能力								
	提高产品供应准时性								
	提高产品研发能力								
	降低库存损耗								
学习与成长	保留核心员工								
	提高员工专业能力								
	建立信息系统								
	客户导向的文化建设								

在向部门分解和落实战略目标的过程中,有些目标比较直观,如销售收入500万元,那么这就是销售部的目标;有些目标要在几个部门间进行分解,如企业要降低成本费用,销售部的目标是"降低销售费用",采购部的目标是"降低材料采购成本",技术部的目标是"缩短研发周期",仓储部的目标是"降低库存水平",多个部门需从不同角度支持企业"降低成本费用"的目标。

14.3.2 明确部门愿景、使命和独特价值

通过对战略主题的识别,可以将企业目标和部门目标连接起来。对于各部门而言,要明确工作目标,就要明确部门的愿景、使命和独特价值。明确部门愿景和使命的思路与明确企业愿景和使命的思路类似,独特价值则是指该部门区别于其他部门能给企业带来的排他性的价值。

关于此问题的思考可以概括为以下几点。

(1) 部门在企业中的定位,即部门在企业中应如何发挥价值。

(2) 部门的使命和愿景。

(3) 部门的主要职责。部门的核心职责需要支持企业的目标,目标与职责的支持关系如表14-3所示。

表14-3　目标与职责的支持关系

类　别	公司目标1	公司目标2	公司目标3	公司目标4	公司目标5	公司目标6
部门职责1						
部门职责2						
部门职责3						
部门职责4						

注:在对应的目标处打"√"。

(4) 部门的年度重点工作方向。部门的年度重点工作方向源于对企业战略支持的需求的思考，具体如表14-4所示。

表14-4 部门战略重点需求分析

维度	主要需求重点
财务层面	部门对企业哪些财务目标的实现具有支撑作用 部门是如何支持企业财务目标的
客户层面	部门有哪些内外部客户 部门对其他部门、外部客户提供哪些方面的价值
内部流程层面	部门主要有哪些业务控制点？是否需要加强控制 部门在专业领域与内外部客户的服务关系如何 为实现对内外部客户的有效服务，部门需要进行哪些改进
学习与成长层面	要实现部门目标，员工应具有哪些能力 要实现部门目标，员工应如何提升能力 针对部门目标的人员供应有哪些计划 部门的信息化水平是否支持专业管理？有哪些改进项

> **小贴士：没有参与感，就谈不上成就感**
>
> 在做部门战略解码，明确部门愿景、使命和独特价值的过程中，一定要让部门的核心员工都参与进来，每个人都摒弃自己狭隘的岗位角色，从部门全局的角度来看问题，这样既有助于骨干们形成大局观，又能让他们参与目标制定，有利于目标责任的分解和达成。

14.3.3 建立价值模型及因果关系

组织层面的绩效指标可形成一个相互联系的指标"网络"，组织战略通过这个网络得到了有效诠释。网络中的指标之间存在某种因果关系，如图14-9所示，这种因果关系帮助企业形成了获得长久客户关系的能力，最终实现长远的增长。企业向目标客户传递特色价值，能够赢得客户高度的忠诚，而设计合理的岗位及运营流程，可使员工致力于创造有价值的活动。这种环境的建立，使得企业始终处于一个良性循环的过程中。

在实践中，可以用流程驱动来寻找这种因果关系。结合签署的战略主题的识别矩阵，分析哪些流程对战略主题有最直接的驱动力。对于每一个战略主题，都可以通过价值树模型建立因果逻辑关系，如图14-10所示。到了这一步，基本上可以用指标来描述战略地图。

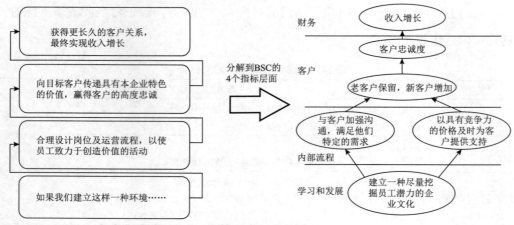

图14-9 因果关系

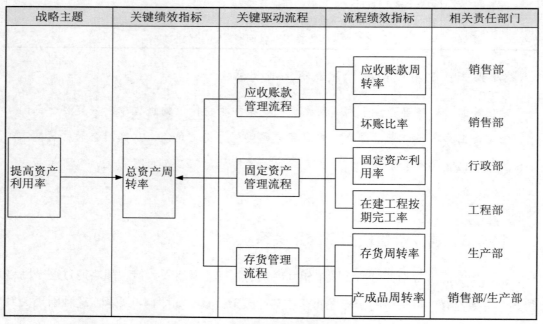

图14-10 用价值树模型建立因果关系

14.4 分解落实指标

战略地图、重点工作和绩效指标落实后,战略绩效管理体系的整体思路就出来了。战略绩效管理流程如图14-11所示。

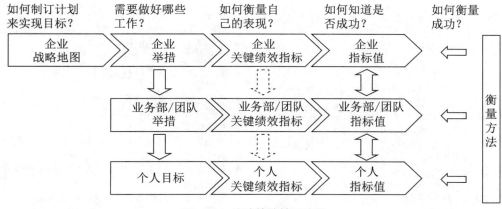

图14-11 战略绩效管理流程

14.4.1 企业年度战略指标落实

从企业战略地图中提取的指标都是重要指标,但不能将其全部作为考核指标。企业考核指标一定是能够充分体现企业战略重点并广泛适用的关键性指标、结果性指标,企业考核指标数量为16~25个,其他指标可以分解到部门或者进行跟踪。

如何选取关键性指标?可以采用比较法,即将得分较高的前16~25个指标纳入企业考核指标,然后就可以完全用指标来描述企业战略地图。

14.4.2 部门关键绩效指标落实

分解主要绩效衡量指标意味着将适当的整体目标向下分解到企业各业务部门。

1. 分解落实部门关键绩效指标的理念

(1) 分解指标并非确定主要业绩指标的多少百分比会被分解到部门和个人。

(2) 有效分解的指标应是各业务部门的绩效驱动因素,其直接影响企业的主要业绩衡量指标。

(3) 分解指标时不一定要全方位考虑整体战略,这些指标应该是与支持某价值链相对应的业绩驱动因素,同时能够反映支持业务战略的局部活动。

(4) 依据关键指标测试筛选原则(见图14-12)对初步选定的绩效指标进行测试,对不完全符合这些原则的指标进行修改或淘汰,筛选最合适的指标。

1. 该指标是否可理解？
- 该指标是否用通用商业语言定义？
- 该指标能否以简单明了的语言说明？
- 该指标是否有可能被误解？
2. 该指标是否可控制？
- 该指标是否有直接的责任归属？
- 绩效考核结果是否可控？
3. 该指标是否可实施？
- 该指标是否可以用行动来改进结果？
- 员工是否明白应该采取何种行动对指标结果产生正面影响？
4. 该指标是否可信？
- 该指标是否有稳定的数据来源支持指标或数据构成？
- 数据能否被操纵以使绩效看起来比实际更好或更糟？
- 数据处理是否会引起绩效指标计算不准确？

5. 该指标是否可衡量？
- 指标可以量化吗？
- 指标是否有可信的衡量标准？
6. 该指标是否可低成本获取？
- 相关数据是否可以直接从标准报表上获得？
- 获取指标的成本是否高于其价值？
- 该指标是否可以定期衡量？
7. 该指标是否与整体战略目标一致？
- 该指标是否与某个特定的战略目标相联系？
- 指标承担者是否清楚企业战略目标？
- 指标承担者是否清楚该指标如何支持战略目标的实现？
8. 该指标是否与整体绩效指标体系一致？
- 该指标和组织中上一层的指标相联系吗？
- 该指标和组织中下一层的指标相联系吗？

图14-12　关键指标测试筛选原则

2. 部门级关键绩效指标的来源

(1) 部门指标从企业级指标中分解得出。

(2) 部门指标从部门职责中推导得出。

(3) 部门指标来源于部门年度重点工作。

(4) 部门指标从企业内部客户的需求中推导得出。

14.4.3　个人关键绩效指标落实

从企业绩效指标到部门绩效指标再到个人绩效指标，层层分解，层层落实，具体到个人关键绩效指标，需要按照不同层级逐层设计。

1. 个人绩效管理设计思路：高级管理层

(1) 高级管理层不存在严格意义上的个人绩效，可以采用公司平衡记分卡的核心指标作为高管绩效的基础。

(2) 高级管理层考核常用的方法是整体考核法，因为高级管理层的团结和协作对企业的长远发展是至关重要的，片面考核个人绩效是没有意义的。

(3) 高级管理层的绩效考核和薪酬之间的关系由董事会薪酬委员会决定。

2. 个人绩效管理设计思路：部门经理

部门经理个人绩效与部门表现有密切关系，可以直接采用部门关键绩效指标结果作为部门经理的个人绩效参数，战略绩效指标体系中已经包含平衡发展的诸多指标。

3. 个人绩效管理设计思路：基层员工

基层员工的个人绩效指标应当根据职位说明书、部门关键绩效指标和部门业务要求灵活确定，如图14-13所示。

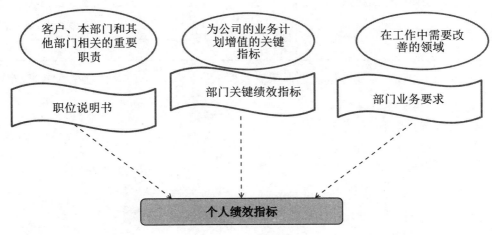

图14-13　个人绩效指标的确定

基层员工的指标设计通常要考虑到职位的性质，以下提供根据职位说明书确定绩效指标的例子，如表14-5所示。

表14-5　根据职位说明书确定绩效指标(示例)

ABC公司岗位关键绩效指标领域		
部门：审计室　　岗位：财务审计		
序号	工作职责	期望结果	关键绩效指标
1	熟悉国家财经政策、法规，了解公司制度，掌握内审理论	遵守国家法规及公司制度，严格依法审计	违规、违纪次数
2	熟悉公司内部业务流程、管理制度、内控体系，对财务项目进行审计	加强项目管理，提高投资效益	在相同审计范围内应发现而未发现的违规次数，审计重复发现问题的次数
3	配合部门主任，制定内审规章制度体系，使其更加高效、合理运行	健全内审制度，确保审计工作的高质高效	对分公司内部风险控制的改进建议次数，被采纳的提高内审效率合理化建议次数
4	配合部门主管，利用信息技术提高内审工作质量和效率	提高审计工作质量和效率	审计整改按时回复率，审计整改发现缺陷的次数

(续表)

序号	工作职责	期望结果	关键绩效指标
	ABC公司岗位关键绩效指标领域 部门：审计室　岗位：财务审计		
5	与被审计对象协作，充分发挥内审作用，帮助公司逐步提高经济效益	与相关部门形成良性合作关系，保证审计工作的顺序开展	审计项目结束后，审计报告的按时提交率，员工向公司及相关部门提出建议的次数
6	按照工作计划，开展内审工作，严格按业务流程和内审程序工作，及时总结、汇报工作结果	工作计划制订准确及时，确保工作有序开展	财务审计工作及时完成率，财务审计工作未及时完成次数
7	加强相关部门人员的协调和交流	定期进行工作热点、难点探讨，提高工作效率	被部门主任认可有效难点、热点的次数

确定指标之后，需要对指标进行赋值和权重设计等，相关内容已在本书第2章中介绍过，此处不再赘述。

第15章 绩效指标体系建设与优化

战略绩效体系的落实，离不开具体绩效指标的落实。绩效指标设定得合理与否已成为绩效考核制度能否成功的关键。无论使用何种绩效考核工具，绩效指标都是非常有用且必需的支撑，那么绩效指标设置、绩效指标体系的建设与优化就成为我们必须要学习和研究的内容。本章将系统地为读者展现一个完整的绩效指标体系是如何建设起来的。

15.1 绩效指标体系构建

15.1.1 绩效指标类型

为了全面衡量工作过程与效果，关键业绩指标和重点工作指标需要综合使用。

(1) 关键业绩指标一般以定量的形式出现，如计划达成率、费用率、销售毛利率等。

(2) 重点工作指标一般以非定量的形式出现，如制度与流程建设、市场研究、技术策略制定等。

15.1.2 各部门及部门负责人指标结构

(1) 业务单元，主要指负责企业产品及业务的部门。

(2) 支持单元，主要指业务支撑职能部门，如销售支持中心、财务中心、技术与服务中心等。

(3) 发展单元，主要指纯职能部门，如人力行政中心、战略发展中心、证券事务部等。

各部门指标结构建议如表15-1所示。

表15-1 各部门指标结构建议

序号	指标类型	业务单元	支持单元	发展单元
1	关键业绩指标	75%	50%	40%
2	重点工作指标	25%	25%	50%
3	内部客户满意度	—	25%	10%

15.2 绩效指标库建设与维护

绩效指标库由一个个相关指标组成,每个指标可以根据CRT(C表示crnitical successful factors,关键成功要素;R表示responsibilities,关键职责;T表示targets,责任)法来确定。

15.2.1 绩效指标库结构设计

绩效指标库的结构可以参考表15-2。

表15-2 ××事业部绩效指标库

序号	指标类别	业绩指标	指标描述	指标表述及公式	量化/非量化	目标值	考核周期	考核信息来源
1	财务类	经营计划达成率	事业部经营任务完成情况	(本期实际完成收入/计划收入)×100%	量化	×××	季	财务部
2	×××	×××	×××	×××	×××	×××	×××	×××
3	×××	×××	×××	×××	×××	×××	×××	×××

15.2.2 具体指标来源

(1) 通过职能分解确定部门的关键职责(responsibilities),如图15-1所示。

① 通过职能分解确定部门的关键职责 → ② 通过价值树分析确定部门承担的关键成功要素 → ③ 通过战略分析确定部门对企业战略实现的责任 → ④ 合并上述指标源,按照一定的标准筛选 → ⑤ 形成部门业绩指标库,选择当期业绩指标

CRT指标汇总筛选表

操作指南							
部门		大客户集成服务事业部					
关键职责(R)							
序号	职责内容	可提炼的指标	具体性	可衡量	可达到	战略相关	时效性	可控	成本管理
1	完成企业下达的经营目标(收入、毛利、费用率),对本事业部的经营结果负责								
2	建立适应大客户集成服务的盈利模式,并使其有效运作								
3	对于大客户、老客户、战略行业、客户地区客户制定相应的客户策略,提高单位客户的综合业务贡献								
4	参与本部门人员招聘,组织部门业务培训,建设和培养骨干员工队伍,负责本部门人员的考核评价								
关键成功要项(C)									
序号	要项内容	可提炼的指标	具体性	可衡量	可达到	战略相关	时效性	可控	成本管理
1	收集行业、市场信息								
2	评估现有产品、客户、市场								
3	建立和厂商的联系								
4	与客户高层保持密切关系								
5	与客户相关部门保持密切关系								
6	产品的代理范围								
7	及时收集、整理客户信息								
8	定期维护客户关系								
9	客户管理系统								

图15-1 关键职责的职能分解

(2) 通过价值树分析确定部门承担的关键成功要素(critical successful factors), 如图15-2所示。

关键成功要素与部门关联度评价表									
操作指南	选出与关键成功要素相关联的部门,并进行排序								
企业关键成功要素										
序号	关键成功要素	通信产品	应用产品	大客户集成	销售支持	财务	人力行政	企业发展	工程
1	收集行业、市场信息	1	1	1				2	
2	评估现有产品、客户、市场	1	1	1				2	
3	与客户高层保持密切关系	1	1	1	2				
4	与客户相关部门保持密切关系	1	1	1	1				2
5	价格因素			1	1				2
6	产品的代理范围			1					
7	库存结构合理	2	2	2					
8	订单执行迅速、准确	1	1	1	1				1
9	及时收集、整理客户信息	1	1	1	1				1
10	定期维护客户关系	1	1	1					
11	客户管理系统	1	1	1		2			
12	与厂商销售人员密切联系	1	1	1					
13	行业信息	2	2	2				1	
14	集成商关系维护	1	1	1					
15	价格因素				1				
16	服务	1	1						1
17	渠道设计	1	1						
18	市场支持	1	1		2				
19	开放渠道的价格管理	1	1		1				
20	代理管理								
21	商务支持	1	1						
22	合理接单	1	1		1				
23	销售总量	1	1	1					

图15-2 关键成功要素的价值树分解

(3) 通过战略分析确定部门对企业战略实现的责任(targets)，如图15-3所示。

| 1 通过职能分解确定部门的关键职责 | 2 通过价值树分析确定部门承担的关键成功要素 | 3 通过战略分析确定部门对企业战略实现的责任 | 4 合并上述指标源，按照一定的标准筛选 | 5 形成部门业绩指标库，选择当期业绩指标 |

公司的总体战略或经营目标与相关部门的联系									
操作指南		选出与战略目标相关的部门								
总体战略或经营目标		全球领先的ICT产品服务提供商								
序号	总体战略或经营目标具体细分	通信产品	应用产品	大客户集成	销售支持	财务	人力行政	企业发展	工程
	全球领先的ICT产品服务提供商								
1	服务最多的重要行业用户	√	√	√	√				√
2	客户信赖的战略合作伙伴	√	√	√					√
3	为客户提供全面的ICT产品服务		√						√
4	精英团队						√	√	
	使命与价值观								
5	推动企业信息化进程	√	√	√	√			√	
6	打破信息沟通的障碍	√	√						
7	建立信任					√			
8	股东价值最大化					√			
9	客户利益最大化	√	√		√				
10	优秀人才的事业平台						√		
11	回报社会					√			
	核心竞争策略								
	建立广泛的战略联盟，包括：								
12	产品与技术提供商	√	√	√					
13	软件服务开发商		√						
14	客户							√	
15	价值合作伙伴							√	
16	竞争对手	√	√		√				
	发展深度的客户关系，与客户在下述几方面成为全面战略合作伙伴								
17	战略策划							√	
18	ICT战略制定							√	
19	ICT投资							√	
20	运营服务								√
21	应用开发	√	√						

图15-3　公司战略的部门分解

(4) 合并上述指标源，按照一定的标准筛选，如图15-4所示。

图15-4 指标筛选

(5) 形成部门业绩指标库，选择当期业绩指标，如图15-5所示。各二级部门的关键业绩指标可以根据各部门的定位，由部门负责人与上级部门协商确定，指标应向人力资源部报备。

| 1 通过职能分解确定部门的关键职责 | 2 通过价值树分析确定部门承担的关键成功要素 | 3 通过战略分析确定部门对企业战略实现的责任 | 4 合并上述指标源，按照一定的标准筛选 | 5 形成部门业绩指标库，选择当期业绩指标 |

北京光明信息科技股份有限公司以及部门关键业绩指标

部门名称	通信产品部
部门等级	一级

序号	关键业绩指标类别	关键业绩指标	关键业绩指标描述	指标公式	目标值	考核周期	数据源
1	经营业务指标	经营计划完成率	考核事业部销售收入完成情况	本期实际完成收入/计划完成收入×100%		年	财务部
2	经营业务指标	毛利率控制	考核事业部盈利水平	本期实际毛利率/计划毛利率×100%		年	财务部
3	经营业务指标	大客户销售收入贡献率	考核大客户的收入贡献	本期大客户收入/本期直销收入总额×100%		半年	财务部
4	经营业务指标	大客户平均利润贡献	考核大客户的利润贡献	本期大客户销售总利润/大客户数		半年	财务部
5	经营业务指标	销售增长率	考核销售收入的增长情况	(今年销售收入-去年销售收入)/去年销售收入		年	财务部

图15-5　当期业绩指标选择

15.3 绩效指标的选取程序

15.3.1 关键业绩指标的选取

关键业绩指标主要从"部门关键业绩指标库"中选取。部门关键业绩指标库的创建、使用、指导部门为人力资源部。关键业绩指标的选取程序如表15-3所示。

表15-3　关键业绩指标的选取程序

序号	工作项目	主要责任者	参与者	阶段成果
1	下发考核指标讨论的通知	人力资源部	各事业部、一级部门	关于启动关键业绩指标选取的通知
2	确定初步的指标体系结构，包含业绩类、重大任务类、周边评价类等指标	薪酬考核委员会	执行委员会	各部门指标结构
3	指标库向一级部门负责人及上级主管开放	人力资源部	执行委员会、各部门	
4	被考核部门负责人在表格上选取指标并写明理由	各部门	人力资源部	上级选择和部门自选指标表(见表15-4)

(续表)

序号	工作项目	主要责任者	参与者	阶段成果
5	周边部门在表格上选取指标并写明理由	各部门	人力资源部	周边部门选择指标表(见表15-5)
6	上级主管在表格上选取指标并写明理由	CEO	人力资源部	上级选择和部门自选指标表
7	整理上述表格,注明不同意见,进行初步分析	人力资源部		指标汇总分析表(见表15-6)
8	薪酬考核委员会讨论	薪酬考核委员会	人力资源部	讨论意见
9	修改指标,与CEO或被考核部门负责人沟通	薪酬考核委员会	CEO/各部门	考核指标初稿
10	对于意见分歧较大的部门,召开CEO、被考核人、薪酬考核委员会的三方会议,讨论确定方案	薪酬考核委员会	CEO/各部门	考核指标

上级选择和部门自选指标如表15-4所示。

表15-4 上级选择和部门自选指标表

序号	指标库			部门自选		上级选择	
	业绩指标	指标描述	指标表述及公式	是否选择	理由	是否选择	理由
1	经营计划达成率	事业部经营任务完成情况	(本期实际完成收入/计划收入)×100%	√	反映部门的基本经营情况	√	同左
2	×××	×××	×××	×××	×××	×××	×××
×	×××	×××	×××`	×××	×××	×××	×××

周边部门选择指标如表15-5所示。

表15-5 周边部门选择指标表

序号	指标库			同级部门选择	
	业绩指标	指标描述	指标表述及公式	是否选择	理由
1	经营计划达成率	事业部经营任务完成情况	(本期实际完成收入/计划收入)×100%	√	反映部门的基本经营情况
2	×××	×××	×××	×××	×××
×	×××	×××	×××	×××	×××

指标汇总分析如表15-6所示。

表15-6 指标汇总分析表

指标库			选择记录				评价分析	
序号	业绩指标	指标表述及公式	自选	上级选	同级选	一致性	差异原因	讨论结果
1	经营计划达成率	(本期实际完成收入/计划收入)×100%	√	√	√	上级、本部、同级一致认可	√	同左
2	×××	×××	×××		×××	×××	×××	×××
×	×××	×××	×××		×××	×××	×××	×××

15.3.2 重点工作目标的选取

一级部门重点工作目标的选取由CEO负责。在人力资源部的协助下，CEO与被考核部门负责人沟通，结合企业发展战略、业务发展计划，针对被考核部门的职责与定位，把一些具有长期性、过程性、辅助性的关键工作纳入重点工作目标，作为对关键业绩指标的补充和完善。

重点工作目标的选取流程类似于关键业绩指标的选取程序，但一般在上下级之间进行，如有必要，也可以请同级其他部门协助。

选取重点工作目标时应注意的问题有如下几个。

(1) 与关键业绩指标的选择遵循同样的原则，但侧重不易被衡量的领域。

(2) 作为关键业绩指标的补充，不能和关键业绩指标内容重复。

(3) 由于关键业绩指标客观性更强，对绩效的衡量更精确，可用关键业绩指标衡量的工作领域应首先考虑关键业绩指标；对于无法科学量化的领域，再引入工作目标完成效果评价。

(4) 只选择对企业价值有贡献的关键工作领域，而非所有工作内容。

(5) 目标不宜过多，一般不超过5个。

(6) 不同工作目标应针对不同工作方面，不应重复；每个工作目标，应只针对单一的工作方面。

15.3.3 绩效指标库的检查

绩效指标库设置后，应该按照横纵两个维度进行检查。

从横向上，检查相同单位、职务的关键业绩指标与工作目标的选择和权重的分配等标准是否统一；从纵向上，根据企业战略及业务计划、职位工作职责描述，检查各上级的考核指标是否被下属合理承担或进一步分解，能否保证企业整体发展战略目标和业务计划的实现。

第16章 公司管理层绩效考核

大多数绩效经理的工作内容不会涉及管理层考核，因为有些层面如董事会、CEO的考核已经超出人力资源部的职权范围，但理解管理层的考核要点，对理解企业的治理架构和整体运营会有很大的助益，下面我们一起来探讨对企业管理层的考核。

16.1 董事会考核

董事会是股份公司的经营决策机构，向股东大会负责，代表股东对公司的经营实施监督管理。董事会负责审定公司发展规划和经营方针，批准公司的基本管理制度和机构设置；审议公司重大的财务、股权等相关方案；任免公司高级管理人员，并决定其报酬和支付方法。尽管公司业绩可能是考评董事会业绩的一个有效标准，但董事会的行为与公司业绩在时间上不一致，会使得这种评价标准具有时滞性。现代竞争要求进行直接迅速的反馈，这需要对董事会行为进行直接而不是间接的考评。董事会的业绩就像其所管理的公司业绩一样，只有依据预先设定的一些标准，才能对其行为和结果进行有效评估。事实上，对于董事会的考核还在探索中，以下探讨仅供参考。

16.1.1 董事会的考核组织

对董事会的考核应基于这样一个原则，即没有人能够自己评价自己。谁能评价董事会？当然是股东大会，但股东大会非日常行政机构，无法对董事会的运作进行及时监管。对此，《中华人民共和国公司法》对于监事会的职权有明确界定，"监事应对董事、经理执行公司职务时违反法律、法规或者公司章程的行为进行监督""当董事和经理的行为损害公司的利益时，监事应要求董事和经理予以纠正"。由此，董事会的日常监管可以由股东大会委托监事会进行。监事会根据董事会绩效评价的标准和目标要求独立评价，也可委托外部专业机构进行评价，但如果董事会对于外部机构能够施加实质性的影响，使外部机构不能作出客观评价，那么这个评价结果也视为董事会的自我评价。因此，从程序上确保外部机构的独立性是设计董事会考评机制的关键。

在外部专业机构对董事会开展业绩评价过程中，董事会在外部机构选择环节、评价结果汇报评审环节、支付外部机构报酬环节都能够对外部专业机构产生实质性影响，需要考虑如何减少董事会对这3个环节的影响。

选择合适的外部机构是董事会业绩评价的关键环节，如果选择了不合适的外部机构将影响以后其他环节的工作质量，并且将从根本上影响董事会绩效考核的正常开展。选择外部机构这项任务一般可以考虑交给独立董事或第三、第四大股东，交给第三、第四大股东效果可能更好。第三、第四大股东是控股股东，而且持股比例足够大，因此有动力关心公司运行效果，能够选出专业能力强且不受现有董事会成员影响的外部专业机构。

评价结果汇报评审的关键是由谁来评审，它决定绩效评价报告最终能否通过。股东是公司风险的最终承担者，对公司经营状况最为关注，因此，让股东评价效果会比较好。公司每年召开股东大会，在股东大会上公布董事会绩效评价报告，可使股东了解公司经营情况，了解董事、经营团队的经营过程，掌握更多的信息。公布董事会的工作绩效评价报告之前要和董事会成员进行沟通，给董事会成员一个沟通申辩的机会，以便使评价报告更加客观公正。

16.1.2 董事会的考核内容

对于董事会的考核重点是董事会运作的规范性和有效性，考核内容包括公司经营业绩情况、董事会工作机构设置、制度建设、日常运作、决策效果等。作为经营决策机构，董事会对公司的经营情况承担责任，对董事会的运作承担责任。对董事会的考核指标设置应关注两个方面：关键业绩(经营业绩)；关键行为、能力、态度(运作规范性、有效性)。

1. 经营业绩考核

作为关键业绩指标的一部分，公司当年经营成果一般能够通过财务报表反映出来，财务报表一般都经过会计师事务所审计，真实性相对能够得到保证。经营业绩指标包括发展速度、资产质量、盈利能力等。

2. 关键行为、能力、态度考核

(1) 董事会结构的科学性、合理性评价。董事会下设机构是否符合需要；董事之间是否有清晰分工；董事之间合作、沟通机制是否通畅；董事会决策是否顺畅；董事会是

否能有效监管经营层。

(2) 董事任职资格。董事是否具有行业背景；独立董事是否有独立董事资格；董事是否具有高管工作经验。

(3) 董事会运作的科学性、合理性。对于董事会各项议事规则设计的科学性、合理性的评价，以及对实际运行效果的评价，可以采用对董事、高管进行访谈、问卷调研的方式进行。

(4) 审计报告意见。审计报告意见有无保留意见、保留意见、否定意见、无法表示意见4种。对于上市公司而言，独立审计机构的意见是对公司内控能力至关重要的评价。

(5) 董事会决策效果评价，具体包括：参与公司发展战略、重大投资决策及经营计划的制订与审批所花费的时间和精力；企业内部控制制度与风险政策实施情况；CEO及其高级管理团队的经营业绩与合法性；CEO及高级管理层的薪酬安排与继任计划状况；重大项目在实施过程中的技术、成本和进度状况；公司治理结构的改进措施。

董事会考核表如表16-1所示。

表16-1 董事会考核表

考核项目	权重	指标	指标描述
经营业绩	30%	年度利润总额	经核定后的公司合并报表利润总额
		主营业务收入	经核定后的公司合并报表主营业务收入
		净资产收益率	衡量净资产的盈利能力
董事会结构的科学性、合理性	15%	机构合理性	衡量董事会工作机构设置是否符合公司发展需要
		职责明确性	衡量董事会与经营层职责划分是否清晰、董事间分工是否清晰
		制度健全性	衡量董事会及专门委员会的工作制度、议事规则、各项基本管理制度是否健全
董事任职资格	10%	董事会结构合理性	独立董事比例的合理性及董事会规模的合理性
		董事资格符合度	董事是否具有行业背景，是否具有高管工作经验
		独立董事资格符合度	独立董事是否具有独立董事资格
董事会运作的科学性、合理性	10%	依法依章履责	董事会按照规定程序决策；董事会与经营层各司其职，各负其责，协调运转
		信息沟通有效性	董事会同股东代表、监事会、经营层等利益相关方进行及时有效的沟通，为独立董事作出决策提供充分有效的信息
审计报告	15%	审计报告意见	根据外部审计机构的独立审计意见进行衡量
决策效果	20%	董事会报告通过率	股东大会审议通过的董事会报告率
		公司发展战略促进	决议符合公司改革发展的要求，公司价值创造能力、主营业增长能力和公司核心竞争力得到有效提升
		风险管理	对经营管理的重大事项进行审核与评估，避免重大决策失误，强化风险管理

注：本考核表仅供参考，如有需要，请根据实际行业和业务情况调整。

16.1.3 董事个人的考核内容

对董事工作效果的评价可以从责任履行、工作结果的角度来进行，具体包括以下4个方面。

1. 履职义务

履职义务即董事按照职责要求，必须承担的工作任务。履职义务考核指标包括如下几个。

(1) 决策参与。

(2) 投入工作时间。

(3) 工作任务完成情况。

2. 董事互评

董事互评是董事工作质量评价的关键环节，只有董事清楚董事工作质量是否符合公司发展要求。董事互评从以下几方面开展。

(1) 沟通协作。

(2) 专业能力。

(3) 履职态度。

3. 监事会评价

监事会评价是董事工作合规性的外部约束力量，通过监事会监督，可确保董事决策行为的合法性、合规性。

4. 决策效果评价

决策效果评价即评价董事任期内个人决策和董事会正确决策的一致性，包括误拒决策和误受决策。误拒决策指董事会决策事项是正确的，但是董事个人投反对票。误受决策指董事会决策事项是错误的，但董事个人投赞成票。当然，这种评价要考虑决策事项的效果体现需要更长的时间，部分决策评价可以延期到董事任期结束之后。

16.1.4 董事会考核结果应用

对董事会进行考核的目的在于推动董事会运作效能的改善，促使董事更好地工作，以提升公司的运营效率。因此，对董事会的考核应侧重于揭示信息，让股东、社会公众更全面地了解公司运营状况。一般的考核评价都会影响被考核者当期的报酬，但对董事会的考核评价应避免对董事的报酬产生影响,主要原因在于,董事工作业绩评价周期较长,一般和任期相同。而且部分董事没有从公司领取报酬,也无法影响其报酬。董事一般社会地位较高,信息披露已经足以影响其行为,其效果要远大于降低报酬对其产生的影响。

16.2 公司高层管理团队绩效考核

公司高层管理团队指总经理带领的高级管理者,如运营副总、营销副总、财务副总等。对他们的考核除了遵循一般的管理者考核思路之外,也有一定的特殊性。

16.2.1 公司高层管理团队绩效考核设计思路

1. 考核对象

高层管理团队原则上指总经理及其直接管辖的高层管理者。

2. 考核周期

由于高层管理者从决策到产生效果的周期较长,一般建议选择年度考核,最短也应选择半年考核。

3. 考核内容

(1) 与公司中基层管理者相比,对高层管理团队的考核应偏重于其对未来的洞察力、战略管理能力、大局观、领导能力、文化塑造能力、外部合作能力等。

(2) 对于高管的考核更应该强调目标责任结果。作为对公司经营管理能直接产生影响的高管,需要承担完成公司经营目标的责任。

4. 考核方式

(1) 量化考核与述职相结合。财务、人力、运营等各部门提供支持数据,主管副总向总经理述职,总经理向公司董事会述职是比较常见的考核方式。

(2) 个人绩效与团队绩效相结合。高管团队要具备大局观,整体团队绩效不达标,个人绩效即使达标也会受到较大影响。

5. 考核结果应用

考核结果应用于高管团队的任免、薪酬等方面,一般需要得到公司董事会的批准。

由于考核周期较长,高管考核结果往往会影响其负责的团队,考核结果需要尽快应用,以便下级团队的应用操作。

16.2.2 公司高层管理团队绩效考核办法

根据以上设计思路,对于高层管理团队的绩效考核可以参考以下示例。

××公司总经理及其高管团队年度绩效考核与薪酬管理办法(示例)

一、目的

(1) 强化以目标责任结果为贡献评价标准的公司价值评价体系,确保公司年度各项经营目标的达成。

(2) 促使公司总经理及其高管团队不断提升自身素质,树立良好的品德和领袖风范,激发其献身精神和奋斗精神,勇于承担目标责任。

(3) 促使公司高管团队关注公司整体团队运作,注重团队士气和组织气氛的营造,重视关键员工的培养和干部梯队的建设。

(4) 年度薪酬激励分配以年度绩效考核结果为标准,同时也将其作为下一年度安排公司总经理及其高管团队的依据,促进建立公司管理者能上能下的机制。

二、适用范围

经公司董事会决议聘任的公司总经理、公司副总经理级别的高级管理人员的年度绩效考核与薪酬管理适用本办法,具体包括以下内容。

(1) 公司总经理及其高管团队年度绩效目标的确定与完成情况考核的执行。

(2) 与年度绩效目标挂钩的公司总经理年度薪酬包的确定与执行。

(3) 与年度绩效目标挂钩的除总经理外的其他高管团队整体年度薪酬包的确定与执行。

三、指导原则

(1) 责任结果导向原则。强调以责任结果为价值评价导向,关注个人绩效目标的达成,同时也关注对公司整体绩效目标的支撑。

(2) 述职与考核相结合原则。通过述职,促进公司总经理及其高管团队理清思路,抓住重点,合理配置资源,确保对公司年度绩效目标的支撑;通过承诺与考核,强化执行落实与组织协作意识,不断提高组织的整体绩效。

(3) 公司绩效与团队绩效、个人绩效相结合原则。为增强公司总经理及其高管团队的责任和目标意识,公司总经理及其高管团队须就公司年度绩效目标进行承诺。同时,绩效承诺达成的结果即绩效考核成绩直接影响公司整体薪酬包额度、公司总经理年度薪酬包额度以及除公司总经理外其他高管整体年度薪酬包额度。

(4) 客观公正原则。强调依据结果数据和事实进行评价。

四、年度绩效目标承诺与完成结果考核流程

1. 公司总经理及其高管团队的年度绩效目标承诺与考核流程

(1) 年初，公司总经理及其高管团队进行年度经营计划述职与绩效目标承诺(包括持平目标、达标目标、挑战目标)，并分别签订承诺书。

(2) 年中，对绩效目标达成情况进行跟踪。

(3) 第二年年初对上一年的年度绩效进行综合评议。

2. 年度经营计划述职

为推动公司年度经营目标自上而下有效落实，要求公司总经理及其高管团队在年初(一季度)进行年度经营计划述职。原则上要求各副总经理向总经理述职，具体要求由公司总经理另行规定；公司总经理向董事会考核与薪酬委员会预述职，经会议审议后，向公司董事会正式述职。

(1) 公司总经理年度经营计划述职的主要内容。

① 公司长期规划与重点；

② 公司未来1年的年度经营计划与绩效目标；

③ 公司未来1年的财务预算和人力资源规划；

④ 公司组织气氛的营造，关键员工的培养和干部梯队建设等相关计划；

⑤ 强调质量和客户满意度，落实业务流程优化进展指标；

⑥ 强调与业界最佳比较、与上年比较，不断改进；

⑦ 其他未来1年工作中需要强化的管理要点。

(2) 公司总经理年度经营计划述职的主要内容。

① 上年度工作回顾(成绩与教训)；

② 与竞争对手及业界最佳基准比较；

③ 本年度关键绩效目标承诺；

④ 业务策略与关键措施；

⑤ 财务及人力预算；

⑥ 困难求助。

3. 年度绩效目标承诺

依据年初的述职结果，公司总经理及其高管团队确定并签署年度绩效承诺书。签署后的承诺书由董事会考核与薪酬委员会存档，作为对绩效承诺者进行绩效评价的依据。年度绩效承诺的内容包括以下几项。

(1) 结果目标。公司总经理及其高管团队承诺在考评期内所要达成的绩效结果性目标，分为持平目标、达标目标和挑战目标，以支持公司年度经营绩效目标的实现。

(2) 执行措施。为达成绩效结果性目标，应采取哪些关键措施，以确保结果目标的最终达成。

(3) 团队建设。为保证公司整体绩效的达成，更加高效地促进关键措施的执行和结果目标的达成，应就团队士气和组织气氛的营造、关键员工培养和干部梯队建设等相关计划进行承诺。

4. 绩效跟踪

(1) 该阶段由董事会考核与薪酬委员会利用季度财务报告等，对公司总经理及其高管团队的绩效目标执行完成状况进行例行跟踪、分析。

(2) 公司年度经营计划及绩效目标一经确定，原则上应保持相对稳定。如确实需要更改，须向董事会考核与薪酬委员会提出申请，经董事会考核与薪酬委员会会议审核，并提交董事会决议通过才能变更，并在董事会考核与薪酬委员会备案。

5. 年度绩效综合评议

对照公司总经理及其高管团队年度绩效承诺目标的达成状况，董事会考核与薪酬委员会进行综合评议并给出初评意见，双方将初评意见与公司总经理及其高管团队进行反馈沟通后，提交董事会会议审议通过，确定最终年度绩效考核结果。

五、年度绩效考核职责分工

1. 董事会

(1) 评审公司总经理及其高管团队的年度经营计划述职报告。

(2) 与公司总经理及其高管团队讨论确定其年度绩效目标承诺。

(3) 建立并组织实施例行的绩效分析评审会，针对公司总经理及其高管团队的绩效承诺和改进要求，及时监控与指导。

(4) 负责对公司总经理及其高管团队进行年度绩效考核，确定绩效考核结果。

(5) 就年度绩效考核结果，向公司总经理及其高管团队进行沟通反馈。

2. 公司总经理及其高管团队

(1) 年初根据要求，撰写述职报告，向董事会进行年度述职。

(2) 与董事会一起讨论确定并签署年度绩效承诺书。

(3) 参与董事会组织的例行跟踪、分析和评审会议，按照评审意见进行绩效改进。

(4) 承诺书中相关工作内容如有较大变更，应及时向董事会提出修改意见，并向董事会考核与薪酬委员会提出修改申请。

3. 董事会考核与薪酬委员会

(1) 作为考核实施的组织部门，确保绩效考核符合流程规范。

(2) 协助公司总经理及其高管团队制定年初述职报告和年度绩效承诺目标书。

(3) 收集、跟踪公司总经理及其高管团队承诺目标的达成情况，并进行必要分析。

(4) 负责公司总经理及其高管团队的述职、例行绩效分析评审、年终考核初评，提出初评意见并与公司总经理及其高管团队进行沟通反馈。

六、年度绩效目标承诺及考核结果的应用

1. 考核结果的得出

年度绩效综合评议结果主要参照年度绩效承诺指标达成目标值的情况，并以加权记分的方式得出结果，具体的记分方式包括以下几种。

(1) 年度绩效指标达到持平目标值的为70分。

(2) 年度绩效指标达到达标目标值的为100分。

(3) 年度绩效指标达成挑战目标值的为120分。

存在多项绩效考核指标的，以各项指标得分的加权分数之和作为最终年度绩效考核结果评分。

2. 考核结果的应用

(1) 年度绩效综合评分≤70，即年度绩效未达成或刚达成承诺的持平目标。

① 公司总经理及其高管团队年度薪酬包的计算公式为

本年度薪酬包总额＝上一年度薪酬包总额×[1-(70-年度绩效综合评分)/70]

② 公司总经理及其高管团队正职降为副职或予以免职。

(2) 70＜年度绩效综合评分≤100，即年度绩效超过承诺的持平目标，或已达成承诺的达标目标。

公司总经理及其高管团队年度薪酬包的计算公式为

本年度薪酬包总额＝上一年度薪酬包总额×[1+(年度绩效综合评分-70)/30×30%]

(3) 100＜年度绩效综合评分≤120，即年度绩效超过承诺的达标目标，或达成承诺的挑战目标。

公司总经理及其高管团队年度薪酬包的计算公式为

本年度薪酬包总额=上一年度薪酬包总额×[1+(年度绩效综合评分-100)/20×50%]

(4) 120＜年度绩效综合评分。

公司总经理及其高管团队年度薪酬包的计算公式为

本年度薪酬包总额=上一年度薪酬包总额×[1+50%+(年度绩效综合评分-120)/120]

七、解释、修订和废止

本办法的解释、修订和废止权归公司董事会。

××公司董事会
2022年×月×日

16.3　总经理绩效考核

在多数公司中，总经理通常就是整个组织里职务最高的管理者。作为公司经营管理的一把手，总经理负责看方向、建班子、调资源。毫无疑问，总经理要对达成公司的经营目标承担责任，但短期目标和长期目标如何均衡？总经理的考核又是谁说了算呢？

16.3.1　总经理的考核组织

如果总经理自身就是大股东，那就只能由市场来评判总经理的绩效优劣。股份公司的总经理是由董事会聘任的，对董事会负责，在董事会的授权下，执行董事会的战略决策，实现董事会制定的经营目标。因此，在股份公司内部，评价总经理是董事会的责任。

关于公司预期达到的业绩目标和如何对其进行量化与评价，董事会与总经理应事先达成一致。对总经理的绩效评估通常包括正式的年度评估和中期评估两个部分。通常由董事长提供反馈意见，如果董事长和总经理由一人兼任，则由一个指定的独立董事来提供反馈意见。

对于其他高管人员，董事会也应该考虑总经理如何正确评估向其报告工作的高管。董事会应该采取全面的视角来评估执行人员绩效，要以一个明确的标准为基础，包括对财务指标、非财务指标和战略性目标的评估。

16.3.2 总经理的考核内容

董事会对总经理的业绩考核,主要包括以下几个方面内容。

1. 领导力

(1) 诚实正直。总经理是否具备高尚的道德意识、诚实和公平的品质以及创业精神?总经理能否帮助公司营造积极向上的氛围?其行为是否符合职位的要求?

(2) 战略视野。总经理是否为公司确定了一个合理且清晰的经营方向?此经营方向是否为业务的建立与发展奠定了坚实的基础?实际经营计划是否反映出战略视野?

(3) 领导班子。总经理是否已建立起一个很强的管理班子?管理班子是否像一个团队一样运作?总经理是否能及时替换不能胜任工作的管理人员?

2. 战略管理能力

(1) 战略一致性。公司战略是否每时每刻都在发挥作用?公司各级管理者是否明确知晓公司的战略方向?公司各方面的运营是否与战略协调一致?战略是否得以有效实施?战略实施方法有哪些?战略实施过程中的问题有哪些?

(2) 公司文化。对于一个公司总经理来讲,他在调动员工工作积极性、增强公司活力方面做得怎么样,直接决定了其作为领导者的胜任力。同时,公司文化是否强化了公司的使命和价值观,也印证了领导者是否能够高瞻远瞩。

3. 实现公司业绩目标的能力

(1) 公司财务与经营目标。长期和短期的目标是否明确?销售收入、利润、生产率、资产利用率、产品品质和客户满意度是否有所提升?总经理实现战略计划目标的能力如何?

(2) 股东价值和竞争地位。一个具有战略远见的总经理,应该能够均衡股东价值目标(如股价)和竞争业绩目标(如市场占有率)。

(3) 人才队伍建设。根据公司战略规划所进行的人才储备,直接决定了一家公司未来的发展潜力。支持公司增长目标的人才储备充足,有助于公司在未来的竞争中取得成功。

4. 外部关系管理能力

(1) 外部利益相关者关系。总经理是否能够带领公司与利益相关者(包括客户、供应商、政府、媒体等)建立有效的关系？

(2) 与董事会的关系。总经理是否尊重董事会的独立性？总经理作出重大投资决策之前是否会与董事会商量并获得董事会的批准？总经理是否尊重非执行董事以及他们独立开会的要求？

为保持考核模式的一致性，我们将如上评价因素用平衡记分卡的思路进行整理，得出总经理考核表，如表16-2所示。

表16-2 总经理考核表

考核方向	权重	指标	指标描述
财务	15%	净资产回报率	衡量净资产的盈利能力
	10%	税后净利润率	衡量公司的盈利能力
	15%	销售收入	衡量公司的销售收入
	10%	股价(上市公司)	是否通过合理的经营结果及长远策略使股价持续增长，为股东带来回报
	5%	总资产周转率	提高资产利用效率
	5%	成本费用利润率	提高当期经营投入的盈利能力
内部流程	20%	公司战略目标完成率	公司战略发展计划的完成情况，确保战略执行能力和一致性
客户	5%	市场占有率	确保公司在行业内的市场领导地位
	5%	品牌价值增长率	树立良好的品牌形象
学习与发展	5%	核心员工保留率	增强公司对关键人才的吸引力和保留能力
	5%	员工流失率	确保有序的人员流动，防止员工流动带来经营风险

> **小贴士：对总经理的考核应该从实际情况出发**
>
> 行业不同，企业所处阶段不同，对总经理的能力要求也不同。能创业的人不一定能守业，能守业的人不一定能创新，基业长青的企业对总经理的考核应该从实际情况出发，不能照搬照抄其他企业经验。

16.3.3 总经理考核结果应用

总经理是公司内部管理的最高决策者，对于其绩效考核结果的应用，需要由董事会根据考核结果、聘用文件的约定和董事会相关章程来决定。一般而言，可以将考核结果应用于如下方面。

1. 总经理任免

如考核周期内总经理被认定为不胜任，则总经理会被董事会弹劾、降职乃至直接撤职；如总经理基本胜任，则董事会可以聘请外部顾问对其进行辅导，帮助其在经营管理上进一步改进；如总经理完全胜任，则总经理可以在任期满后，被继续聘用。当然，如果经营业绩不好，不仅总经理面临职业危机，整个管理团队乃至公司都面临裁员或战略收缩之忧。

2. 总经理薪酬及高管团队的薪酬

作为高层管理者，为最大限度地将总经理和公司的利益捆绑在一起，总经理的薪酬很大部分应依据公司的经营情况或考核结果来决定。常见的做法是将总经理及其高管团队的薪酬包与考核结果挂钩，根据业绩完成情况发放薪酬。比如，可以设立挑战、达标、合格等不同的考核档，但不同考核档之间要拉开差距，以增加激励力度。

第17章 绩效结果分析

绩效考核是一种人力资源管理手段，考核并不终止于考核结果。在员工及各级组织的绩效考核结果出来之后，人力资源部门应该从各个维度对绩效结果进行诊断和分析，找到绩效的变化点，形成绩效分析报告，据此改进管理。根据考核对象的不同，绩效分析可分为员工绩效分析及组织绩效分析。

17.1 绩效结果分析方法

绩效改进基于绩效结果分析。绩效结果分析是指根据绩效考核结果(文字型和数字型)挖掘更深层次的原因，提出有价值的综合性绩效改进意见，结合客观情况，有针对性地制订绩效改进计划，达到提升绩效的目的。绩效考核结果分析方法可分为横向比较分析和纵向比较分析。

17.1.1 横向比较分析

横向比较分析是指在同一考核周期内，以不同客体(指标、人员、部门、类别)为变化量进行比较分析。可以对同一对象(人员、部门、类别等)的各指标进行比较，分析其各项工作的执行情况，以便于进行工作指导和工作协调；也可以对不同部门和职位类别进行比较，依据任务完成情况或对组织的贡献进行排序，从而确定发放绩效工资和评优等的依据。在比较过程中，可以发现本次评价过程存在的各种误差，以利于及时调整，使以后的评价工作质量进一步提高。

某企业对考核结果的横向比较分析如表17-1和图17-1所示。

表17-1 考核覆盖情况

部门	总人数/人	应参考人数/人	实际参考人数/人	考核覆盖率/%	说明
成本管理中心	22	20	20	100	两名试用期员工未参加
设计管理中心	7	7	7	100	无
光明项目部	8	8	6	75	行政经理、司机各1人未参加
西安项目部	6	6	6	100	全部参加
合计	43	41	39	95.12	

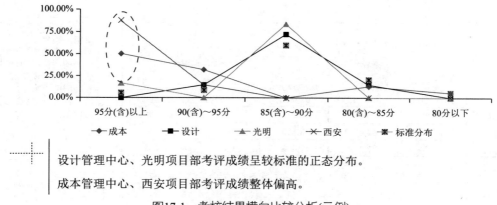

设计管理中心、光明项目部考评成绩呈较标准的正态分布。
成本管理中心、西安项目部考评成绩整体偏高。

图17-1 考核结果横向比较分析(示例)

17.1.2 纵向比较分析

纵向比较分析是指以客体(人员、部门、企业)为变量,对不同考核期的同一考核指标进行比较分析。通过对员工(或部门、企业)本期指标考核结果与上期考核结果进行对比分析,明确业绩差距及寻求引起差距的内在原因,以达到有针对性地改进员工、部门、企业绩效的目的,具体可以从以下几个方面进行比较分析。

(1) 单项考核结果的平均水平与任一年度的同一考核指标比较,观察其变化情况,有无进步以及进步大小。可以进行全部指标的比较,也可以任选某些指标进行比较。

(2) 各单项考核结果的平均水平的历年变化情况,以分析单项考核结果的历史变化趋势。

(3) 对各组考核指标总体平均水平进行比较,对某一年度或历年的变化趋势进行分析,方法与分析单项指标相同。

某企业对考核结果的纵向比较分析如图17-2、图17-3、图17-4所示。

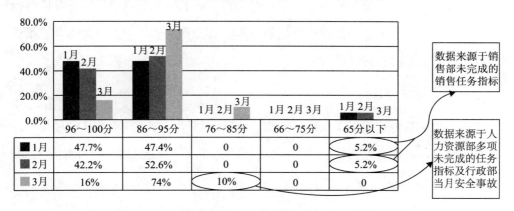

图17-2 第一季度各部门考评结果分布(未强制分布)

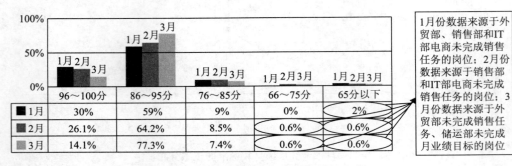

图17-3 第一季度各岗位考评结果分布

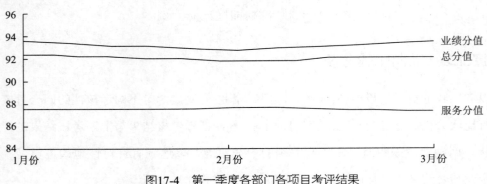

图17-4 第一季度各部门各项目考评结果

17.1.3 绩效结果分析程序

在进行考核结果分析时,从考核结果数据收集到提出绩效改进计划应有明确的程序,以达到考核结果分析的目的。

1. 明确考核结果分析责任

分析是改进的前提,考核结果要应用于改进员工和组织的业绩,为了确定考核结果分析责任,绩效分析人员应从熟悉员工和组织工作情况的人员中产生,并且应对他们进行培训。这一做法有利于绩效改进计划的实施。人力资源部负责提供总体分析报告,各部门或负责人负责提供各自领域的分析报告。

2. 收集、整理考核结果

考核结果包括考核指标、权重、标准、执行计划等信息。分析人员应尽量多地掌握考核整体情况,以便通过考核文字和数据材料来分析产生考核结果差异的原因。

3. 掌握考核结果分析方法

选用正确的考核结果分析方法,通过培训指导分析人员正确地运用分析方法,经过对比得出客观的分析结果。

4. 分析原因并提出改进措施

分析人员应对考核指标进行多维度分析。首先，对单个指标在同一条件下不同时期的考核结果进行分析，以确定单一指标在不同时期的差异及原因；其次，对各个指标的考核结果进行全面综合分析，以确定业绩改进的总体目标和措施。在实际分析过程中，对能力类指标(难以量化的)和业绩类指标(能量化的)应区别对待，应先进行业绩类指标分析，在找出差距的基础上，再进行能力类指标分析。这主要是因为业绩类指标的考核结果更客观且容易得到员工认可，而能力类指标服务于业绩才能体现其价值。

5. 分析限制条件

在进行纵向比较分析时，要考虑以下因素的限制。

(1) 考核结果的计算方法不变。

(2) 权重体系保持不变。

(3) 单项指标相对得分的对照量不变。

如果不具备上述条件，可以本期调整上期(或以上期调整本期)的方式对考核结果进行调整，以使考核结果分析具有可比性。

6. 注意事项

无论是各部门主管还是人力资源部门人员，都必须具备丰富的分析经验和对实际情况的深刻了解。只有这样，才能通过分析呈现事件的本质。为了防止或减少分析误差，避免出现误导员工行为指向及浪费企业人力、物力等情况，必须严格挑选和培训分析人员。

17.2 员工绩效结果分析

员工绩效结果分析是指对员工群体的绩效考核结果进行分析，以发现问题并实施改进的活动。员工绩效分析结果可展现在员工绩效分析报告中。以强制考评比例分布的模式为例，员工绩效分析包括考核等级、考核规范度、部门、职级、岗位等分析。

17.2.1 考核等级分析

考核等级分析主要考查考核等级的总体分布情况,可以从以下两个角度进行分析。

(1) 考核等级的分布是否符合企业的强制等级分布结果。

(2) 考核等级的分布是否符合正态分布规律。

某企业某次考核成绩:卓越/优秀(85分以上)297人,占考核人数的70.7%;合格(75～84.9分)104人,占考核人数的24.8%;需改进(60～74.9分)17人,占考核人数的4%;不合格(60分以下)2人,占考核人数的0.5%。该考核成绩没有采取强制分布。较合理的等级分布比例应为:卓越(S)——5%;优秀(A)——30%;合格(B)——40%;需改进(C)——20%;不合格(D)——5%。本期考核等级呈现不合理的等级分布,主要原因是××部门得A的比例过高。

考核成绩(示例)如表17-2所示,考核等级总体分析(示例)如图17-5所示。

表17-2 考核成绩(示例)

等级	卓越(S)	优秀(A)	合格(B)	需改进(C)	不合格(D)	合计
人数	60	237	104	17	2	420
结构比例	14.3%	56.4%	24.8%	4%	0.5%	100%

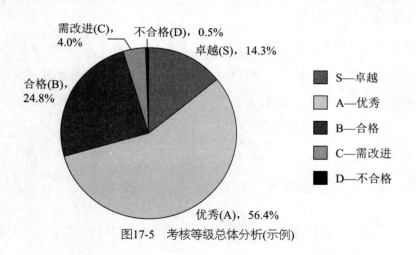

图17-5 考核等级总体分析(示例)

17.2.2 考核规范度分析

考核规范度分析主要考查考核过程及结果的规范情况,可以从以下几个角度分析。

1. 及时性

及时性包括是否按时提交计划、是否按时完成绩效计划拟制、是否按时完成绩效沟通等。

2. 过程规范度

过程规范度包括考核材料是否完整、是否按照考核程序完成所有规定动作、材料质量如何等。考核规范度分析(示例)如表17-3和图17-6所示。

表17-3 考核规范度分析(示例)

序号	部门	未达成目标说明填写份数	占总份数比/%	总份数	填写质量
1	资讯组	0	0	4	差
2	财务部	5	29.4	17	一般
3	采购组	7	50	14	一般
4	仓管组	14	33.3	42	一般
5	一车间	2	6.1	33	差
6	二车间	0	0	26	差
7	三车间	37	94.9	39	良
8	加工组	1	5.0	20	一般
9	维修组	7	10.4	67	差
10	塑胶组	21	87.5	24	一般
11	生管组	10	90.9	11	优秀
12	品管组	31	72.1	43	一般
13	业务组	29	36.3	80	一般
	合计	164	39.0	420	

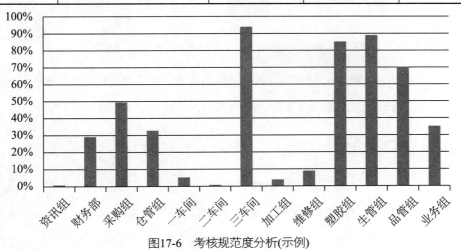

图17-6 考核规范度分析(示例)

17.2.3 部门分析

部门分析主要考查各部门的考核等级或分数的分布情况，关注各部门考评尺度的一致性，可以从以下角度进行分析。

(1) 每个部门员工考核等级的分布情况。

(2) 每个部门员工考核分数的分布情况。

(3) 在非强制比例分布情况下，各部门员工考核结果的对照。

部门员工考核结果对照(示例)如表17-4和图17-7所示。

表17-4　部门员工考核结果(示例)

部门	考核结果					
	卓越	优秀	良好	合格	需改进	合计
财务部	3	5	6	8	2	24
生产部	7	15	8	15	1	46
工程部	2	4	3	8	2	19
销售部	6	3	3	2	1	15
研发部	5	7	10	6	3	31
合计	23	34	30	39	9	135

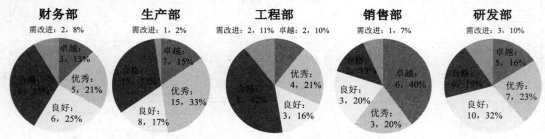

图17-7　部门员工考核结果对照(示例)

从以上部门员工考核结果的对照中可以明显看出，销售部的考核比例分布严重不均衡，卓越及优秀的比例过高，需要进一步分析。

17.2.4 职级分析

如果采用分层分级考核的模式，职级分析主要考查不同职级间的绩效等级结果的分布情况。如果部门主管作为绩效考评人，考核可能多向高职级骨干倾斜，在强制比例分布的情况下，低职级员工可能会承担更多的低绩效比例。职级分析可以从以下角度进行。

(1) 不同职级的考核结果分布情况。

(2) 不同职级段考核结果分布情况。

各职级员工考核结果分布分析(示例)如表17-5所示。

表17-5 各职级员工考核结果分布分析(示例)

层级	职级	类别	杰出	优秀	良好	合格	不合格	合计
基层	13	人数	5	12	23	7	3	50
		比例	10%	24%	46%	14%	6%	100%
	14	人数	6	24	30	4	1	65
		比例	9%	37%	46%	6%	2%	100%
	15	人数	2	10	15	3	1	34
		比例	6%	29%	44%	9%	3%	100%
	合计	人数	13	46	68	14	5	146
		比例	9%	32%	47%	10%	3%	100%
中层	16	人数	1	5	6	2	0	14
		比例	7%	36%	43%	14%	0%	100%
	17	人数	1	3	5	2	0	11
		比例	9%	27%	45%	18%	0%	100%
	合计	人数	2	8	11	4	0	25
		比例	8%	32%	44%	16%	0%	100%

参考比例：杰出≤10%；优秀≤30%；良好≥45%；合格≥10%；不合格<5%。

从以上数据可以看出，虽然从基层员工的总体来看问题不大，但14级员工严重挤占了13级员工的优秀比例，而中层员工没有被评为不合格的也不符合正态分布，需要进一步分析考核人员是否存在不敢淘汰高职级人员的倾向。

17.2.5 岗位分析

岗位分析主要考查不同岗位或岗位族间绩效等级结果的分布情况，例如在强制比例分布下，管理者的高绩效比例是否会挤占专业技术人员或操作类人员的高绩效比例，可以从以下角度进行分析。

(1) 不同岗位的考核结果分布情况。

(2) 不同岗位族的考核结果分布情况。

各岗位族员工考核结果分布分析(示例)如表17-6和图17-8所示。

表17-6 各岗位族员工考核结果分布分析(示例)

岗位族	类别	杰出	优秀	良好	合格	不合格	合计
中基层管理者	人数	2	6	9	2	0	19
	比例	11%	32%	47%	11%	0%	100%
专业技术类	人数	5	12	23	7	3	50
	比例	10%	24%	46%	14%	6%	100%

(续表)

岗位族	类别	杰出	优秀	良好	合格	不合格	合计
操作辅助类	人数	3	15	18	5	4	45
	比例	7%	33%	40%	11%	9%	100%
总体	人数	10	33	50	14	7	114
	比例	9%	29%	44%	12%	6%	100%

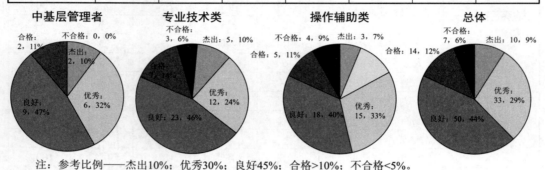

注：参考比例——杰出10%；优秀30%；良好45%；合格>10%；不合格<5%。

图17-8 各岗位族员工考核结果分布分析(示例)

从图17-8可以看出，虽然总体比例基本符合要求，但专业技术类的优秀、杰出所占比例明显被挤占，中基层管理者无不合格人员，对这些异常情况需要进一步分析。

17.2.6 司龄分析

司龄分析主要考查不同司龄间绩效等级结果的分布情况，重点考查老员工是否会挤占新员工的高绩效比例、司龄和考核结果的关系等。按司龄员工考核结果分布分析(示例)如图17-9所示。

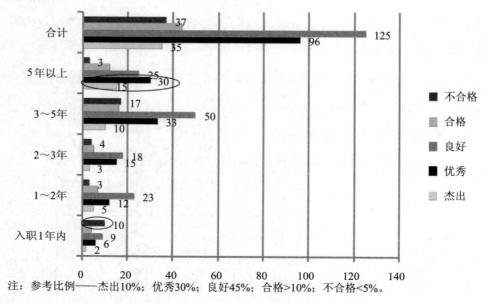

注：参考比例——杰出10%；优秀30%；良好45%；合格>10%；不合格<5%。

图17-9 按司龄员工考核结果分布分析(示例)

从图17-9可以看出，虽然总体而言分布基本符合要求，但5年以上的杰出和优秀所占比例明显偏高，入职1年内的新员工几乎揽下三分之一的不合格比例。对于这一现象，需要进一步分析。

17.2.7 等级分析

等级分析主要是对绩效异常的员工进行分析，重点观察绩效的持续性或绩效异常的规律性，可以从以下角度进行分析。

(1) 持续高绩效员工的情况。

(2) 持续低绩效员工的情况。

员工绩效等级趋势分析(示例)如表17-7所示。

表17-7 员工绩效等级趋势分析（示例）

姓名	一季度	二季度	三季度	四季度
王红	优秀	杰出	良好	良好
李斌	良好	杰出	杰出	不合格
张星星	良好	良好	不合格	不合格
刘文武	合格	不合格	不合格	不合格
胡劲松	杰出	良好	优秀	良好
张丽丽	不合格	合格	良好	优秀
孙莉娟	杰出	杰出	杰出	优秀
李燕	合格	优秀	良好	良好
马秋霜	优秀	良好	优秀	优秀
张三丰	合格	合格	良好	良好

从表17-7中可以看出，李斌作为一名优秀员工，在四季度出现了绩效突变，需要进一步分析；刘文武长期绩效不佳，需要采取管理措施；孙莉娟长期绩效优秀，需要重点关注。

17.2.8 结合其他维度分析

在考核结果分析中，也可以结合员工满意度、组织氛围、离职率、考勤情况、工时等指标进行分析，寻找影响绩效的相关因素，对于各项指标异常度较高的群体进行重点关注。分析人员应有更广阔的视野，同时对整个考核体系和各指标间的关系有更深入的理解。

> **小贴士：科学决策的基础是对数据进行有效分析**
>
> 在考核完成后，一定要对数据进行分析，确认与考核导向是否一致，并结合综合信息制定后续管理决策，形成分析报告。分析报告建议在总经理办公会议上发布，引导员工参与讨论，以形成持续的管理改进。

17.2.9 员工绩效考核实施总结报告

完成员工绩效考核之后，建议结合本次绩效考核情况形成员工绩效考核实施总结，总结范围涵盖考核对象、考核过程、考核形式等，一旦发现不足，立刻进行改进。在此提供××公司员工绩效考核实施总结报告，以供参考。

××公司员工绩效考核实施总结报告(示例)

为了更加清楚地了解各部门员工的工作成果、工作能力和工作态度，人力资源部从××××年××月××日开始，分批对中层和部分基层员工进行了一系列考核。考核结束之后，人力资源部针对考核结果安排考核主管分别与被考核者一一进行绩效反馈与面谈，以确保被考核者明确自己的绩效改进方向。另外，对于考核成绩不理想者，人力资源部进行了深入调研，以避免考核结果可能出现的偏差，最终确定淘汰人员名单。

接下来，就本次考核的具体过程作如下汇总分析。

一、考核方法的选取背景

鉴于公司考核体系尚不健全，员工考核意识淡薄，本次考核主要采用360度全面考核评估法。这种考核法能够最大限度地避免由评估人所造成的不公正，进而保证考核结果的客观性和科学性。在现有的情况下，这样的考核结果，员工也比较能够接受。

二、考核目的

对中层管理干部和部分基层员工的工作成果进行摸底，进一步了解他们的工作能力和工作态度，为下一轮的人员配置、员工绩效管理等人力资源工作打下良好基础。

三、考核者与被考核者

(1) 被考核者：中层管理干部(14人)；基层员工(14人)。

(2) 考核者：中层管理干部(35人)；基层员工(24人)。

四、考核的具体形式

1. 考核指标的提取

(1) 中层管理干部。中层管理干部考核指标的选取主要涉及业绩成果、执行力、团队影响力、组织文化认同等16个有代表性的方面。

(2) 基层员工。基层员工考核指标的选取主要涉及业绩成果、工作态度、工作能力3个方面。

2. 考核的具体执行

本次考核主要采用360度考核表进行评分，考核者主要从被考核者的直接上级、本部门同事、工作关系密切的其他同级同事、客观公正并有责任心的部分员工当中选取，以不记名的方式进行。

被考核者在此次考核中，同时又是考核者，但是被考核者不对自己进行考核。

五、考核结果说明

考核结果主要包括每项指标的单项总分、单项均分、单项评定等级、综合评定结果、优点与不足之处。

以下是中层管理干部综合评定结果汇总。

被考核者1：良好水平，总分2604.4，平均分78.92，单项均分4.08；

被考核者2：良好水平，总分2558.5，平均分79.95，单项均分4.07；

……

六、绩效反馈与面谈

人力资源部将考核结果反馈给被考核者，并分别与之进行绩效面谈，共同制订绩效改进计划，使被考核者明确自己的绩效改进方向。

七、考核中的问题

1. 考核本身设计问题

绩效考核的前提是有稳定的组织结构与科学的职位描述体系，但这些正是我们所欠缺的，这些欠缺导致某些考核指标的选取不够科学、流程设计不够合理。

2. 沟通问题

考核实施过程中的关键问题是考核者与被考核者之间的沟通问题。如果部门经理在协助下属员工明确个人工作目标时不与本人进行充分沟通，在考核过程中没有进行引导与协助，那么考核结果就不会起到绩效改进的作用。这是本次考核部分考核数据失效的原因。

3. 认识问题

部分员工(也包括一部分中层管理人员)对绩效考核的认识不到位，他们认为绩效考核是人力资源部的工作，对于他们来说只是走形式，所以从思想上还不够重视。此外，在考核实施过程中，有的员工认为考核就是考核者找员工的麻烦。这些认识上的误区使被考核者产生了明显的抵触与排斥情绪。

八、改进策略

1. 优化绩效考核体系

通过本年度绩效考核实践，对绩效考核体系进行有针对性的完善，尤其要完善那些问题较多或所占权重较大的考核指标。在对基层员工进行360度考核的基础上引入平衡计分卡机制，降低考核者主观因素的影响。

2. 加强绩效考核培训

加强全体员工绩效考核知识培训，逐步导入绩效考核理念，使绩效考核成为一种常态。

3. 加强沟通

人力资源部应加强与考核实施部门之间的沟通，做好部门经理与下属员工之间考核沟通与互动的引导工作。

4. 强力推行

绩效考核工作虽然由人力资源部牵头，但需要公司自上而下强力推行，尤其是中高层领导的推行力度要大。所以，人力资源部的工作重点就是要加强绩效考核系统面向中高层管理者的推行工作。

5. 考核结果闭环

绩效考核只有与薪酬挂钩，才能获得员工的重视，也才能在考核中充分暴露一些原本无法暴露的问题，从而通过调整来不断优化考核体系，最终达到激励员工不断改进绩效的目的。

此次考核，虽然存在方方面面的不足，但因为考核方法和考核者的选取比较科学，在一定程度上弥补了考核本身存在的不足。就考核结果来说，还是相当有效的，能够反映中层管理干部和部分基层员工的工作业绩、工作能力和工作态度，而且在进行绩效面谈时，被考核者也比较能够接受考核结果。

××公司人力资源部

17.3 组织绩效结果分析

组织绩效是指组织在某一时期内完成任务的数量、质量、效率及盈利情况。组织绩效分析是指对正式组织的绩效完成情况的检视和分析。组织绩效分析包括对个体组织的绩效诊断，以及对多组织基于指标、部门、领域、绩效差距等维度的横向或纵向分析。组织绩效分析也应该形成绩效分析报告，以供管理改进。

17.3.1 组织绩效诊断

组织绩效的实现基于个人绩效的实现，但个人绩效的实现并不一定能保证组织绩效的实现，还需要考虑个人绩效与组织绩效的关联性。组织绩效诊断是指系统地对组织、流程、团队、个人的现实绩效和期望绩效进行定义，检视异常，形成绩效改进方案。组织绩效诊断应安排在各部门组织绩效考核之后，针对一些异常部门进行重点诊断。

组织绩效不佳的表现很多，如生产效率下降、质量问题突出、员工积极性不高等，导致这些表现的原因有绩效考核不公平、技术人员能力不强、部门职责混乱等。但如何才能透过现象抓住问题的本质，从而帮助组织找到问题的根源呢？这就需要系统的组织绩效诊断。组织绩效诊断流程为绩效问题确认→绩效诊断→明确改进目标→拟定绩效改进方案。

1. 绩效问题确认

绩效问题多数是围绕绩效产出形成的。例如，产量、质量、进度、成本等方面没有达到期望目标，这种低绩效也会反过来导致组织困境，如员工士气低落、工作流程低效等。因此，我们不能把低绩效问题本身和现象或原因混为一谈。这些低绩效问题，可以通过企业运营记录或者被评为低绩效等级的团队中进行挖掘。

2. 绩效诊断

在进行绩效诊断时，可以选择影响组织绩效的4个变量和问题产生的4个层级组成矩阵，对绩效不良原因进行分析，如表17-8所示。

表17-8 组织绩效诊断矩阵

绩效变量	绩效层级			
	组织层级	流程层级	团队层级	个人层级
使命、目标	该组织的使命、目标与社会外部环境和趋势相适应吗	该流程目标与组织及个人的使命、目标相吻合吗	该团队的目标与个人目标协调吗	员工的使命、目标和组织相一致吗
组织与流程	组织系统是否具备达成预期绩效的结构和政策	该流程是否以系统的工作方式来设计和运作	该团队的工作方式是否有助于合作和提升绩效	员工是否清楚流程中的节点、障碍和问题决策方式
能力	组织是否具备完成目标的领导力、资金和基础设备	该流程是否具有达到目标产量、质量、成本和进度的能力	该团队是否具有完成团队运作目标的知识和技能	员工是否具有工作所需的专门知识和技能
激励	该组织的文化和奖惩政策是否能支持达成预期绩效	该流程是否具备继续运营的人力和信息因素	该团队成员是在彼此尊重、相互支持的状态下工作吗	员工是否愿意并正在积极地工作

组织绩效诊断可依据具体的经营或管理数据，结合访谈、问卷调查的方式来进行。

3. 明确改进目标

为了明确绩效改进目标，需要确定与组织、流程、团队、个人相对应的绩效产出，每个层面的绩效产出可以从数量、质量、成本、时间的角度进行设计。

4. 拟定绩效改进方案

绩效改进方案应该针对组织绩效的4个变量和4个层级展开。一份绩效改进方案至少应该包括以下4个要素。

(1) 绩效差距。明确当前绩效和期望绩效的差距及与绩效改进目标的差距。

(2) 绩效诊断。结合组织绩效诊断矩阵找出关键问题，要注意的是，各变量之间并非完全独立，而是互相影响的。

(3) 措施建议。问题是多维度的，所以绩效改进措施往往也是多维度的。和人相关的措施建议可以使用加强理解、提升操作能力等说法；和组织、流程相关的措施建议可以使用排除外部障碍、优化、调整等说法；和团队目标相关的措施建议可以使用改进、创造等说法。

(4) 收益预测。收益预测就是对绩效产出和投入成本进行分析预测。

此处提供××公司货运部绩效改进方案，以供参考。

××公司货运部绩效改进方案

主题：运输部绩效改进方案

报送：生产供应总监

绩效差距：公司层面

过去6个月，个别部门组织管理涣散，乱象丛生，成本指标上升，退货率增加8%，库存差错率增加4%。经过绩效管理团队对流程和组织的分析，运输部需要加强项目管理和培训，以改进组织绩效。

一、绩效目标

未来6个月，运输部应实现以下目标。

(1) 减少运输部10%的员工加班时数，以加班记录时间计算。

(2) 减少库存差错率到3%，以实际处理的单份订单计算。

二、绩效诊断

(1) 使命、目标。公司和个人都很关心生存和发展问题，但当公司和个人目标冲突的时候，个人的"生存目标"占上风，对公司产生了负面影响，拟通过全面质量管理来解决这个问题。

(2) 组织与流程。运输部人手不足，两名主管中有一名主管长期请假，运输部的职责、界面也因此被弱化或剥离。

(3) 能力。发货员对公司和部门的全貌缺乏了解。轴承替换工作常常不合规定，而且操作复杂，需要员工具备较高水平的技能。

(4) 激励。运输部和上下游部门有"敌对"的关系，防卫心理严重，员工不愿意承认问题，虽然想积极做好工作，但又怕承担责任。

三、措施建议

(1) 替换运输部主管。

(2) 界定运输部的职责。

(3) 培训所有员工，加深他们对运输系统的理解。

(4) 培训主管的沟通和全局协调能力。

(5) 培训5名员工，使其掌握轴承替换技能。

(6) 培训经理和主管团队激励员工的能力。

四、收益预测

6个月内，实现收益为：绩效价值500 000元－投入成本100 000元＝400 000元。

17.3.2 指标分析

指标分析是指针对某个维度的指标进行纵向或横向分析,可以结合部门维度进行。一般会选用绩效考核中各部门通用的指标维度,如企业级通用的学习成长类指标——员工主动离职率、关键员工离职率、组织氛围满意度等,也可以按研发、生产等领域选择跨部门通用的指标进行横向对比。某企业2022年上半年离职率指标的横向对比如图17-10所示。

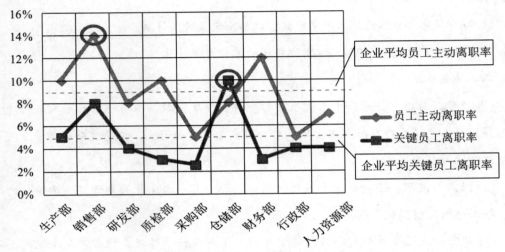

图17-10　某企业2022年上半年离职率指标的横向对比

从图17-10可以看出,销售部的主动离职率和关键员工离职率都比较高,需要重点关注分析此类员工,可以结合时间维度的纵向对比进行分析;仓储部的主动离职率水平正常,但关键员工离职率较高,存在异常,需要进行分析。

17.3.3 部门分析

部门分析是指按部门的考核等级或关键绩效指标完成情况进行分析,对各部门进行统计和排名。通过部门分析,可以看到关键绩效指标完成情况不同的部门的分布情况。某企业2022年上半年各部门关键绩效指标完成情况如表17-9所示。

表17-9　某企业2022年上半年各部门关键绩效指标完成情况

部门	设定量		完成量		综合得分
	指标项数	权重/%	指标项数	权重/%	
生产部	10	100	9	90	90
销售部	9	100	9	100	100
研发部	8	100	6	80	80

(续表)

部门	设定量		完成量		综合得分
	指标项数	权重/%	指标项数	权重/%	
质检部	8	100	8	100	100
采购部	8	100	7	95	95
仓储部	9	100	8	80	80
财务部	8	100	8	100	100
行政部	10	100	8	90	90
人力资源部	10	100	8	85	85

从表17-9中可以看出，在组织绩效考核中，研发部和仓储部得分最低，可以对其低分项进行深入分析。

17.3.4 职能分析

职能分析是指按照不同的职能领域对各部门的绩效情况进行对比分析，由于各职能领域内部工作性质比较相似，各指标间的可比性较高。表17-10为某研发部门关键绩效指标完成情况对比。

表17-10 某研发部门关键绩效指标完成情况对比

关键绩效指标	研发1部	研发2部	研发3部
研发项目完成准时率	100%	90%	75%
产品开发周期	240天	270天	300天
研发项目阶段成果达成率	90%	70%	70%
发明专利申报数	7个	6个	6个
内部合作满意度	85%	80%	70%
培训计划完成率	85%	85%	85%
关键员工离职率	3%	4%	5%

从表17-10中可以看出，研发1部在各指标上基本都保持领先，而研发3部则表现糟糕，无论是项目完成情况还是团队情况都不尽如人意。如果研发3部与之前相比差异较大，则需要对其进行专门的组织绩效诊断，以寻求解决方案。

> **小贴士：展示指标，互找差距**
>
> 让同一职能领域的团队展示指标，互找差距，是我惯用的方法。这种方法能够刺激管理者的竞争意识，有助于各团队互相取长补短、共同提高。

第3篇 精通篇

人力资源总监在绩效管理领域的主要职责：

- ➢ 营造高绩效的文化氛围，全面构建企业绩效管理体系，领导绩效管理的实施；
- ➢ 指导下属部门、子公司建立绩效体系，并进行日常监控；
- ➢ 审核企业日常绩效考核结果，推进绩效体系的持续改进；
- ➢ 根据业务特点推进预算、计划等绩效支持系统的建立，设计全面绩效管理体系；
- ➢ 根据行业发展趋势，跟踪研究绩效管理新动态，引导企业的绩效模式变革；
- ➢ 建立和维护企业绩效管理信息系统，促进绩效管理可视化；
- ➢ 不断优化人力资源各模块间的关系，建立完善的人力资源体系，推进战略绩效系统闭环。

读完本部分，您应该掌握如下技能：

掌握高绩效文化变革的方法；

掌握全面绩效管理理念，将绩效管理与企业的运营管理系统连接起来；

掌握绩效管理新趋势，形成应对新趋势的全新绩效思维；

能设计素质模型、任职资格等绩效底层支持系统，形成完整的绩效体系架构。

绪言　顶层设计　创新之道
——写给勇敢引领绩效变革的HRD们

学完了提升篇的内容，相信读者已经知道如何把战略和绩效落地连接起来，并掌握了一些思维反应模式，可应对处于不同发展阶段的企业对绩效管理的不同要求。

此时，有些读者可能依然会感到力不从心，这是因为要做好绩效管理还需要很多的支持系统。企业管理越来越复杂，仅绩效管理"跑"得快是没有意义的，还需要把许多支持系统建立起来，如发展通道体系、计划体系、预算体系、信息系统等。工欲善其事，必先利其器。当战略绩效管理向前"跑"了一段时间后，必须回过头来夯实基础，使绩效系统可以适应更庞大、更复杂的组织。

在这个巨变的时代，企业只有不断创新，才会有持续的生命力。创新不是一个靠系统设计出来的常量，它经常给人带来计划外的惊喜。有很多出人意料获得成功的产品都是从夹缝中顽强"生长"出来的。管理侧重系统设计，而系统输出的是恒量或常量，它能产生改进型创新，但很难产生破坏式创新，因为创新来自执着和突破，而管理怕的就是意外。

商场之道，适者生存，既然时势如此，就让我们主动拥抱变革吧！

第18章　构建战略绩效管理体系的支持系统

战略绩效管理体系的运作需要计划管理、预算管理、经营例会和管理报告体系的支持，通过这些子系统协调配合，构建完整的战略管控闭环，如此才能形成企业战略、资源、业务和行动有机结合起来的战略绩效管理体系。关于绩效管理报告，本书在提升篇中已经有所提及，本章主要介绍计划管理和预算管理两个支持系统。

18.1 计划管理

计划管理是指计划的编制、执行、调整、考核的过程，它是用计划来组织、指导和调节企业一系列经营管理活动的总称。

18.1.1 战略规划

计划管理的核心内容就是明确目标和制订计划。根据周期分类，中长期的计划称为战略规划，1年期的计划称为年度经营计划，分解到员工和组织的计划则称为绩效计划，三者形成一个完整的系统。

1. 战略规划、年度经营计划、绩效管理之间的逻辑关系

如图18-1所示，企业战略驱动经营计划和财务计划，据此制定关键绩效指标和财务预算，形成战略绩效目标下达给组织和个人，从而将规则、计划、预算和绩效连接起来。

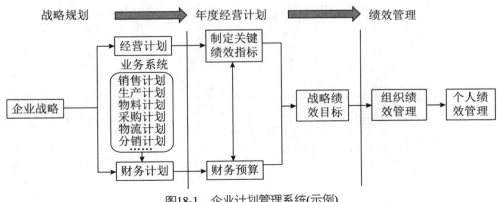

图18-1　企业计划管理系统(示例)

2. 战略规划制定流程

战略规划制定流程(示例)如图18-2所示。

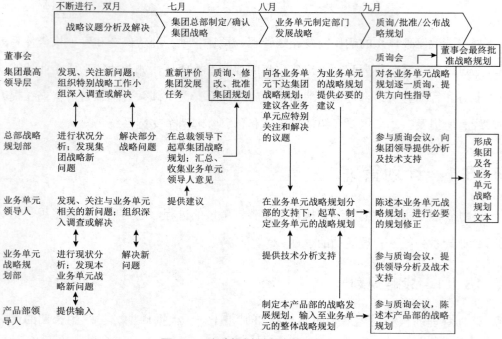

图18-2　战略规划制定流程(示例)

3. 集团战略规划主要内容

1) 集团发展宏图及5年战略目标

(略)

2) 宏观经济环境和行业发展分析及对集团影响的评估

(1) 今后5年集团所处的各行业的发展展望。

(2) 宏观经济和行业发展将对本集团造成的影响：①发展机会；②威胁。

3) 本集团现状分析

(1) 各业务单元情况、业绩及发展趋势。

(2) 各业务单元在所处行业的地位、优势及劣势。

4) 集团未来5年战略目标

(1) 集团未来5年业务重整：①放弃哪些产业；②进入哪些新行业；③各业务单元的发展侧重。

(2) 主要战略举措：①关、停、并、转；②合资、合作。

5) 集团财务目标预测

(1) 总销售收入。

(2) 投资回报。

6) 主要资源需求预测

(1) 资本投资。

(2) 人才需求。

7) 和上一年战略规划的差异与总结

(略)

4. 业务单元战略规划主要内容

1) 本业务单元发展远景及5年战略目标

(略)

2) 宏观经济环境及行业发展分析及对本业务单元影响的评估

(1) 今后5年国内外宏观经济环境发展变化趋势。

(2) 今后5年行业的发展展望：①产品发展趋势；②主要法规及经营环境变化。

(3) 宏观经济和行业发展将对本业务单元造成的影响：①主要机会；②威胁。

3) 本业务单元现状分析

(1) 本业务单元近年业绩及发展趋势。

(2) 本业务单元主要竞争优势及劣势。

4) 业务单元面临的主要竞争对手分析

(1) 竞争对手近几年业绩分析。

(2) 竞争对手在未来5年可能采用的战略举措。

(3) 竞争对手的战略举措对本业务单元的潜在威胁。

5) 本业务单元5年战略方案

(1) 本业务单元今后5年将在哪些市场竞争：①地理市场；②产品定位；③业务模型。

(2) 如何竞争：主要竞争策略。

(3) 主要战略举措：①市场扩张；②新客户、渠道的建立。

6) 业务单元5年经营及财务目标预测

(1) 主要增长点预测。

(2) 总销售收入。

(3) 市场份额。

(4) 投资回报。

7) 配合业务单元战略的主要资源需求预测

(1) 资本投资。

(2) 人才需求。

8) 和上一年战略规划的差异与总结

(略)

> **小贴士：只有迭代的战略规划才能适应剧变的环境**
>
> 后工业时代竞争激烈，不少大公司都被新技术或新的跨界者击垮，做5年规划并以此指导5年后的工作在竞争性行业是不可行的，这也是很多看起来很完美的规划最终变成一堆废纸的原因。失去时效性的规划无法指导日常工作，因此，规划需要在一定周期内不停迭代，具体的迭代周期可以根据企业实际需求而定。

18.1.2 年度经营计划

企业要通过年度经营计划确定年度目标、规划年度活动、确定经营对策。

1. 搭建企业计划管理体系

依据企业战略规划，可以按照3个层级来搭建计划管理体系，如表18-1所示。

表18-1 企业计划管理体系

计划层级	时间跨度				
	年度	季度	月度	周	日
企业	计划 →	计划 →	计划		
部门	计划 →	计划 →	计划 →	计划	
员工	计划 →	计划 →	计划 →	计划 →	计划

在计划管理中，计划编制是基础，审计是手段，执行是保障，绩效考核则是结论。与计划的时间跨度和层级相对应，通过战略解码，可以形成企业、部门、员工的年度、季度、月度关键绩效指标，针对关键绩效指标的计划、实施、评估、反馈与调整形成完整的战略绩效管理体系。

2. 年度经营计划制订的流程

为了推动年度经营计划的制订,有些企业会成立专门的计划预算工作组,有些企业则是由总经办负责。此外,为了便于决策,有些企业也会组成包括董事长、总经理、副总经理在内的高层决策委员会。总体而言,年度经营计划的制订都要经过项目启动、战略研讨、经营目标确定、具体经营策略和措施的制定、计划实施与监控等流程。

以下提供××公司年度经营计划制订流程,以供参考。

××公司年度经营计划制订流程(示例)

一、公司年度目标拟定

完成时间:每年11月10日

活动描述:

(1) 公司董事会依据公司发展战略提出次年的经营目标。

(2) 财务部完成当年财务业绩预测用于年度经营计划的制订。

(3) 总经办向公司高层主管书面征求对于公司经营目标的意见。

(4) 总经办汇总整理高层意见,起草年度经营战略,提出年度经营目标。

(5) 总经理主持公司年度战略研讨会,分析经营目标和战略的一致性、各目标之间的逻辑关系。

(6) 总经办根据研讨会成果,整理完成公司年度目标和策略草案。

二、公司年度经营目标分解

完成时间:每年11月30日

活动描述:

(1) 总经办组织各部门研讨,把年度公司经营目标分解细化到各部门。

(2) 将草案发给各部门,征求意见。

三、部门年度计划制订

完成时间:每年12月10日

活动描述:各部门依据公司年度目标、策略制订年度计划

各部门年度经营计划的编制程序如下所述。

(1) 营销计划。营销部根据市场预测、客户反馈等信息,结合公司产品目标,制订营销计划。

(2) 生产计划。生产部依据营销计划，考虑本年生产设备、人员、产能、成本等因素，制订生产计划。

(3) 产品开发计划。产品研发部根据销售计划，制订产品开发计划。

(4) 采购计划。采购部依据生产计划、产品开发计划，根据材料需求、库存保障和资金情况，制订采购计划。

(5) 人力资源计划。人力资源部依据各部门人力需求，考虑现有人员数量、素质及人工成本等情况，制订人力资源计划。

(6) 财务计划。财务部根据以上各项计划，筹措资金，控制成本，制订财务计划。

四、公司年度经营计划的编制

完成时间：每年12月15日

活动描述：

(1) 总经办收集并评估各部门年度计划，编制本年度公司经营计划，经总经理办公会审核后由财务部编制预算。

(2) 财务部完成预算编制。

(3) 将公司年度经营计划和预算草案报总经理审批。

五、各部门讨论公司年度经营计划

完成时间：每年12月20日

活动描述：

(1) 总经办召开年度经营计划研讨会，各部门就此进行研讨、修订。

(2) 修改后的方案报总经理审批，形成汇报材料提请董事长召开董事会批准。

(3) 董事会审核与批准公司年度经营计划。

六、年度经营计划的实施

完成时间：每年12月25日

活动描述：

(1) 总经办把年度经营计划下发各部门。

(2) 各部门依据公司年度经营计划和部门年度计划安排部门工作。

(3) 各部门一把手负责部门年度计划的执行。

七、年度经营计划的监控、反馈与调整

完成时间：随时

活动描述：

(1) 总经办每季度对公司年度经营情况进行汇总分析，提交总经理办公会议作为决策参考。

(2) 财务部依据预算进行日常费用管理。

(3) 各部门把计划执行过程中存在的问题和改进措施上报总经办，经总经理批准进行修改调整。

3. 企业年度经营计划的内容(参考)

1) 上年度经营计划执行情况

(1) 上年度经营计划完成情况。

(2) 上年度重大差异事项及说明。

(3) 存在的主要问题及解决措施。

2) 企业发展战略与本年度经营计划的关系

(略)

3) 本年度经营环境分析

(1) 宏观经济影响分析。

(2) 市场环境影响分析。

(3) 行业政策影响分析。

(4) 企业内部能力资源状况分析。

4) 年度经营管理方针与经营目标

(1) 经营管理方针。

(2) 经营目标。

5) 年度经营计划、措施与资源配置

(1) 市场营销计划、措施与资源配置。

(2) 生产经营计划、措施与资源配置。

(3) 产品研发计划、措施与资源配置。

(4) 采购计划、措施与资源配置。

(5) 人力资源计划、措施与资源配置。

(6) 财务计划、措施与资源配置。

6) 风险及对策

(1) 经营风险及对策。

(2) 财务风险及对策。

4. 部门年度经营计划的内容(参考)

1) 上一年度管理计划执行情况

(1) 上一年度管理计划完成情况。

(2) 上一年度重大差异事项分析。

(3) 上一年度主要管理措施。

2) 企业发展战略对部门工作的要求

(略)

3) 本年度管理方针与目标

(1) 服务与支持目标。

(2) 管理计划与措施。

4) 工作计划、措施、资源配置

(1) 部门主要工作计划。

(2) 部门制度完成计划。

(3) 部门重要工作事项执行计划。

(4) 企业要求的其他重点工作。

(5) 人员能力、资源分析。

5) 需要的帮助和支持

(略)

18.2 预算管理

预算是什么？简单而言，预算就是以货币形式表现的计划，就是对企业资金的取得和投放、各项经营活动的收支、经营成果的分配等资金运作所做的具体安排。

18.2.1 预算管理和绩效管理

预算制定过程就是表达企业战略和部署战术的过程，预算是执行企业战略的工具。预算为战略绩效管理提供数据支持，绩效指标和与资金相关的预算值通常需要参考预算数据来设定。

战略绩效管理也为预算调整提供依据,战略重点变化将导致计划变化,从而导致预算调整,如企业利润率、销售收入、投资回报率等关键绩效指标,要根据战略进行及时调整。

同时,预算也能反映预期和实际执行情况的差距,有利于组织的战略反思。

预算管理与战略绩效管理的闭环如图18-3所示。

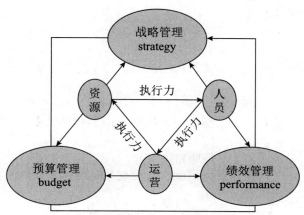

图18-3 预算管理与战略绩效管理的闭环

18.2.2 预算编制流程

企业预算可以分为业务预算与财务预算。业务预算用货币形式反映企业的各项经营和业务目标,包括经营预算、筹资预算、投资预算;财务预算是业务预算的综合,反映企业的总体状况,财务预算最后表现为预计利润表、预计现金流量表、预计资产负债表。

1. 总体流程

(1) 下达目标(自上而下),董事会(预算委员会)下达任务给各部门。

(2) 编制预算(自下而上),各部门参与预算草案的编制。

(3) 审查平衡(自上而下)。

(4) 审议批准。

(5) 下达执行。

2. 具体操作流程(参考)

1) 预算准备

完成时间:每年10月10日

活动描述：

(1) 组成预算工作组。

(2) 总结当年预算进展，预计预算完成情况，形成预算初步总结。

(3) 提出明年预算工作的总目标，包括目标利润和营业规模。

(4) 针对预算年度的预算编制、考核作出安排，提出工作建议，报预算委员会。

2) 经营目标确定

完成时间：每年10月25日

活动描述：

(1) 对预算工作组提出的目标体系和组织工作方案进行讨论，提出修改意见，报总经理办公会。

(2) 总经理办公会根据企业发展战略、预算工作组和预算委员会提出的建议，确认预算年度的经营目标。

(3) 总经理办公会确定企业目标利润和营业规模，下达预算委员会及工作组，启动预算目标的二级部门分解。

(4) 预算工作组向人力行政部、财务部、企划部、投资管理部等各职能部门通报明年预算目标方案、指标体系和预算组织工作方案，听取意见。

(5) 预算委员会审议、批准预算工作组提出的经过职能部门讨论的目标方案、指标体系和预算组织方案。

3) 目标下达

完成时间：每年11月5日

活动描述：

(1) 预算工作组召开企业预算编制工作会议，将预算目标体系和工作基本方案、预算表格下发给各职能部门、二级单位。

(2) 预算工作小组召开本单位预算会议，安排时间进度和规定质量要求。

4) 预算编制

完成时间：每年11月20日

活动描述：

(1) 投资管理部根据年度经营目标，确定与其相配套的投资计划，包括企业并购计划、扩产基建计划、设备投资计划等。

(2) 销售部门根据年度经营目标，在客观估计未来市场及企业自身产能的前提下，合理确定产品销售结构、销售数量、销售单价、收现情况，最终确定销售收入预算，制定相应的销售策略。

(3) 生产部门根据销售计划及库存产品情况，确定各产品当期的产量，进而制订相应的生产计划，生产预算包括直接材料预算、直接人工预算和制造费用预算等。

(4) 采购部门根据生产预算确定直接材料、其他非生产用材料及库存材料的情况，确定材料采购数量及预测价格，制订采购计划及支付政策。

(5) 由销售部门根据销售计划、销售政策及上年实际情况制定销售费用预算；由各职能部门根据各自年度工作计划及上年情况制定部门费用预算；由财务部根据融资计划及上年实际融资情况编制财务费用预算。

(6) 现金预算由财务部根据销售预算的回款、采购预算的支付、投资计划、付现费用预算及筹资预算确定。

(7) 财务部根据以上各项预算编制预计利润表、预计资产负债表和预计现金流量表。

5) 预算确定

完成时间：每年12月15日

活动描述：

(1) 预算工作组汇总初步方案，对不合理的预算进行调整或驳回重编，在此基础上，形成初稿。

(2) 预算工作组将预算初稿分发给各职能部门，各职能部门讨论签署意见后，返回给预算工作组。

(3) 预算工作组将确定的预算方案提交预算委员会审议，交总经理办公室签署下发。

18.2.3 预算报表内容

1. 部门预算报表

企业各部门可以根据业务特点采用不同的预算模板，也可以采用统一的预算模板根据业务实际情况选择填写。部门年度预算表(示例)如表18-2所示。

表18-2 ××部门××××年度预算表

单位：元

类别		累计	1月	2月	3月	……	12月
收入	服务收入						
	产品收入						
总收入	季度增长率/%						
经营税收	季度增长率/%						
净收入							
成本	服务成本						
	用户推广成本						
	薪酬福利						
	固定资产折旧						
	租金						
	差旅和招待费						
	生产成本						
	存货成本						
销售成本	月度增长率/%						
运营费用	工资						
	奖金						
	社保						
	差旅费						
	通信费						
	宽带费						
	交通费						
	招待费						
	办公费						
	固定资产折旧费						
	补充福利						
	租赁费						
	快递费						
	咨询费						
	审计费						
	法务费						
	评估费						
	印花税						
运营费用	会员费						
	招聘费						
	测试费						
	知识产权费						
运营费用总计	月度增长率/%						

(续表)

类别		累计	1月	2月	3月	……	12月
资本性开支	固定资产采购						
	无形资产采购						
资本性开支总计							

2. 预算监控报表

对预算执行情况进行监控，及时发现预算偏差，是预算执行过程中的重要工作。根据监控时间，可以将报表分为日报、周报、月报、季报、年报。××车间×季度预算差异分析表(示例)如表18-3所示。

表18-3　××车间×季度预算差异分析表(示例)

预算项目	季度预算	月实际值	月实际值	月实际值	季度累计实际值	季度完成率	季度累计预算值	季度累计差异率
生产量								
包材								
维修费用								
电费								
办公费用								
人工费用								
季度合计								

第19章 高绩效文化变革

企业推行战略绩效管理体系的绩效变革，能否真正实现高绩效呢？在这里，我们不否认员工的学习能力，也不否认企业引入绩效变革的决心，但真正通过引入战略绩效管理体系达到预期目标或者脱胎换骨的企业寥寥无几。事实上，战略绩效管理体系要落地，需要高绩效文化的土壤，绩效文化是绩效管理的灵魂，一个没有灵魂的绩效体系没有内生成长的力量，必然会走向僵化和死亡。

19.1 高绩效文化与绩效变革

对组织和流程"动刀子"，是企业改善绩效的常见做法。以企业的价值链为基础来梳理，结合各个量表、指标，哪里不通打通哪里，哪里不行砍掉哪里，大刀阔斧重组整合，也许短期内业绩会向好，但能持续多久，则很难说。一般见效迅速的变革往往失败得也快，因为最难改的不是组织和流程，而是人的意识和观念。在组织变革与流程再造过程中，员工常常因感到迷惘、迟疑而不愿跟进，甚至变革稍有偏差就全盘否定，可见，意识和观念严重影响了变革的效果。

实施组织和流程变革，文化变革应先行，组织变革与流程再造的本质是文化变革，这个道理如同种树要先松土后栽苗，树木才能长出根基。当然，文化的脱胎换骨是痛苦的，这是一个渐进的过程，需要策略支持，但自我"革命"总比被别人"革命"要好得多。

19.1.1 认识企业文化

企业为什么能够获得成功？这是个老话题，有"竞争力说"，有"文化说"，专家的总结和归纳虽有事后诸葛亮之嫌，但从必要条件来看，任何区别于他人的竞争力都是可以被解构、复制的，而恰恰是"犹抱琵琶半遮面"的企业文化，润物无声又无所不在。变革成功，文化先行，而一旦企业出了问题，往往是文化先出了问题。

世界500强企业比其他企业优秀的根本原因在于，这些企业善于给企业文化注入活力，这些一流企业的企业文化同普通企业的企业文化有着显著的不同。更重要的是，在大多数企业里，实际的企业文化同企业希望形成的企业文化出入很大，但对那些杰出的企业来说，实际的企业文化同理想的企业文化之间的关联却很强，企业的核心准则、价值观遵循始终如一。这一理念可以说是那些知名企业得以成功的一大基石。其实，对于多数真正有追求的企业而言，理想与现实脱节的主要原因有两个，一是能力不足以支撑理想；二是所谓的理想与实际行动不一致。

企业文化是由组织创始人或决策层所倡导，为组织全员所遵循的价值观念、信仰、道德规范与行为准则，是"由一些被认为是理所当然的基本假设所构成的范式"。这些"假设"是某个团体在探索解决外部环境适应和内部环境结合的问题这一过程中而创造和形成的，在应用于实践的过程中卓有成效，所以被认为是正确的，被当作解决问题的正确的感知和思考的方式传达给新成员。这也就是说，文化是来自过去的成功实践或教训总结，可用来指导企业避免失败，走向成功。

19.1.2 认识高绩效文化

并非所有的企业文化都是高绩效文化，只有把绩效作为衡量企业经营管理成败的唯一标准，有助于达成企业绩效的文化才是高绩效文化。但事实上，也并非所有的企业都追求高绩效文化。

由于地域、民族、历史、文化背景及社会制度不同，不同企业所倡导或流行的文化也有很大差异。例如，有些企业倡导以人为本的文化；也有些企业如百事可乐公司倡导以结果为导向、强调短期绩效的明星文化；还有些企业如惠普倡导鼓励创新和奖励长期贡献的团队文化等。不同企业文化都有一个共同点，那就是企业文化都代表了企业当时的发展战略，表明企业将调动一切资源为企业的战略绩效服务。

企业管理文化的实质就是营造一种激励员工投身事业、与企业共同发展并取得成功的氛围，其最终目的是使企业在能够保证生存和发展的前提下，帮助员工获得个人利益的满足和职业生涯发展。促使员工创造性工作的原动力是有效的激励机制，激励的前提就是绩效管理。如果企业不能通过绩效管理体系告诉员工企业在倡导什么、奖励什么、惩罚什么、反对什么，以及企业的战略重点和发展方向，那么再好的企业文化也会成为空谈。在对人的假设上，无论是X理论，还是Y理论，都需要有绩效管理系统对个人的行为进行反馈和激励，所以，企业文化的精髓最终就落在了绩效文化上。有员工说，我付出劳动，企业就要付工资，并对我负责终身。看起来是"打工心态"在作祟，其实是没把道理搞明白，市场按照企业对外部的绩效价值给企业回报，个人劳动只有转化为绩效价值,对企业来说才是有意义的。

19.1.3 高绩效企业与高绩效文化

高绩效组织必须有能力判断行业当前和未来创造价值的重要驱动力,并能够灵活运用高效的绩效管理体系实现其自身的价值成长。深知自己的核心竞争力是实现价值驱动的关键。

绩效管理就是通过科学的管理方法有效地组织企业资源,按照企业战略方向和方针策略的要求,最终实现目标的管理过程。在企业五大要素资源中,物质资源、知识资源、资本资源和基础设施都是显性资源,是无生命、易掌控的;只有人力资源必须通过个体主观能动性的发挥,才能从隐性资源转化为显性资本。举例来说,虽然企业已经拥有足够的人力资源,但这并不意味着企业拥有人的竞争力,企业还必须使这些人努力工作,自觉地为企业贡献力量和才智,最终才能达成绩效目标,如此才能算是将人力资源利用起来。所谓的核心能力建设,从根本上来讲,也就是人才队伍的建设、人的产出的组合。

高绩效文化可以有效地激励人力资源,通过人将物质资源、知识资源、资本资源和基础设施最大限度地转化为社会财富。通俗地说,就是让平凡的人做出不平凡的事。企业不能依赖天才来创造财富,因为天才稀少,如凤毛麟角。衡量一个企业管理是否成功,就要看它能否使员工取得超过他们预期的绩效。一个良好的绩效管理系统能够激励员工发挥长处和潜能,并调整和引导员工的行为,取得企业所希望的绩效。我在华为工作多年,深深地感受到一个企业的成功,并不是依靠一群高水平人才。在20世纪90年代初期,"一流"人才出国,"二流"人才去外企,华为能招到的只有"三流"人才,而正是这些平凡的人付出了常人难以付出的艰辛,最终使华为获得了成功。这也从某个层面验证了良好绩效管理系统之于企业、人才的重要性。

高绩效文化与绩效管理体系的关系如图19-1所示。

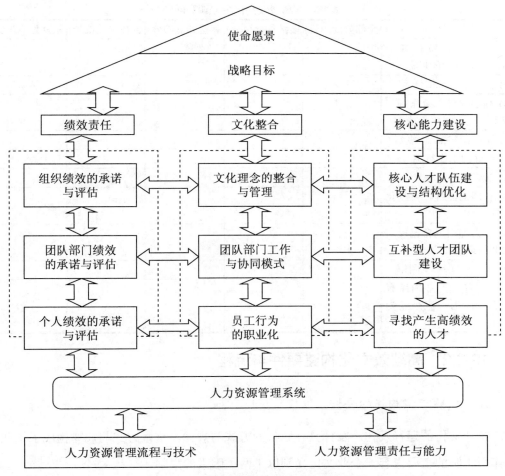

图19-1 高绩效文化与绩效管理体系的关系

19.2 创建高绩效文化

绩效变革不易,要创建一种文化更是难上加难。创建高绩效文化,要把握高绩效文化的特点,掌握创建高绩效文化的要点和原则,运用科学的方法把控流程,通过构建、检视、优化、夯实等环节"文火慢炖"而成的绩效文化,"味道"才纯正。

19.2.1 高绩效文化特征

要了解高绩效文化特征,可以先来做一个调查。填写表19-1,如果平均得分超过4.5分,表明该企业基本具备高绩效文化特征。

表19-1 高绩效文化企业调查问卷

问题	全部如此(5分)	多数如此(4分)	有些如此(3分)	少数如此(2分)	从来没有(0分)
(1) 所有员工都有参与感,知道企业的目标					
(2) 有明确的价值体系					
(3) 高层领导以身作则,推动文化与战略形成					
(4) 高层经理关注组织绩效					
(5) 良好的工作氛围					
(6) 以结果为重					
(7) 有序的流程,可视化管理					
(8) 人人都展现自己最高水准的绩效					
(9) 敢于与竞争对手比较					
(10) 以超越产业内所有企业、成为一流企业为目标					

19.2.2 高绩效文化构建要件与流程

1. 高绩效文化构建的要件

企业文化的运行及作用发挥具有独特的方式与规律,这些方式与规律构成了企业文化作用机制的主要内容。企业文化受到以下两类因素的限制。

(1) 环境因素,即企业文化物化条件的外在制约因素。企业文化形成的根源和目的就是适应环境,并为环境所认同,以发挥企业内部共同认可的价值观念和行为准则的作用,使企业各种资源能够达到最佳配置,从而提高企业绩效。企业文化必须要适应企业环境,不适应企业环境的企业文化或者会降低价值创造,或者会阻碍价值实现。这里的企业环境主要包括企业外部环境(具体包括政治、经济、技术和文化等宏观环境,以及竞争者、供应商、顾客、潜在进入者、互补品供应者和替代品供应者等产业环境)和企业内部环境(股东、员工、领导者、企业的资源和能力状况)。

(2) 高层管理人员和企业经营理念、目标因素。这种人为因素,特别是企业决策者和管理者的人为作用决定了企业文化的具体形式,同时也决定了企业的领导方式和决策模式。不论是脑力劳动者还是体力劳动者,都渴望得到企业和社会的尊重,实现自我价值。因此，宽松而严谨的管理风格成为一种必然的趋势，企业内部应实现有效的沟通和交流。

这两类限制因素从物化条件和人为因素两方面对企业文化的形成产生直接或间接的影响，共同作用于企业文化，形成企业的发展战略。企业据此制定相应的组织和人事制度，在组织和人事制度的约束下，企业员工形成符合企业文化要求的一般行动模式，并以此来组织企业的经营活动，最终取得经营成果，而所有员工个人绩效的总和就构成了企业的绩效。

2. 高绩效文化构建的流程

企业具备了物化条件和人为因素这两个要件之后，可以对高绩效文化的构建流程进行梳理，如图19-2所示。

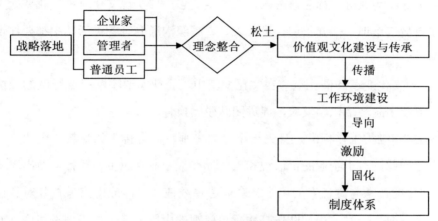

图19-2　高绩效文化构建流程

构建高绩效文化，首先要在愿景层面进行理念整合，以形成共同的价值观，通过传播、宣导、创建良好的工作环境与氛围，加强激励导向，最后以制度体系进行夯实。

19.2.3　价值观文化建设与传承

战略变革往往要辅之以文化变革。企业文化建设要从解决长远战略问题入手，以解决问题为导向，采取渐进式建设。在战略落地的过程中，要整合企业发展的理念，明确企业家、管理者、员工承担的责任。

1. 企业家

企业家是企业最高领导人，是企业的缔造者，也是企业文化变革的原动力。企业家负责构建文化基因，发挥以价值观为导向的领导作用，将企业家的意志、直觉、创新精神和敏锐的思想转化为成文的宗旨和政策，并明确、系统地传递给全体员工。这是一个"权力智慧化"的过程，也是企业家精神的体现。

(1) 树立企业的核心理念。企业的使命追求和核心价值观需要有意识地去引导和创造，这既是对企业成功经验的总结，又是对某些不再适应企业战略落地需要的文化传统的扬弃，还是面向未来、对先进文化要素的充分吸收。

(2) 完成战略性系统思考。企业家需要带领团队明确客户群体、战略方向、核心竞争力、关键业务领域、经营模式。

(3) 成为企业文化的忠实追随者、布道者、传播者、感召者、激励者。核心价值观应该用明确的文字记录下来，企业家应向每位员工解读并与之沟通。企业家每次与员工沟通或员工互相沟通时，都应该融入这些价值信念。要实现文化传承，就要天天讲、日日讲，在新员工培训、干部培训、员工表彰、越级沟通会等各类活动中都要体现企业核心价值观。

(4) 成为文化变革的催化剂。在文化变革中，企业家要不断引燃团队的激情，激发求胜欲，促使团队产生化学反应，促进团队脱胎换骨、破茧重生。

(5) 确立和维护工作标准，身先士卒，率先垂范。言传不如身教，企业文化价值观的传承也是如此。对于企业的价值观和工作标准，企业家应主动践行，做出表率。

(6) 文化的传承与继任者的确定。企业选择继任者时，应重点考查其对企业文化价值观的传承意愿。同时，干部队伍是传承价值观的中坚力量，在干部选拔中，必须考虑候选人对企业价值观的遵从程度。

> **小贴士：企业管理哲学的背后是企业家的人生哲学**
>
> 评判一个企业的绩效文化，可以看企业倡导的理念和实际情况之间的符合程度；评判一个企业家的管理哲学也是如此，要看其管理行为有多大程度与其人生哲学一致。优秀的企业家能够统一个人价值观和企业文化，做到知行合一。

2. 管理者(核心与中坚人才)

(1) 共同参与企业愿景与核心价值观的制定。企业的中坚力量必须主动参与企业愿景和价值观的讨论，通过碰撞、思考、领会，发自内心地遵从和践行价值观。

(2) 各级管理者要在本领域内不断提炼经验，总结教训，探寻方法，确立准则，并付诸行动。

(3) 将核心价值观融入制度建设和流程建设之中。企业的核心价值观是依托在各种管理思想之上、渗透于具体管理制度之中的。要把企业倡导的思想、新文化渗透到管理过程中，变成员工的自觉行为，实现管理与文化的互动。

(4) 积极宣传绩效管理文化，为绩效文化的推进奠定扎实的群众基础。对于组织所倡导的理念和制度规范，应通过有效的培训和传播手段使员工产生认知，通过与员工沟通，对员工进行辅导，使员工认同企业文化。

(5) 在部门内进行团队氛围营造与维护，建立顺畅的沟通渠道，营造符合绩效文化的工作环境。

3. 员工

(1) 参与、认同、遵从。员工应该参与价值观的讨论、学习，从内心认同到行为遵从。

(2) 舆论导向、组织氛围。在企业各层面形成高绩效的舆论导向，营造先进带动后进、鞭策后进的氛围。

(3) 遵守企业制度和行为规范，在日常工作中落实企业核心价值观。

19.2.4　工作环境建设

如今，"95后"逐渐成为职场的生力军。由于成长环境、价值观等因素的影响，"95后"对工作环境带给自己的感受更加在意。这是可以理解的，谁不希望能在充满挑战、充满乐趣的环境中工作呢？

在倡导高绩效文化的企业中，企业管理可以很严格，但不能太严厉，否则会使气氛变得太沉闷而使员工失去工作乐趣。以华为为例，由于任正非是军人出身，又惯用军事语言来描述企业战略和管理，不少人以为华为等级森严、人人噤若寒蝉，而真实情况恰恰相反，在华为这样一个非常有战斗力的队伍中，人人以客户为中心，注重责任与结果，注重开放沟通，人际关系简单，为员工营造了良好的工作环境。

高素质人才是企业发展的重要力量，在满足他们自身发展需要的基础上，企业还应创造一种良好的工作环境，特别是精神层面的工作环境，以此来增强企业对高素质人才的吸引力，留住核心员工，具体包括如下几方面。

1. 公平、公正、公开

企业应做到奖惩分明，对员工的考核必须做到公平、公正，这样既能创造一种和谐融洽的工作氛围，又能促进上下级的双向交流，有助于提高员工绩效。至于考核的公开，其实更重要的是是否敢于公开，可根据团队的成熟度和要公开的内容，有步骤、分层次地进行。

2. 鼓励学习

企业应创设鼓励员工积极学习的文化氛围，引导员工不断学习，能为员工提供必要的学习和培训机会，以满足员工成长和发展的需要，从而使企业持续、长久地发展。

3. 适当竞争

企业应创造一种和睦竞争的工作氛围，让团队富有张力。例如，在考核中适当采用相对考核法，把属于同一工作水平的员工放在一起评比，因为比较的基础一致，所以能较科学地评判每个人在该工作领域的表现。

4. 工作丰富化

这里的工作丰富化是指纵向上工作的深化，涉及工作内容和责任层次的改变。工作丰富化可使员工更加有责任心地开展工作，有助于员工得到工作成果的激励，获得成就感。

5. 鼓励承担责任

企业应不断增强员工的责任意识，不仅要鼓励员工承担个体产出的责任，还要引导员工承担对全流程和团队的责任，使员工意识到自己有责任完成工作流程的一部分，对整个组织负责。企业应鼓励每位员工为企业的成败负责，应适当向员工授权，很多优秀的企业都提倡员工"手要伸长些"，鼓励员工突破部门和岗位的限制，增强全流程的责任意识。此外，增加员工责任能够降低管理控制成本，可为企业带来直接效益。

19.2.5 激励体系建设

世界上最伟大的管理原则就是"人们会去做受到奖励的事情"。管理的精髓就是"你想要什么成果，就该奖励产生这一成果的行为"。

1. 围绕核心价值观，建立明确的奖励导向

作为一个管理者，建立符合自己或组织根本利益的价值标准，并通过奖罚手段实施这一标准，应该是管理中的头等大事。企业应该激励自觉实践组织所倡导的文化的员工，使之成为其他员工学习的榜样。例如，华为提倡以客户为中心，在利比亚战乱、日

本地震时，真正践行与客户同在的承诺的员工得到了连升三级的表彰。

2. 让表现优异的员工得到公开的赞扬和升迁发展机会

对高绩效员工的优秀事迹，企业要敢于宣传，这既是对其他员工的激励，又是对该员工持续进步的鞭策。在进行宣传时，注意要把人和事分开，鼓励大家学习该员工在某种情境下的处事方式、方法和态度，避免以优点掩盖缺点，要辩证地评价个体行为，以免给个体戴高帽子。

3. 鼓励员工在本职工作中持续改进，及时对员工进行激励

很多企业往往关注对重大贡献的奖励，因为成绩和贡献一目了然，所以"杰出贡献奖""总裁特别奖"的获奖员工往往成为组织里的焦点人物。但事实上，企业的成功更要依靠那些默默无闻、兢兢业业的扎实贡献者，他们是企业发展的基石。因此，企业可以设立一些内部激励，对一些良好的过程行为及时进行表扬，激励员工找出方法来改善工作流程。此类表扬可以较为生动的形式开展，建议与团队活动结合起来。

4. 对于低绩效员工，既要"治病救人"，还要敢于管理

无论是如何激情奋发的组织，都难免会有人落在团队的后面，对于这种情况应如何处理呢？依据二八法则，企业管理员工时，应该投入资源培养那些绩效更好的员工，使他们变得更好，而不是把资源浪费在那些绩效不佳的员工身上。但事实是，如果企业没有管理好绩效不佳的员工，可能会产生更大的损失。因此，对于绩效不佳的员工，企业仍要推进日常绩效改进工作，不能轻易放弃，也绝不迁就，还可以为持续绩效不佳的员工匹配一个更合适的环境，也许这是对企业和员工双方都有利的选择。

19.2.6 制度建设

管理制度是管理思想得以实现的一种手段，企业的核心价值观是依托在各种管理思想之上、渗透于具体管理制度之中的。要把企业倡导的新思想、新文化渗透到管理过程中，变成员工的自觉行为，实现管理与文化的互动，制度是最好的载体之一。把文化"装进"制度，能加速员工对企业文化的认同过程，当企业的先进文化超越了制度的水准时，这种文化就会催生新的制度。

1. 企业制度建设方向要符合主流文化价值观

文化的质量或主流文化的认同度决定了管理成本，当企业倡导的文化十分优秀且主流文化的认同度极高时，企业的管理成本就低；反之，企业的管理成本就高。虽然企业所在行业各异，人才素质也不同，但只有主流正向的价值导向才能最大限度地汇聚和吸纳人才，如多劳多得的导向、有责任敢担当的导向、合作奉献的导向等。

2. 文化价值观应贯穿于人力资源管理的各项制度之中

人力资源管理制度是实现企业文化功能的主要措施与保障手段，企业文化作为承载企业经营理念的平台，决定着人力资源管理的思想、方式和手段。两者的结合不仅能提升企业文化建设的有效性，也能促进人力资源管理充分发挥提高企业绩效的作用。文化价值观应该贯穿于人力资源管理的全过程。企业人才的招聘、培养、选拔、考核、激励都应该以企业文化为导向，不但要考核人员的专业技术知识，还要考核人员的职业品行，要从认同本企业价值观的人才中选拔干部。比如，企业提倡客户服务导向，在选拔干部时，应选择那些有基层经验、有服务意识的员工；企业提倡高绩效导向，在价值分配时，应坚定不移地向高绩效者倾斜。

3. 制度和规范应该切实执行

企业应贯彻执行制度和规范，将其转化为组织内部实实在在的管理行为和管理活动。执行是具有突破性的一步，在这个过程中，企业难免遇到冲突和矛盾，这时只要把握核心价值观，很多问题都能迎刃而解。比如，在干部选拔中，应关注员工的哪些核心素质？员工的哪些错误触碰了底线？在员工评优中，企业的评价导向是什么？如何均衡员工的长期潜力与现实贡献？绩效评价的依据是什么……对这些问题的解答，其实就是对企业核心价值观的解读和阐释。

第20章 绩效管理的新趋势

本书第2篇和第3篇用了较大的篇幅论述了战略管理体系建设，随着战略绩效管理体系的思想日渐深入人心，将绩效管理与战略管理相联系，实施战略性绩效管理已经成为人力资源管理的新趋势。为提高读者对战略问题的认识，本章结合绩效管理流程，描述近年来战略性绩效管理发展中呈现的一些特点，以供读者参考、揣摩。

20.1 战略性绩效管理发展动态

20.1.1 战略绩效体系设计的变化趋势

虽然很多企业的绩效体系尚不成熟，其自身设计的战略绩效体系依然处在"照猫画虎"的阶段，但战略绩效体系的顶层设计已呈现两方面变化：一方面它变得更"柔"了，强调弹性、多元化、领导力，对未来有了更多的关注；另一方面它变得更"硬"了，技术的逐步渗透，对绩效管理产生更多助力，甚至能够引领绩效文化的变革。

1. 战略绩效管理体系的弹性化

外部竞争环境的不断变化，对企业系统性的适应能力提出了更高的要求，很多企业在产业升级或社会转型过程中遇到了危机，无法制定清晰的战略以适应环境的变化，继而退出了历史舞台。战略性绩效管理在运作中的基本要求之一是战略弹性，即战略适应竞争环境变化的灵活性。弹性化的战略绩效管理反映的是绩效管理的过程对竞争环境变化的反应和适应能力。权变思想认为，绩效管理能否取得成功，关键在于它存在的特定环境。环境是变化的，因此，绩效管理必须随环境变化而变化。战略绩效管理要求绩效管理体系具有充分的弹性，来适应企业战略形势发生的变化。当组织战略发生改变时，组织所期望的行为方式、结果以及员工的特征需要随之发生变化。面对变化如此激烈的竞争环境，绩效管理能否针对这种变化迅速做出调整是企业能否实现战略的关键，这种弹性体现在绩效管理流程各环节的适时匹配、绩效管理与员工能力的匹配等方面。

2. 战略绩效管理模式的多样化

不同的企业有不同的企业文化和管理特点，只用一种绩效管理方法很难实现与企业战略相匹配，将多种绩效管理方法整合使用，可以避免某一种方法的劣势，集中多种方法的优势，提升战略绩效管理的科学性、规范性。在此需要指出的是，多样化的战略性绩效管理并不是绩效管理方法的简单累加，而是多种绩效管理方法的整合，是一种科学的管理。

3. 领导力因素在战略绩效管理执行中作用明显

同样的绩效管理体系，应用在不同的团队中，效果迥异。彼得·德鲁克曾提及，管理者不只通过知识、能力和技巧来领导下属，同时也通过愿景、勇气、责任感和诚实正直的品格来侧面影响下属。企业使用的各种绩效管理工具虽然是基于先进管理理念的工具，但工具效能的充分发挥，还需依靠使用者自身对它的掌握。在影响绩效管理行为的管理要素中，"人"在管理活动中处于主导地位。"人"的能力对保证组织目标的实现和管理效能的提高起着决定性作用。战略绩效管理归根到底是对人的管理，要做好战略绩效管理就必须以人为本，将以人为本的思想贯穿于绩效管理全过程。在以人为本的绩效管理中，不仅要客观评价员工现有的绩效水平，还要科学地评价员工的潜在绩效水平，并根据员工现有的绩效水平与潜在绩效水平，提高员工的绩效。例如，员工完成了工作，考核时不仅要看结果是否合格，也要看行为过程中员工潜在的能力是否得以发挥，以及员工的品质如何。这样不仅培养了员工的现有能力，而且使每个员工的潜在能力得到最大限度的开发，引导员工不断地将潜在能力转化为现有能力，同时塑造了员工诚实正直的人格品质。

4. 战略绩效管理更关注未来的发展

战略绩效管理关注企业未来的绩效，绩效管理由评价性向发展性转变已经成为一种趋势。这种新趋势使绩效管理走在员工发展的前面，超前于员工发展并引导员工发展，更加关注企业未来的绩效。战略绩效管理强调动态性，即用动态发展的眼光看待员工，从而使绩效考核的重心从评估员工转移到促进员工的发展上来。企业将绩效考核结果应用于员工个人职业生涯发展，可使员工在实现组织目标的同时，实现个人职业目标，而员工的发展又促进了企业的发展。总之，超前化的战略绩效管理要求在提升组织当前绩效的同时，将当前的绩效发展成组织未来更高的绩效。

5. 绩效管理的技术化趋势

技术化的第一步是信息化，即采用信息化的绩效管理手段，基于先进的软件和大容量的硬件设备，通过信息库自动处理绩效管理信息，从而提高效率，降低成本。越来越多的企业将绩效管理纳入整个运营管理系统并与企业经营策略、组织策略协同起来。技术化的第二步是随着互联网、物联网、大数据技术和云技术的发展，提高采集和处理员工日常行为及企业经营数据的效果和能力，技术不仅可以用于存储和记录，更可用于判断和预测。这使绩效改进从传统的人工观察评价转向自动的数据记录，由此员工可以明确结果和过程的差异以进行自我觉察和改进，进而更大限度地实现风险控制和员工绩效改善计划。

20.1.2　战略绩效流程执行的现实观察

明确绩效管理的方向后，还要在执行上下功夫。通过观察绩效流程各环节在执行中的发展动态，我们发现，理论要经过市场检验才能判定正确与否。检验结果会告诉我们，"应该"和"现实"之间还是存在距离的，但这些变化是令人鼓舞的。

1. 在绩效目标规划设计环节，关键绩效指标提取更加倾向于业务重点

尽管企业希望通过引进绩效管理改善整体经营状况，但是对于绩效管理的成本，很多企业认识不足。这导致企业在设定绩效目标时事事追求完美，设定关键绩效指标时也缺少重点。大量的关键绩效指标成了压在员工身上的工作清单，导致员工将大量的精力分散于林林总总的小目标上，而真正的核心目标无法达成，考核者也因为指标过多增加了大量工作。很多企业在实施关键绩效指标管理的时候，增加了80%的工作量，但仅提升了20%的效果。设定关键绩效指标时应该重点关注三类工作：能为企业带来高效益的工作，关键业务流程上的工作，能提高运营和管理效能的工作。关注从核心工作内容中提取核心结果或者核心流程形成的指标，将大大减轻指标管理的压力。

2. 在未来的绩效过程管理环节，对于过程的监控和辅导会更加受到关注

"我要的是结果，不要和我说过程。"我也经常这样对下属指示，为了这个所谓的结果，我们甚至愿意用更大的代价去激励，如增加绩效工资，因为我们知道，关注结果不仅意味着更高的风险，而且伴随着更大的压力。但我发现，即使企业建立了完善的绩效管理制度，员工的工作成果依然难以令人满意。怠工往往不是主要原因，恰恰相反，有些员工即使很努力地工作也不能得到很好的结果；有些员工投机取巧反而大获成功，这也是造成怠工的原因之一。诸多被竞争压得喘不过气来的企业不愿意为努力本身付费，企业只在乎结果。因此，在未来的绩效管理中，过程监控会受到更多的关注。短期的结果固然重要，但是从长远打算，企业健康发展需要良好的工作氛围和员工积极的工作态度来支撑。明确岗位职责、工作阶段性检验、定期汇报、PDCA(plan do check adjustment)循环机制等都是企业加强过程监控的有效手段。

3. 在绩效评价环节，强制分布依然是主流，能力评价权重增加

不可否认，虽然强制分布存在许多不容忽视的弊端，不是绩效管理的必然结果，但强制分布仍然是国内众多企业的通行做法。总体来说，强制分布较适合大型企业，在没有更好的方法之前，中小企业实施强制分布也是无奈之举。员工工作的可量化程度是判断强制分布可行性的关键，在信息系统漏洞较多，甚至尚未建立信息系统的企业或者员工职责尚不明确的中小企业，强制分布可能会给企业发展造成阻碍。而对于员工人数较少的部门来说，实施强制分布会给部门经理造成不小的压力。值得一提的是，如果不能保证可以有效淘汰不合格员工，那么在采用强制分布的做法时就不要设置不合格等级，那样只会降低绩效管理的权威。

能力评价结合绩效评价将是企业未来选拔人才的重要手段。用能力代替资历，用业绩代替司龄，未来企业要将人才选拔真正落实到"一流人才，一流业绩"上来。能力评价作为人才选拔手段，旨在判断人才的职业定位和培养价值，有助于企业向求职者提供恰当的岗位、为求职者设计合理的职业生涯和合理配给成长资源。业绩评价直接反映了人才创造效益的能力，是评价一个成熟人才的重要手段，能力评价结合绩效评价的人才选拔体系正受到越来越多企业的认同。

4. 在绩效反馈环节，营造更加开放和建设性的绩效氛围

发挥人的能动性对绩效管理具有重要作用，越来越多的企业在思考如何让员工保持积极乐观的思维模式，引导员工做出更成功、更有建设性的行为，进而提高绩效。在传统的绩效反馈中，经常有员工把自己绩效差归咎于别的事情或者别人身上，并为自己失败找借口。员工对绩效管理有着强烈的抵触情绪，被动执行。这样的绩效管理过程关注的是问题本身而不是解决问题的办法，因而不会有绩效改进行为的发生，也不会有高绩效的结果。在开放和建设性的绩效氛围中，员工乐于接受绩效计划，主动配合并执行绩效实施，积极参加绩效考核，愿意以开放的态度接受绩效反馈，实现自身最佳的长期绩效。当然，这一切都基于绩效结果的应用是长期的，或者有建设性的，而物质化、功利化的激励手段只能促使员工做出短视、功利的行为。

5. 在绩效结果应用环节，结果应用趋向多元化

很多企业习惯将整个绩效管理内容集中在考核环节，对绩效结果的应用也较为单一，大多体现为利用绩效杠杆调整和优化员工薪酬结构。其实绩效的应用不止于此，越来越多的企业开始关注绩效在其他层面的应用，如人才选拔、人才发展、绩效改善、培训开发等，绩效结果应用层面的多元化能够有效提升企业人力资源管理效能，这在企业运营成本不断增加的今天尤为重要。

> 小贴士：精神一定要领先物质半步，但最后一定要用物质去闭环
>
> 没有利益机制的文化变革都是纸老虎，没有物质闭环的精神激励也是无法持久的。在应用绩效管理结果时，对高绩效员工的精神激励一定要先于物质，但物质激励也要到位，这样的系统才是健康和可持续的。对低绩效员工要及时处理，不进则退，防止形成得过且过的沉淀层。

20.2 绩效管理和互联网思维

20.2.1 互联时代下的人力资源

2022年，大学毕业生967.3万人，堪称史上最难就业季。与此同时，应届生的实际薪酬不断降低，甚至不如一些优质的技校学生。加之中国城镇化的进程加快，企业的人口红利似乎又来了。

1. 这个时代是怎么了

"我们不要加班，我们要自由；

我们不要严苛的管理，我们要尊重、要空间；

我们不要效忠企业的未来，我们在意自己的职业生涯发展；

我们不要你告诉我要做什么，我们要勇敢做自己。"

给钱行吗？给钱也不行！薪酬期望下降了，其他期望却上升了。据调查，61%的人离职是为了谋求更大的职业发展空间，那留下来的人是出于什么原因呢？排在第一位的原因居然是"目前工作和生活较平衡(43%)"。如今，人力资源管理对象特质发生了巨大变化，"90后""00后"逐步成为用工主流，硬性制度已经很难管理这些有思想、有

个性的员工。如果你不能理解他们，说明你还没有理解这个时代正在发生的变化。

2. 理解这个万物互联的时代

社会的进步，经济的富足，人本身素质的提高，加上技术的发展，让这个"万物互联"的时代与以往如此不同。有人说，互联网是技术、是工具，从来不是一种新的思维方式。从这个角度来看，互联网技术确实把我们更渴望的一些东西从人性中挖掘出来。不管我们能不能认识到、愿不愿意融入、抵触还是不抵触，我们的思维方式、生活方式、人际交往方式、工作方式都或多或少受到互联网的冲击和影响，企业经营管理尤其是人力资源管理，同样面临前所未有的机遇和挑战。面对一个新时代，任何人、任何企业都应该顺势而为，而不是逆流而动，否则将与新机遇失之交臂，或者被时代所淘汰。

1) 这是一个互联互通的商业民主时代

借助互联网技术，人与社会、人与组织、人与人、现实世界与虚拟世界实现了彼此交融和互联互通。在这样一个时代，信息的对称和零距离的沟通，使得商品交易中各相关利益者都可以自由、瞬时表达自己的价值诉求与价值主张，靠信息的不对称和黑箱运作获取利益的盈利模式及股东价值优先的思维定势被颠覆，取而代之的是客户价值与人力资本价值优先、相关利益者价值平衡的盈利模式。对个体价值诉求与话语权的尊重，折射出商业交易过程中"厂商价值诉求主导让位于消费者及相关利益者价值诉求主导"的现象。

2) 这是一个基于大数据的知识经济时代

人与人之间低成本、零距离、无障碍的交流与沟通必然会产生大量的数据，这些数据背后隐含着人的需求、个性特征、情感变化以及深度沟通与思想碰撞所产生的新信息与新知识。企业的经营决策将日益依赖大数据及大数据背后的知识，谁拥有大数据，谁能对大数据进行有效分析、挖掘与应用，谁就拥有未来。通过大数据，可以预测未来，阿里巴巴的支付宝的风险管理，就是依靠大数据的精准预测。通过大数据，企业可以定制产品，低成本、高效率地满足客户个性化需求。

3) 这是一个客户价值至上与人力资本价值优先的网状价值时代

信息的对称和透明，客户与员工的互动和交融，无障碍表达价值诉求与期望，共同构成了以客户价值与人力资本价值为关键连接点的网状价值结构。在这一网状价值结构中，客户价值是各利益相关者价值创造的起点和终点，谁违背了客户价值的准则，谁就会在网状价值结构中失去位置和价值创造的机会。在客户价值的创造要素中，人力资源要素是最活跃、最具价值创造潜能的要素，又处于优先的位置，这种优先体现为人力资源的优先投资和优先发展。

4) 这是一个开放、共享的"有机生态圈"时代

过去的组织或价值链基本上是串联关系，而当前的组织已经开始呈现串联和并联并行的网状结构关系。在网状价值结构中，各个节点以及节点背后的分支互联互通成为一个有机的生态圈；有机生态圈中的各有机体之间，既竞争又合作，既独立生存又开放包容。开放、合作、共享是有机生态圈实现良性循环的基本法则。企业和社会之间、各个利益相关者之间、组织内各价值创造体之间，形成彼此独立、相互依存、相互影响和互动交流的有机生命体。在开放的有机生态圈中，没有绝对的赢家，无论是谁，都难以做到大小通吃和利益独享。

3. 理解新时代下的人

时代改变了人，人也改变了时代。个体和企业在新时代的新变化如表20-1所示。

表20-1　个体和企业在新时代的新变化

即将过去的时代	即将到来的时代
(1) 知识及资本集中于少数人	(1) 人人平等，互相尊重
(2) 受认知限制，没有长远规划	(2) 目标清晰，有明确的发展诉求
(3) 更多为物质需求而努力工作	(3) 物质和精神需求日渐平衡
(4) 流水线作业，导致技能单一	(4) 知识丰富，能胜任不同岗位
(5) 生产发展后被迫面临转型	(5) 主动跟随产业发展的节奏
(6) 物质需求能决定产业构成	(6) 精神需求促进服务业增长
(7) 需求复杂、分散、规模小	(7) 全球化导致需求同质化
(8) 解决物流和资金流的问题最重要	(8) 信息流及战略方向更关键
(9) 工具和技术是竞争的焦点	(9) 人才和战略是决定成败的关键
(10) 收入和利润是发展的诉求	(10) 客户和未来是关注的重点
(11) 坚信有成功经验才能复制	(11) 没有先例也能靠理论创新
(12) 服从比自己做得更好的人	(12) 认同比自己想得更透彻的人
(13) 在战场防守比进攻更重要	(13) 主动出击才能避免被动挨打
(14) 激进的变革可能带来混乱	(14) 固守成规必然导致落后
(15) 职责拆分，各部门分工作业	(15) 目标清晰，团队劲儿往一处使
(16) 部门各自为各自的过程负责	(16) 部门一起为过程结果负责

资料来源：网秦集团的内部培训教材

20.2.2 互联网思维下的绩效管理

《新闻联播》曾以专题形式阐释了"互联网思维","互联网思维"在互联网、电子商务领域一时名声大噪,又因被李彦宏、雷军等知名人士频繁提及而家喻户晓,甚至成为某些企业运营管理人员的口头禅。

百度CEO李彦宏曾在演讲中提及"互联网思维"的概念,它是指基于互联网自身特征来进行思考。曾担任阿里巴巴首席战略官的曾鸣认为,互联网精神可用八个字概括:平等、开放、互动、迭代。小米科技创始人雷军表示,互联网的核心思想可用七个字概括:专注、极致、口碑、快。黄太吉创始人郝畅认为,互联网精神可用十个字概括:文艺复兴、小时代、社群、势。

时至今日,互联网思维已被赋予快捷、便利、免费、交互参与、大数据应用、粉丝效应、模式创新、互助分享等内涵,一言蔽之,互联网思维区别于传统的企业运营思维,其本质是一种运营理念的创新。互联网思维到底是什么?从概念到落地,争议不断,但这并不妨碍我们清晰地感受它带来的巨大冲击。那么这种思维的冲击对绩效管理思想又有哪些影响呢?我们又要做哪些准备呢?

1. 去中心化的绩效文化,让价值观的一致性更加重要

人们希望在工作中收获平等和尊重,因此去中心化的思想越来越盛行。但如果组织没有了层级,没有了领导,没有了规则,那还是一个组织吗?权力下放给组织带来了民主,带来了创新,但也会带来无序或者无效,更重要的是,权力下放需要网络中的个体和其周边个体实现有效沟通。例如,海底捞授权让每个一线服务员都能够根据基本原则去处理客户投诉,或者免单,或者增加服务内容,以达到服务超出客户期望的目的,那么每一个服务员就是组织中的"自治体",他需要依靠观察周边环境(投诉的顾客、周边的顾客、周边的服务员、厨房的菜肴供应)并结合自己的"本能反应"(按照自己的价值观去判断该如何处理)来做决策。

为什么领导做决策,基层来执行?很重要的一方面原因是领导掌握更多做决策的信息。在大数据时代,数据因需而动,只要有授权,所有人都能接触到企业运营的相关信息,信息鸿沟在逐步被消除。一旦建立了这种授权系统,企业便可以建立纵横交错的瞬时网络沟通系统,以帮助个体判断周边环境,因此,企业更需要挑选和任用符合企业核心价值观的员工,以保证个体的基因一致。

互联网改变了人与组织的关系，缩小了人与组织的力量差距，组织中话语权的分散使发布信息的权力掌握在每一个个体手中，而这些个体又依靠自身的影响力去掌握资源。现在，越来越多的企业重视品牌内外建设，对外吸引欣赏企业文化的人才加入，对内凝聚和打造强势文化，企业朝着保证个体基因一致的方向发展，以适应充分授权的需要。在绩效体系中，价值观和文化的力量将愈加被重视。

2. 绩效制度试点，找到你的"粉丝"，让员工支持你，与人力资源部一起工作

人力资源部门要推行一个绩效方案，首先要得人心，如果闭门造车，不能以产品化的思维来设计方案，那么，或者是执行人，或者是制度，总有一个将被"埋葬"。在互联网思维下，人力资源部门需要通过企业微博、个人微信及微信公众平台、电子邮箱等渠道，让员工参与人力资源管理，让员工成为绩效产品的"粉丝"，时刻为人力资源管理工作建言献策，与人力资源部门一起"工作"，共同打造以满足实际需求为基础的人力资源解决方案。

"粉丝"效应的最大好处是"粉丝"之间可以展开讨论，人力资源部门应做好方向性指导，总结得出大家认可的观点。这其实是一种原始的立法过程，也是最有效和最容易实现员工自我管理的方法。

《哈佛商业评论》曾报道，在全球最大的番茄加工商晨星公司中，所有人员都是自我管理的专业人士，他们主动与同事、用户、供应商和业内同行进行沟通并协调彼此的活动，无须听从他人的指令。晨星通过个人使命宣言、全员监督、成立员工内部调解委员会和员工薪酬委员会等方式，明确员工职责范围。每个员工都可以使用公司的资金，获取所需工具，其薪酬水平则取决于同事评价。该公司拥有400多名全职员工，每年创收都在7亿美元以上。

3. 绩效考核做减法，去除繁文缛节，让考核更简单、便捷、高效

人力资源部门是企业规章制度的制定者、执行者、监督者，往往给员工以"官僚"和"故作深沉"的感觉。其实，真正让员工觉得"故作深沉"的，往往是那些散发腐朽气息的规章制度。人需要的是引导而不是约束，约束是为了减少出错，约束是无法产出惊喜的。许多规章制度的制定有其历史遗留原因，各种规章制度甚至互相冲突、互相掣肘，人力资源部门需要对企业庞大的制度体系进行周期性修缮、简化，以使之符合新时期企业和员工的需求。

互联网时代，信息的产生和交换是如此快速而便捷，但人们不喜欢过多的信息噪声，人们只希望收到精准有效的信息。极简主义对我们提出了更高的决策要求。如果无法从一堆备选方案中挑出一个最优方案，比较容易的做法是同时执行几个方案，用实际结果来检验方案优劣。总体来说，极简主义要求人们事先做出选择，抛弃那些对用户不重要的方案，以使用户感受到简单的美。

回到绩效考核，管理者有没有遭遇信息过载？人力资源部门建立各种流程，设立各种检测指标，绘制各种报表，用各种关键绩效指标去考核员工的绩效表现，但这些数据有多少能简明扼要地帮助人力资源部门决策？有哪一个员工能够随时把考核要点背全？

因此，在绩效考核中，人力资源部门应学会做减法，减少考核指标数量，如此才能让绩效考核变得更高效，从而实现考核目标。

4. 用情感链接用户，绩效辅导让每一次交互都更有人情味

互联网改变了一般的商业模式。企业的服务对象不再仅仅是客户(有意愿和能力付钱买产品或服务的人)，而是包括所有用户(有意愿使用产品或服务，可能没意愿付钱购买)。因此，互联网产品的基本商业模式是免费。那么企业如何赚钱呢？可以通过和用户交互产生数据，用数据去赚钱；或者通过和用户建立情感链接，产生更多的需求，靠提供增值服务来赚钱。

互联网发展初期，有人这样说："你并不知道网络那头是一个人，还是一条狗。"随着移动互联网和社交网络的盛行，这句话现在变成："每一个手机屏幕后面都有一个感情丰富的人。"于是，一些网站顺应潮流，在发布信息的时候也充满人情味儿，使自己富有个性。不得不承认，现在互联网是用智慧与情感来链接用户的。

绩效考核的用户是谁？应该是员工；绩效考核的客户是谁？应该是企业。未来，人力资源部门的价值在于和员工建立情感链接，产生更多的需求，不断提供增值服务。绩效辅导不再是冰冷地指出错误，GROW模型不再是以完成目标为核心的"割肉模型"。绩效辅导将成为以员工为中心的互动体验，而每一次的交互都是在进行情感链接、增加沟通深度、展示思想魅力、考虑对方的需求和感受、展示平等和尊重等。在移动互联网时代，人力资源部门应该摒弃唯利是图的做法，改变只看投入产出比的狭隘思想，特别是在保留和激励优秀人才方面，应在员工的"感情银行"里预存更多资金，如此才能获得更多的回报。

5. 建立即时反馈的回馈系统，获得全面认可的激励体验

移动互联网时代，产品更新迭代越来越快，消费者兴趣转换越来越快，商机稍纵即逝，没有人愿意多等一秒钟。在人力资源管理领域，一线业务领导提供员工的绩效反馈要迅速，奖惩要及时。但在实际操作中，多数企业一年一次(或两次)采用绩效评估系统来正式收集员工表现反馈，这导致企业不能及时提升表现优秀的员工，也不能及时惩处表现较差的员工。

随着新生代员工日益成为人力资源主体，传统的薪酬激励方式难以满足员工的期望和要求，具体表现为激励手段单一、激励过程缺乏员工的互动参与、绩效考核滞后导致激励不及时、激励失效、无法吸引和保留人才等。将员工激励由周期激励变为全面认可激励，是解决这些问题的有效途径。认可激励是指全面承认员工对组织的价值贡献，对员工的努力与贡献给予特别关注、认可或奖赏，从而激励员工开发潜能、创造高绩效。

一方面，全面认可激励可使员工的需求和价值诉求的表达更快捷、更全面、更丰富；另一方面，移动互联可使企业对员工的价值创造、价值评价与价值分配更及时、更全面。因此，互联网时代呼唤全面认可激励，并且也为全面认可激励的实施提供了技术基础。移动互联让组织对员工的绩效认可与激励无时不在、无处不在，而员工所做的一切有利于组织发展、有利于客户价值增长及自身成长的行为都将得到认可和激励。全面认可激励可以实现激励措施的多元化与长期化，提升员工的自我管理能力和参与互动精神，维护员工工作与生活的平衡，给企业带来更多的协作、关爱和共享，有利于企业文化和制度的落实和推进。

6. 运用大数据，绩效过程和绩效结果终于能被"预测"了

互联网通过追踪用户的网络使用习惯，收集并分析各种数据，归纳和演绎出用户的行为模式，从而预测用户的潜在需求。在使用搜索引擎、网络购物平台、社交媒体工具时，你常常会看到一个小按钮"猜你喜欢"，这是怎么回事呢？这就是后台通过机器学习，分析用户的使用习惯，从而推导出你的兴趣和需求。从某种程度来说，通过机器学习，机器会比人更聪明，更懂得用户的心。这背后依靠的就是大数据技术，通过大数据技术推测出来的结果往往比人类的直觉判断更准确。

人力资源部门的数据数量恐怕不比财务部门少，如简历数据、考勤数据、奖惩数据、绩效数据、培训数据、员工档案数据等。未来可穿戴设备将得到广泛应用，可以对人的行为和情绪进行记录，企业能够随时随地收集关于工作现场、员工个人和员工互动

互联的数据，将员工的行为与情感数据化。大数据技术将使更多的数据被用来辅助决策，人与组织之间、人与人之间通过互联互通积累的巨量数据将为人力资源部门的程序化决策与非程序化决策提供无穷的科学依据，从而使人力资源管理真正实现"基于数据"并"用数据说话"。通过建立关系模型，人力资源管理部门也许可以预见某个员工的个人绩效行为和行为直接导致的绩效结果，若结果显示其业绩下滑，就可以及时地指出问题，有针对性地开展绩效辅导。作为团队的指挥官，人力资源管理者就如同现场指挥的教练，运用数据分析的方法预见球员在场上的发挥情况，在球员状态最好的时候派他上场，而在其状态下滑的时候及时做出调整。

7. 发挥长尾效应，只有人尽其才，没有末位淘汰

依据长尾理论，由于互联网把商品展示的渠道和场地无限低成本地拓展了，企业没有必要只盯住大客户的需求，满足那些数量巨大的中小客户的需求往往也可以带来同样大的市场，而且能增强竞争优势。

在人力资源管理领域，为了提高组织效率，管理者强调发掘和培养关键人才。每个企业都有一套繁杂的绩效考核系统，将所有员工分为三六九等，对高绩效员工加倍奖励，而对低绩效员工进行训诫，甚至开除，比较著名的就是通用电气公司的末位淘汰法则。微软宣布放弃员工分级评鉴制度后，美国媒体一面倒地报以掌声。微软为什么要放弃曾经被管理界奉为圭臬的绩效分级制度？因为人们发现，分级制会扼杀创新，典型例子便是业绩连续下滑的索尼。

传统的分级理论假设人都是相似的，都是可比的，但事实上，个体是独一无二的，每个个体都有其所长，个体没有达到绩效目标往往是因为人岗不匹配，而人岗不匹配往往又是由信息匮乏和失真造成的。如果我们相信互联网能够把人的思想和智慧串联起来，在人际网络里自由配对，我们就有理由相信，企业组织中不存在"核心"员工，每一个员工都可以在适合自己的岗位上发挥关键作用，每个人都有独特的角色，而每个员工是否胜任工作，则可以由其周边环境的反馈来证明。

如果未来的无边界企业系统能够把管理资源按照用户需求，自然地、随机地投放到最需要的自治个体身上，让每一个自治个体都发挥其最大作用，而自治个体的任务和角色均由系统环境做出瞬时反馈和调整，那么由这样一群自治个体组成的，随时可响应个体用户需求并发挥个体最大创造潜力的群系统就能取得最大的竞争优势。

8. 绩效结果轻应用，聚焦工作本身带来的乐趣，降低物质刺激的频率和力度

实施员工激励，没有钱不行，但只给钱更不行。传统的绩效闭环往往将员工和物质激励紧密结合起来，但过度的物质刺激反而会让一个优秀员工迷茫：我的价值真的都要用物质来衡量吗？那工作本身带给我的快乐如何衡量呢？

所谓的人与产品的"伟大"是"熬"出来的，捞一把就走的心态无法成就一个伟大的产品，更无法成就一个事业成功者。要培养真正的互联网思维，员工应首先聚焦于做让用户尖叫的产品，产品不仅免费，而且要最好；其次才关注利润，有了黏性，有了增值服务，自然会有愿意付费的客户。联系到人力资源管理领域，给员工充分的安全感、营造适度的紧张氛围、激发员工深度的自我驱动力，催化团队的化学反应，共同引爆员工的创造力，这应该是互联网时代的绩效经理追求的目标，因为工作本身就是对员工最好的奖励。我在人力资源管理实践中花了大量精力培育这种基于信任的绩效文化，我坚信它能带来让人欣喜的硕果。

以上对互联网思维的绩效管理的讨论，有些在当下仅呈现一种趋势，有些有待现实验证，还有些处于演进过程中，但变化已然发生，技术正在改变我们的工作和生活。人的需求日益多元化、个性化，人的流动频率不断加快，人对组织的黏性不断降低，人的价值创造能力不断提升，小人物也能够创造高价值。这些变化要求组织重新审视"人"这个企业中最重要、最核心的资源，真正从人力资本至上的角度重构管理理念和管理模式，坦然接受变化，并以全新的视角和理念进行体会、加以运用，把握蕴藏于变化之中且在变化中不断勃发的积极力量。

20.3 绩效管理和OKR

OKR(objectives and key results)即目标与关键成果法，它是一套明确目标并跟踪目标完成情况的管理工具和方法。OKR由英特尔公司发明，随着以谷歌、Uber、Facebook为代表的诸多高科技企业将其引入而声名鹊起，目前国内的互联网企业也将其奉为圭臬，字节跳动、百度、知乎等诸多企业都在运用OKR。其实OKR更侧重于目标管理，并不直接应用于考核，但由于它与战略绩效管理的目标管理考核法比较接近，很多人都把OKR和绩效管理或者关键绩效指标管理放在一起比较。OKR确实对企业的绩效提升有帮助，但值得关注的是，与传统的自上而下的战略目标分解相比，OKR强调面向个体

崛起的时代，让员工成为自己的主人，这也代表了新的绩效管理趋势。

20.3.1　什么是OKR

OKR由"O"和"KR"组成，O(objective)表示目标，KR(key result)表示支撑目标实现的关键结果。目标应该是可以量化或衡量的，不能轻松达成的。也就是说，如果员工绩效评价得分太高，可能说明目标不够有挑战性，无法激发员工的潜能；如果员工得分太低，则说明目标可能需要调整。

那么什么样的企业适合采用OKR呢？从理论上讲，OKR是一种目标管理方法，只要是实施目标管理的企业都适用，但很多企业往往会在绩效文化变革或企业需要业务"破局"的时候采用OKR，因为互联网创新型企业需要灵活应对市场的不确定性，业务突破转型的企业需要实现目标对齐、跨部门合作，而部分知识型企业的某些成果不好量化。但OKR不能包治百病，它必须和绩效考核协同使用。

OKR目标(示例)如表20-2所示。

表20-2　员工Mike的OKR目标(示例)

目标
3个月内针对战略规划工作开发一个可以运行的模型，并采用以下方式衡量结果
关键结果：
1. 2个月内完成汇报；
2. 在3个月内完成样例；
3. 得到管理层的同意并进行3个月的试点系统推广

20.3.2　OKR的目标设定原则

OKR的目标设定一般应遵循如下原则。

(1) 目标应设置得高一些，最好能超出员工的能力范围，这样才能激发员工的潜能。

(2) 目标数量不超过5个，对应的KR为4～6个。

(3) 争取60%的目标是自下而上提出的。

(4) 所有的目标应该是上下级沟通的结果，不应是总经理自己决定的。

(5) 确定后的OKR目标应该在一定范围内公开，在全公司范围内公开更好。

××公司的OKR目标,如表20-3所示。

表20-3 ××公司的OKR目标(示例)

目标:
成为行业领先的SaaS服务商
关键结果(截至2023.12.31): 产品部门提供5种可行的行业解决方案; 工程部门完成5个版本的产品迭代,并保证产品质量; 市场部门带来1000条销售线索,转化率为50%以上; 销售部门完成200张合同订单; 人力资源部招聘到8个P9级别以上高端行业人士

由表20-3可见,OKR目标包括周期、关键结果、负责人等方面,还包括完成度的及时统计。通过公示,企业员工对于企业目标和关键结果都会有一个清晰的认识,如表20-4所示。

表20-4 ××公司OKR与关键结果管理报表

愿景、使命、战略目标							
部门								
愿景								
使命								
战略目标	1.						
	2.						
	3.						
	4.						
	考核计划表				考评表		
序号	目标(O)	关键成果(KR)	KR权重	O分值	KR完成	KR得分	O得分
1							
2							
3							
4							

> **小贴士：**
>
> 在OKR实施过程中，如何让员工设定绩效目标呢？一般来讲，OKR强调的是自下而上对齐，但为了提高效率，主管可以先抛出几个自认为必须完成的关键目标和任务让员工来认领，员工可以提出自己认为重要和想做的事，大家通过沟通达成一致。如果有些任务实在无法达成一致，主管可以把这些任务放入对员工的关键绩效指标考核中，直接影响员工的绩效。实施OKR必须上下达成一致，面对这样的考核要求，主管需在发挥员工的主观能动性方面下功夫。

20.3.3 OKR实施方法与流程

(1) 企业公布本周期目标。

(2) 团队主管和员工思考本周期各自的OKR目标，建立部门目标。

(3) 上下沟通，达成一致，确定完成时间计划。

(4) 共同商定团队目标(团队目标并非个人目标的简单集合)，如图20-1所示。

(5) 通过必要的系统工具进行公示并跟踪管理，原则上月度复盘时跟进OKR目标，季度复盘时调整OKR目标。

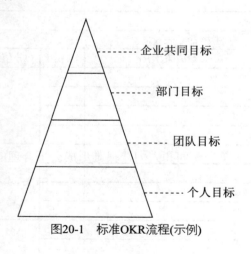

图20-1 标准OKR流程(示例)

20.3.4 OKR如何协同绩效管理

通过采用OKR，企业为员工提供了一个管理思考框架，即员工需要在做每件事情的时候明确为什么做和怎么做。目标不断分解，有助于每个员工看到层级目标和个人目标的位置，明确努力的方向，并能实现自我管理和同事沟通管理。所以，OKR结果得分不能直接用于考核，否则不会有人愿意给自己确立挑战目标，这与企业推行OKR的初衷是相悖的。员工确立的挑战目标，即便最后只达成70%，可能也超过同行的正常水平甚至达到企业的最高水平，因此应该给予好的绩效评价。OKR始于彼得·德鲁克，创建于英特尔，成于谷歌。既然OKR成于谷歌，我们就以谷歌的实践来介绍OKR如何协同绩效管理，如图20-2所示。关于谷歌的实践，也可以参考本人《HR人力资源实战整体解决方案》一书中的文章《谷歌：披着"绩效"外衣的OKR》。

图20-2　谷歌基于OKR的绩效管理流程

1. 设定目标

由企业高层率先制定企业层面的目标，各团队及个人制定团队及个人的目标，所有目标最终要汇聚到企业目标上来，如果太偏离或落后企业目标则需要给予合理解释，否则需要重新设定目标。目标及关键结果的设定要兼顾相关度及完成效率，并具备一定难度，谷歌认为完成率在60%～70%是正常的。

目标和完成结果是绩效考核的重要参考，绩效考核是以企业和员工目标为导向进行评估的评价体系，OKR本身并不决定绩效考核结果，而是绩效考核的一项重要输入。绩效考核结果是综合员工的OKR得分和其他客观因素，由系统数据、上下级同事评价、客观因素变化等多个评价输入组成的。OKR的应用遵循一定的评价标准。

2. 建立绩效评价体系

绩效评级太多会浪费大量的时间和人力，很难形成公平合理的结果。谷歌曾经每个季度进行一次绩效考核。考核等级总共41级，绩效评分范围为1分(表现糟糕)到5分(表现惊人)。为此，习惯于数据管理的谷歌甚至开发出一套非常复杂、精细的解析系统，确保员工的评分略高一点就能得到略高一点的奖励，主管和员工每季度会花数千小时进行考核，为了评分是3.2还是3.3扯来扯去。因此，从谷歌的经验来看，不要设定多于15个考核等级，具体设定几级还要根据企业实际情况来看。

后来，谷歌推出了5级考评，即表现杰出、大幅超过期望、超过期望、持续达到期望、待改进。这种考评方式能够得到更多反馈，绩效分布更广、更合理。谷歌也不需要反复引导员工何为正确的考评分布，5种各不相同的结果分布形态能够更好地反映不同组织和个体的实际绩效水平。

3. 绩效评价及校准

1) 360度评价

谷歌采用360度评价方式，基于企业及个人的OKR得分，建立经理初评、员工自评、同事评价3个评价维度。

(1) 经理初评。直线经理首先对下属员工做出绩效初评，对其工作成果做出假设，例如假定某员工的工作成果"大幅超过期望"。经理做出的初评结果一方面以员工的OKR得分为依据，另一方面也受其他活动的影响。

(2) 员工自评。在考评季，谷歌会要求员工列明自己一年所有的成绩，包括参与的项目、项目角色、取得的成果，进行自我评价，并邀请其他同事对个人工作提出反馈建议。

(3) 同事评价。同事评价不仅包括同级评价，还包括下级评价。同事在员工自评的基础上给予反馈，以前在反馈时需要列出3～5项员工擅长的工作，同时列出3～5项员工可以做得更好的工作，现在谷歌聚焦于一项员工最需要做好的工作，以及一项采用不同的做法会产生更大影响的工作。谷歌认为，如果员工只关注一项工作，相比较精力被分散的情况，更可能实现真正的改变，由此也可以看到谷歌员工均衡绩效和发展的理念。

2) 校准会议

绩效校准是谷歌员工提高绩效考核体系满意度的真正原因。在谷歌，员工的绩效等级一方面取决于OKR得分，另一方面取决于其他活动的影响，比如外部客观环境的变化等。因此OKR得分可以影响考核，但不能决定考核结果。考核员工绩效，既不能完全依靠OKR得分，也不能完全由主管决定，谷歌通过绩效校准会议来确保绩效考核结果更加公正、客观。

在绩效初评等级最终确定之前，各小组经理通过会议评审对绩效等级进行校准。在绩效校准会议上，将某位经理的评估结果与其他同级别经理的评估结果进行比较，经理每5～10人为一组，对团队的50～1000位员工的考核结果进行讨论，直到确定一个公平的评级结果。此举既避免了经理因为来自员工的压力而做出不客观的评价，同时也确保了绩效考核结果符合多数人对员工绩效表现的共同期望，进而消除个体偏见，提升绩效考核的公平性。

通过谷歌的实践，我们能感觉到OKR文化更贴近创新文化，员工绩效和OKR之间有关系，但不能建立线性关系，否则OKR就失去了激发员工潜能的作用。和关键绩效指标自上而下的刚性相比，OKR能激发员工挑战更高目标的愿望，有更清晰的过程管理，也比较适合灵活多变的业务。但要特别注意的是，如果目标方向有偏差，即便个体的OKR得分很高也不一定能给企业带来高绩效，因此确定目标时需要上下反复沟通。这样做的好处是大家认同目标后，每个人都会觉得"这是我自己要做的事"。此外，KPI的优点是可以借助平衡记分卡等工具，具有从战略到执行的逻辑性，指标之间的互锁性也比较强；其缺点是比较难以落实到个人。从理论上讲，如果将KPI和OKR组合起来使用会更好，但实践起来难度很大。所以，多数企业会选择其中一个方向努力，而后再向另一个方向努力。

> **小贴士：**
>
> 总有人问我在实操中用KPI还是用OKR，我建议在考核初期，不同团队应采取不同的模式。比如，产研部门采用OKR比较普遍，或在某条线上先推行OKR。我建议同步引入IT系统，透明和协同是OKR考核取得成功的重要基础，没有系统基础，敏捷迭代的过程管理就更加困难。
>
> 但特别要注意的是，越是推行OKR，管理团队越是要经常复盘长远战略，虽然OKR强调以变应变，但从战略层面来说，做正确的事永远比正确地做事更重要。

后　记

如何应对不确定的未来

即将收笔，意犹未尽，总想对读者再说点什么。

不少企业家认为，传统商学院传授的管理技能可以优化和管理一家企业，但在创造新产品和新服务方面则有些力不从心。这等于宣判了你通过本书学习的技能在创新方面是失效的，因为这本书讲的都是成功的实践。但现实是，我们正面临一个充满不确定性的未来。

人们总是相信自己对未来的判断，相信未来是可知和可控的，所以人们花了很多精力进行定位，然后依据定位建立系统。但如果未来是不确定甚至是不可知的呢？传统的竞争方法似乎已经失效。当传统汽车厂家还在讨论燃油效率的时候，没有人会想到汽车产业的颠覆者可能是曾经研究火箭发射成本的Elon Musk，也没有人能预料将来统治汽车行业的会不会是互联网企业中的异类；当通信运营商以为控制了短信和语音就控制了人类的通信时，没想到互联网电视的出现让运营商彻底成为管道；当银行业还在挖空心思想着如何从客户身上挤出最后一滴利润的时候，没想到还要应对互联网金融的冲击和挑战。

跨界创新让这个世界充满了不确定性。随着不确定性的增加，经理人需要学习新的管理工具，他们需要学习创业管理——在颇具成效的初创公司中运用的原则，而不是传统的管理原则，因为传统的管理原则对解决具有相对确定性的问题颇为有效，但对解决具有高度不确定性的问题则收效甚微。

目前主流的管理理论大多发自工业1.0时代，成熟于工业2.0时代，高度自动化的过程控制带领美国进入工业3.0时代，但是，进入工业4.0时代，美国的管理也滞后了。在工业4.0时代，创新是管理的唯一主题。创新是个变量，从来不是靠系统设计出来的，而管理者擅长的是构建系统，系统输出的是恒量或者常量，只能用于改进型创新，不能用于破坏式创新。要知道，创新来自激情和突破，而管理怕的就是意外。

我知道要创新，我知道要被人颠覆，我自我革命，但可怕的是知道并不代表能做到。很多企业被颠覆得莫名其妙，但即使是伟大的企业最多也只能享受在清醒中死去的权利。柯达并非不知道数字化的未来，Nokia早已创造了触屏技术和App store雏形，MOTO更是以技术创新引领业界数十年。

颠覆性的创新为何不能在母体组织内部成长？道理很简单，有什么样的土壤、空气，就会结什么样的果实，基因、环境、对过去成功的依赖都是重要的影响因素。依赖路径是人的天性，我们的祖先在丛林里生活往往要留下踪迹，以便下次可以再去，久而久之，形成了规矩，而打破成规是需要付出代价的。这种天性遗传下来，导致我们更依赖习惯，而不是改变习惯。

面对不确定的未来，作为人力资源管理者，希望我们能够保持好奇心和对新事物的敏感，大胆创新、小心求证，对于本书提及的工具和方法都要理解并灵活应用。过去的成功不是未来前进路上的可靠向导，如果仅仅照猫画虎，那必将是刻舟求剑，与初衷相去甚远。任何时代，都是机遇与挑战并存、挑战与创新并存的，这个不确定的时代带给我们很多挑战，同时也让我们迎难而上，寻找到更多应对挑战的新思维、新方法和新方向，路漫漫其修远兮，我们一起来求索！

感谢我的同事孙莉娟对本书的贡献。能将多年积累的绩效管理工作经验进行梳理并和大家分享，是荣幸，也是责任。

作者

2023年7月

参考文献

[1] 王小刚. 战略绩效管理最佳实践实战：案例解析[M]. 北京：中国经济出版社，2013.

[2] 戴维·帕门特. 关键绩效指标：KPI的开发、实施和应用[M]. 王世权，等，译. 北京：机械工业出版社，2012.

[3] 孙宗虎，李艳. 岗位绩效目标与考核实务手册[M]. 3版. 北京：人民邮电出版社，2012.

[4] 孙宗虎，罗辉. 绩效考核量化管理全案[M]. 2版. 北京：人民邮电出版社，2012.

[5] 李建军. 世界500强企业绩效考核管理工具[M]. 北京：人民邮电出版社，2014.

[6] 王瑞永，全鑫. 绩效量化考核与薪酬体系设计全案[M]. 北京：人民邮电出版社，2011.

[7] 张明辉. 人力资源总监绩效管理笔记[M]. 北京：化学工业出版社，2013.

[8] 叶向峰，李剑，等. 员工考核与薪酬管理[M]. 6版. 北京：经济科学出版社，2013.

附录　企业常用绩效考核指标汇总

指标1：平衡计分卡指标——财务

关键绩效指标	指标定义/计算公式	数据来源
部门费用预算达成率	(实际部门费用÷计划费用)×100%	部门费用实际及预算资料
项目研究开发费用预算达成率	(实际项目研究开发费用÷计划费用)×100%	项目研究开发费用实际及预算资料
课题费用预算达成率	(实际课题费用÷计划费用)×100%	课题费用实际及预算资料
招聘费用预算达成率	(实际招聘费用÷计划费用)×100%	招聘费用实际及预算资料
培训费用预算达成率	(实际培训费用÷计划费用)×100%	培训费用实际及预算资料
新产品研究开发费用预算达成率	(实际新产品研究开发费用÷计划费用)×100%	新产品研究开发费用实际及预算资料
承保利润	寿险各险种的死差损益情况，死差损益=实际死亡率－预期死亡率	理赔统计、精算部
赔付率	(本期实际赔付额+本期未决赔款－本期支付上期未决赔款)÷本期的寿险风险保费	理赔统计、精算部
内嵌价值的增加	将来保单价值的贴现值	精算部、财务部
人力成本总额控制率	(实际人力成本÷计划人力成本)×100%	财务部
标准保费达成率	(公司实际标准保费÷计划标准保费)×100%	财务部
附加佣金占标准保费比率	(附加佣金÷营销标准保费)×100%	财务部
续期推动费用率	(续期推动费用÷"孤儿单"佣金)×100%	财务部
业务推动费用占标准保费比率	(业务推动费÷标准保费)×100%	财务部
公司总体费用预算达成率	(公司实际总费用÷预算总费用)×100%	管理费用实际及预算资料
公司办公及物业管理费用预算达成率	(实际数÷预算数)×100%	财务部
车辆费用预算达成率	(实际数÷预算数)×100%	财务部
管理费用预算达成率	(实际数÷预算数)×100%	财务部
日常办公费用预算达成率	(实际数÷预算数)×100%	财务部
办公费用预算达成率	(实际数÷预算数)×100%	财务部
会务、接待费用达成率	(实际数÷预算数)×100%	财务部
专项费用预算达成率	(实际专项费用÷预算专项费用)×100%	财务部
销售目标达成率	(实际销售额÷计划销售额)×100%	销售报表
理赔率	(理赔数量÷销售数量)×100%	理赔报表
产品/服务销售收入达成率	(实际销售收入÷计划销售收入)×100%	销售月报表
全部账户净投资收益率/同期 Benchmark	全部账户净投资收益率÷投资委员会选择的市场基准收益率 (Benchmark=国债指数、企业债指数、封闭式基金指数、LIBOR、CFO评估的CD基准利率按计划的可投资比例加权的同期收益率)	财务部/证券市场公布数据

(续表)

关键绩效指标	指标定义/计算公式	数据来源
投资收益率计划达成率(董事会批准的年度计划收益率)	全部账户净投资收益率÷董事会批准及不时调整的年度投资计划	财务部
不良账款比率/Benchmark	按照中央银行贷款分类标准逾期不能收回的资产占可投资资产的比重÷年初投资委员会确定的基准 (Benchmark=投资委员会年初批准的比例)	财务部
(普通账户债券投资＋全部账户直接投资净投资收益率)/同期Benchmark	所管辖账户净投资收益率÷总经理选择的市场基准收益率 (Benchmark=国债指数、企业债指数、LIBOR、CFO评估的CD基准利率按计划的可投资比例加权的同期收益率)	财务部
普通账户基金投资净投资收益率/同期Benchmark	所管辖账户净投资收益率÷总经理选择的市场基准收益率 (Benchmark=同期封闭式基金指数收益率)	财务部
全部独立账户直接投资净投资收益率/同期Benchmark	所管辖账户净投资收益率÷总经理选择的市场基准收益率 (Benchmark=同期国债指数、企业债指数、封闭式基金指数及CD基准利率按可投资比例加权的同期收益率)	财务部
所负责项目的净投资收益率/同期Benchmark	所管辖账户净投资收益率÷总经理选择的市场基准收益率 (Benchmark=相应项目的指数同期收益率水平)	财务部
投资收益率计划达成率	所管辖账户净投资收益率÷总经理批准及不时调整的年度投资计划	财务部
销售目标达成率(资产管理中心)	(实际直接销售资产管理产品收入÷计划收入)×100%	综合管理部

指标2：平衡计分卡指标——客户

关键绩效指标	指标定义/计算公式	数据来源
包装水平客户满意度	接受随机调研的客户对包装水平满意度评分的算术平均值	包装水平客户满意度调研
某重点产品市场占有率	平均值：产品市场销售额÷市场容量	市场销售月报，市场资料
公共关系效果评定	对媒体、保险学会及社会的效果评定	上级领导评定
解决投诉率	(解决的投诉数÷投诉总数)×100%	投诉记录及投诉解决记录
客户投诉解决速度	年客户投诉解决总时间÷年解决投诉总数	投诉记录
营销计划达成率	(营销实际标保÷营销计划标保)×100%	财务部
新契约保费市场占有率	(新契约标保÷新契约市场总容量)×100%	财务部
新契约保费增长率	(本年度新契约标保－上年度新契约标保)÷上年度新契约标保	财务部
13个月代理人留存率	(服务满12个月的人数÷12个月前入司的人数)×100%	财务部

(续表)

关键绩效指标	指标定义/计算公式	数据来源
续期任务达成率	二次达成率=宽限期未实收的二次保费÷考核期间应收的二次保费；三次达成率=宽限期未实收三次保费÷考核期间应收的三次保费	信息技术部
续保率	(续保实收首期件数÷续保应收首期件数)×100%	财务部
出租率	出租的面积÷应出租的面积	物控中心
市场知名度	接受随机调查的客户对公司知名度评分的算术平均值	问卷调查
媒体正面曝光次数	在公众媒体上发表宣传公司的新闻报道及宣传广告的次数	公众媒体
危机公关出现次数及处理情况	总公司级危机事件被中央级、全国性媒体报道，产生重大负面影响的报道次数及处理情况	公众媒体、上级领导评价
公共关系维护状况评定	与媒体、保险学会及社会保持良好沟通和合作的状况	上级领导评价
网站用户满意度	接受随机调研的用户对网站满意度评分的算术平均值	支持满意度调研
客户满意度	接受随机调研的客户和代理人对服务满意度评分的算术平均值	客户满意度调研
客户投诉解决的满意率	(客户对解决结果满意的投诉数量÷总投诉数量)×100%	客户投诉记录
服务推广数量的达成率	(实际服务推广数量÷计划服务推广数量)×100%	服务统计资料
新客户增加率	(本期新客户数÷总客户数)×100%	客户数
老客户比率	(本期老客户数÷客户总数)×100%	客户数
新产品的开发数量	产品上市的实际数量	销售资料
技术服务满意度	接受随机调查的客户对技术服务满意度评分的算术平均值	客户技术服务满意度调查
直销客户满意度	接受随机调查的客户对满意度评分的算术平均值	综合管理部组织评估

指标3：平衡计分卡指标——内部营运

关键绩效指标	指标定义/计算公式	数据来源
书面化的流程和制度所占的百分率(ISO标准)	(书面化的流程和制度数目÷所有需要制定的流程和制度总数)×100%	需要书面化的流程与制度规定
工作目标按计划完成率	(实际完成工作量÷计划完成量)×100%	工作记录
报表数据出错率	(查出有误报表数量÷提交报表总数)×100%	报表检查记录
文书档案归档率	(归档文数÷文档总数)×100%	文档记录
财务报表出错率	(查出有误的财务报表数量÷提交的财务报表总数)×100%	财务报表检查记录
财务分析出错率	(有误的财务分析数量÷提交的财务分析总数)×100%	财务分析记录
各部门预算准确率	(1−超出或未达成预算÷部门预算)×100%	各部门费用预算达成率
关键绩效指标词典更新的及时性	将新生成的关键绩效指标第一时间放入关键绩效指标词典	关键绩效指标词典

(续表)

关键绩效指标	指标定义/计算公式	数据来源
策划方案成功率	(成功方案数÷提交方案数)×100%	策划方案提交与成功记录
提交项目管理报告及时性	(按时提交管理报告÷报告总数)×100%	项目管理报告记录
管理委员会对办公室服务满意度	管理委员会对办公室服务工作的满意度调查的算术平均值	满意度调查
内部客户满意度	接受民主测评的相关部门对被测评部门所提供服务的满意度	内部客户满意度民主测评结果
招聘空缺职位所需的平均天数	招聘空缺职位所用的总天数÷空缺职位总数	招聘天数记录
员工工资发放出错率	(错误发放的工资次数÷发放的工资次数)×100%	工资发放记录
绩效考核数据准确率	(实查有误数据÷考核数据总数)×100%	投诉记录
绩效考核按时完成率	(按时完成的绩效考核数÷绩效考核总数)×100%	绩效考核记录
内部网络建立的安全性	内部网络安全运行	系统故障记录
个案完成及时性	个案处理时间=个案完成的日期-个案上报的日期	上报与批复的文件
统计分析的准确性和及时性	及时对各分公司的核保、核赔数据进行统计分析,并使分析结果具有使用价值	上级领导的评价
分公司总经理及相关部门满意度	分公司总经理及相关部门对客户服务部工作的满意度	问卷调查
提出新产品建议的数量和质量(鼓励创意性指标)	领导认可的新产品建议的数量和质量	上级领导的评价
建立与国家研究机构及政府部门的联系	与国家研究机构及政府部门联系的广泛与密切程度	相关部门及上级评价
对外信息披露的及时性	按照章程规定的时间向外界披露应该披露的信息	披露的文件记载
股东及董事满意度	股东及董事对董办工作的满意度	满意度调查
充分及时掌握相关政策、法规的变化	掌握与董事会工作相关的政策法规的变化,及时应对	上级评价
与股东、董事沟通的及时性、准确性	及时、准确地与股东、董事沟通的程度	上级评价
会议组织、安排的有效性	及时、有效安排会议的程度	上级评价
英文资料翻译的准确率	(准确提供的英文资料的数量÷按照章程规定应该提供的英文资料的数量)×100%	英文资料翻译检查记录
信息的准确性	内部及对外部发布的信息的准确性	上级评价
内部信息收集的及时性	及时收集公司内部与董办工作相关的信息	发布的文件
内部客户满意度(部门秘书)	部门内部的满意度	满意度调查
劳动合同签订的及时性	劳动合同签订延时=劳动合同实际签订或续签时间-按照规定签订或续签劳动合同的时间	工作记录
入职/离职手续办理的及时性	员工入职/离职办理相关手续延时=员工入职÷离职实际办理相关手续时间-按照规定办理员工入职÷离职相关手续时间	工作记录

(续表)

关键绩效指标	指标定义/计算公式	数据来源
人员编制控制率	(实际人力÷计划人力编制)×100%	上报文件
机构扩展达成率	(实际扩展的机构÷计划扩展的机构)×100%	上报文件
机构内设控制率	(各机构下的实际部门及岗位设置数÷计划数)×100%	上报文件
法律意见建设性	法律意见被提意见对象和法律部主管领导的认可度	上级领导的评价
诉讼事件处理结果与公司方案的一致性	公司批准的诉讼方案与诉讼结果的比较	工作记录
对外签署的法律文件的有效性	经法律部门审批的法律文件合法、合规或贯彻了公司领导的意图	上级领导的评价
稽核意见的建设性	稽核意见被提意见对象和法律部门主管领导的认可度	上级领导的评价
稽核报告的质量	符合内部稽核的工作规定；有无重大差错；稽核建议的针对性、有效性	上级领导的评价
ISO 9000质量手册有效性的维护	ISO工作内部协调、督导和培训；文件的及时修改与更新；ISO协会的评价(质量、效率)	上级领导的评价
会议组织质量	会议组织安排的及时性，形式、主题、材料准备是否充分	会议记录、纪要
与各分公司日常联络	与各分公司保持畅通的联络	电话、文件、E-mail
文件传递效率	按照文件的紧急程度按时、按质传递	公司文件流转规定
文件制作效率和准确性	按照文件类型及时制作、印发	公司公文管理规定
机要档案和文件的归档	机要档案和文件及时归档	公司公文管理规定
公章使用准确性	用章类型、流程正确	公章管理办法
OA系统使用管理	OA系统正常使用	OA系统使用状况
司机出车安全率	(安全出车次数÷实际出车次数)×100%	出车记录
出入库手续齐全率	(应办手续÷实办手续)×100%	出入库记录
账务差错数	查出错误的账务数	账务记录
安全事故发生次数	在某一段时间内被定义的安全事故发生的次数	安全事故处理报告
企业文化建设任务达成率	(实际达到的企业文化建设效果÷预期达到的效果)×100%	工作记录
新闻审稿准确率	(准确发布的新闻稿件÷全部发布的新闻稿件)×100%	工作记录
宣传档案归档率	(归档宣传文档数÷文档总数)×100%	文档记录
网站出错率	(页面出错数÷总页面数)×100%	客户投诉记录
设计制作出错率	(设计制作出错数÷制作总页数)×100%	测试记录
信息内容出错率	(信息内容出错数÷总的信息更新量)×100%	检查记录
信息更新延误程度	信息更新是否依照规定时间执行	检查记录
服务响应时间	向客户提供服务的响应时间的平均值	客户服务记录
"××在线"知名度的提高	接受随机调研的业界和最终客户对"××在线"认知度的提高百分比	市场调查

(续表)

关键绩效指标	指标定义/计算公式	数据来源
媒体曝光次数	有关"××在线"的文章在新闻媒体上发布的数量	媒体剪报汇总记录
媒体危机处理成功率	(媒体危机处理成功案例数÷媒体危机案例总数)×100%	媒体危机记录
应用开发出错率	(出错的功能块个数÷总功能块数)×100%	软件开发文档
系统和网络故障率	[发生故障次数÷(设备数×天数)]×100%	系统故障记录
业务管理规范程度及效率	业务流程顺畅、业务管理规定书面化、业务流程高效化	实际业务
项目报告按时完成率	(按时完成的项目报告数量÷需要完成的项目报告数量)×100%	工作记录
项目成功率	(成功的项目数量÷项目总数量)×100%	工作记录
网站建设配合流畅度	完备的策划案、编辑和设计制作的完整衔接	客户档案和业务记录
客户档案和业务单证完备率	(完备的客户档案和业务单证数量÷客户档案和发生业务总数)×100%	客户档案和业务记录
档案管理出错率	(查出管理有误的档案数量÷档案总数)×100%	档案管理检查记录
档案更新延误率	(延误更新的档案数量÷档案总数)×100%	档案管理检查记录
总经理满意度	接受随机调研的总经理对文章撰稿等方面的满意度评分值	总经理满意度调研
项目调研报告被认可的数量	项目调研报告被认可的实际数量	工作记录
工作制度和工作流程实施、改进比率	(实施的新制度和流程数÷制定的新制度和新流程总数)×100%	综合管理部组织评估
政策风险控制效果	直接上级评估标准	综合管理部组织评估
经理指令执行效果	直接上级评估标准	综合管理部组织评估
项目论证的参与程度、效果	直接上级评估标准	综合管理部组织评估
工作文档管理的完整性和时效性	直接上级评估标准	综合管理部组织评估
研究报告预测的准确程度	直接上级评估标准,聘请外部专家、合作伙伴对每篇研究报告进行评价	综合管理部组织评估
研究报告数量	直接上级评估标准	综合管理部组织评估
公开发表研究报告数量	直接上级评估标准	综合管理部组织评估
数据引用、处理的合理性	直接上级评估标准	综合管理部组织评估
研究报告深度	直接上级评估标准	综合管理部组织评估
项目计划目标达成率	直接上级评估标准	综合管理部组织评估
新产品开发及市场推广成功率	研究开发部经理评估标准	综合管理部组织评估
新客户开发成功率	研究开发部经理评估标准	综合管理部组织评估
新产品开发数量	研究开发部经理评估标准	综合管理部组织评估
后台作业差错率	中心总经理评估标准	综合管理部组织评估
作业流程制度化和标准化程度	中心总经理评估标准,由总经理评估,包括所有负责的后台系统	综合管理部组织评估

(续表)

关键绩效指标	指标定义/计算公式	数据来源
作业流程优化及实施程度	中心总经理评估标准	综合管理部组织评估
后台作业的效率	中心总经理评估标准	综合管理部组织评估
后台支持的主动性	中心总经理评估标准	综合管理部组织评估
系统故障率	综合管理部经理评估标准	综合管理部组织评估
系统危机处理效率	综合管理部经理评估标准	综合管理部组织评估
系统管理标准化、制度化程度	综合管理部经理评估标准	综合管理部组织评估
系统管理作业流程优化的实施程度	综合管理部经理评估标准	综合管理部组织评估
工作文档管理的完整性和时效性	综合管理部经理评估标准	综合管理部组织评估
清算数据时效与准确性	综合管理部经理评估标准	综合管理部组织评估
清算作业流程标准化、制度化程度	综合管理部经理评估标准	综合管理部组织评估
清算作业程序优化与实施程度	综合管理部经理评估标准	综合管理部组织评估
行政服务工作量与效率	综合管理部经理评估标准	综合管理部组织评估
资金划拨在途时间	综合管理部经理评估标准	综合管理部组织评估
资金调拨流程制度化、标准化程度	综合管理部经理评估标准	综合管理部组织评估
资金调拨流程优化及实施程度	综合管理部经理评估标准	综合管理部组织评估
流动性报表及现金流量预测的有效性	综合管理部经理评估标准	综合管理部组织评估
法定会计核算差错率	综合管理部经理评估标准	综合管理部组织评估
管理信息报表的有效性、准确性和及时性	综合管理部经理评估标准	综合管理部组织评估
未发现的交易差错比率	综合管理部经理评估标准	综合管理部组织评估
法律文书起草的规范性	综合管理部经理评估标准	综合管理部组织评估
法律文书服务的效率	综合管理部经理评估标准	综合管理部组织评估
参与研究项目提供法律建议的有效性	综合管理部经理评估标准	综合管理部组织评估
投资法律风险控制效果	综合管理部经理评估标准	综合管理部组织评估
销售部门满意度	满意度调查问卷评估标准	综合管理部组织评估
内部投资经理满意度	中心投资经理采用满意度调查问卷评估	综合管理部组织评估
内部客户满意度(中心资产组合管理部、研究开发部评估)	资产组合部、研究开发部、总经理采用满意度调查问卷评估	综合管理部组织评估
内部投资经理/研究员满意度	满意度问卷调查	综合管理部组织评估
投资经理/投资会计满意度	满意度问卷调查	综合管理部组织评估
投资经理/财务经理满意度	满意度问卷调查	综合管理部组织评估

指标4：平衡计分卡指标——学习与成长

关键绩效指标	指标定义/计算公式	数据来源
个人培训参加率	(实际参加培训次数÷规定应参加培训次数)×100%	培训出勤记录
部门培训计划完成率	(部门培训实际完成情况÷计划完成量)×100%	部门培训计划记录
提出建议的数量和质量(鼓励创意性指标)	领导认可的有关新产品建议的数量和质量	上级领导的评价
公司内勤培训规划的制定及实施	制定公司总体及各岗位的培训规划，并组织实施	上级领导的评价
员工自然流动率	(离职人数÷现有人数)×100%	人力资源部
创新建议采纳率	(被采纳的创新建议数量÷部门建议总数量)×100%	创新建议采纳记录
培训种类	培训种类总计	培训种类记录
员工培训与激励满意度(包括培训计划完成率、员工激励等)	下属员工用满意度调查表评分	综合管理部组织评估
研究开发部员工满意度	满意度调查问卷评估	综合管理部组织评估
研究项目创新及项目规划、组织	中心总经理评估标准	综合管理部组织评估
培训与研讨参与率	(实际参加培训与研讨的员工数÷规定应参加培训与研讨的总人数)×100%	培训研讨出勤记录
培训参与率	(实际参加培训的员工数÷规定应参加培训的总人数)×100%	培训出勤记录
内部员工满意度	综合管理部经理评估标准	综合管理部组织评估

指标5：财务会计关键绩效指标

序号	指标	指标定义/计算公式	功能
1	工资销售收入比例	财政年度内的全部销售收入与当期全部工资成本的比值	检测工资的投入产出效率，鼓励员工提高整体素质和能力
2	产品毛利率	(产品毛利÷产品销售收入)×100%	检测公司当前经营模式的效率
3	利润总额	一定周期内完成的利润总额	检测公司的经营效果
4	利润总额增加率	[(本期利润总额－上期利润总额)÷上期利润总额]×100%	检测公司优化经营模式、提高管理水平、追求利润最大化的能力
5	集团利润贡献率	[某分(子)公司利润总额÷集团公司利润总额]×100%	检测分(子)公司在全公司利润中的贡献度
6	资金沉淀率	一定周期内流动资金用于固定投资和弥补亏损的资金占用额占全部流动资金总和的比例	检测流动资金的使用和周转效率
7	资金周转率	一定周期内流动资金的周转率	检测公司资金周转情况
8	投资收益率	(税后利润÷实收资本)×100%	检测公司的投资收益情况

(续表)

序号	指标	指标定义/计算公式	功能
9	资产负债率	(负债总额÷资产总额)×100%	检测公司的资产负债情况

指标6：生产管理指标

序号	指标	指标定义/计算公式	功能
1	产值	一定周期内完成的入库品总额	检测一定周期内的劳动生产总额
2	生产计划完成率	(实际生产完成量÷计划完成量)×100%	检测生产部门生产计划完成情况
3	按时交货率	(按时交货额÷计划交货额)×100%	检测生产部门生产进度执行情况
4	全员劳动生产率	(总产值÷员工总人数)×100%	检测员工平均生产值，确定全员劳动生产率
5	设备折旧率	(设备折旧费用÷设备资产)×100%	检测资产消耗占设备资产比率，以测定设备利用情况
6	设备故障率	(设备故障检修费用÷产值)×100%	检测设备资产的消耗在总产值中的比重
7	工具消耗率	(工具消耗额÷产值)×100%	检测工具消耗与产值的比率关系
8	生产安全事故发生数	一定周期内发生的安全生产事故数	检测生产部门生产安全管理的效果
9	生产安全事故损失率	(生产安全事故损失额÷产值)×100%	检测生产安全事故造成的生产损失情况
10	生产安全事故处理的及时性	生产安全事故是否得到了及时有效的处理	检测生产安全部门的工作情况
11	生产作业现场的整洁、有序性	生产作业现场是否摆放整齐，存放是否有秩序	检测生产作业车间的现场管理情况

指标7：成本控制指标

序号	指标	指标定义/计算公式	功能
1	主营业务成本总额	产品生产成本	检测分(子)公司的主营业务成本，为分(子)公司降本增效提供依据
2	制造费用与主营业务成本比率	(制造费用÷主营业务成本)×100%	检测制造费用在主营业务成本中的比例
3	制造成本与主营业务成本比率	(制造成本÷主营业务成本)×100%	检测制造成本在主营业务成本中的比例
4	管理费用	生产销售产品所发生的管理费用	检测分(子)公司的管理费用比例
5	营业费用	在产品销售过程中发生的费用	检测分(子)公司的产品销售费用

指标8：市场营销指标

序号	指标	指标定义/计算公式	功能
1	销售合同额	一定周期内签订的销售合同总额	检测一定周期内的营销效果

(续表)

序号	指标	指标定义/计算公式	功能
2	销售收入	一定周期内完成的产品出厂总额	检测一定周期内的产品销售收入，以产品出厂为准
3	货款回笼率	(一定周期内回笼的销售货款总额÷销售收入总额)×100%	检测一定周期内的货款回笼情况，促进公司销售部门提高效率
4	营销、销售计划完成情况	一定周期内营销、销售计划的完成情况	检测营销、销售计划编制的准确性和计划完成情况
5	市场占有率	(产品销售收入÷产品市场总份额)×100%	检测一定周期内的市场占有情况
6	营业费用比率	(营业费用总额÷产品销售收入总额)×100%	检测一定周期内的营销效果
7	销售收入增加率	[(本期销售收入－上期销售收入)÷上期销售收入]×100%	检测一定周期内的销售增加情况
8	客户满意度	客户满意户数÷公司全部客户	检测公司的客户满意度情况
9	营销费用达成率	(一定周期内实际营销费用÷营销预算费用)×100%	检测营销费用预算执行情况
10	运输费用达成率	(一定周期内实际发生的运输费用÷计划预算费用)×100%	检测销售部门是否合理选择运输单位、控制运输成本
11	解决客户投诉率	(一定周期内解决的客户投诉数÷客户投诉总数)×100%	检测相关部门处理客户投诉的力度和效果
12	合同归档率	(一定周期内归档合同总数÷应归档合同数)×100%	检测销售合同是否及时归档
13	销售台账的准确性	销售台账记录是否准确	检测销售台账记录的准确性
14	销售往来记录的及时性和准确性	销售往来记录是否及时、准确	检测销售往来记录的及时性和准确性
15	产品标识制作的及时性	产品标识制作是否及时	检测产品标识制作的及时性
16	客户信息管理的完整性	客户信息是否完整并及时更新	检测客户信息的完整性，以及相关人员是否及时更新客户信息
17	销售结算工作的及时性、准确性	是否及时、准确地进行销售结算	检测市场部门是否及时、准确地进行销售结算

指标9：质量管理指标

序号	指标	指标定义/计算公式	功能
1	一次检验成功率	(一次检验成功的产品数÷检验的产品总数)×100%	检测生产质量情况
2	品管成本比重	(品管成本÷产品销售收入)×100%	检测品管成本占销售收入比率，为拟订品管计划及生产改进提供参考
3	质量事故处理的及时性、有效性	质量事故处理是否及时、有效	检测品质管理部门在质量事故处理方面的工作效率
4	产品抽检合格率	(抽检合格产品总数÷抽检产品总数)×100%	检测产品质量，由品质保障部组织

(续表)

序号	指标	指标定义/计算公式	功能
5	客户质量问题处理的及时性、有效性	对于客户质量投诉的解决是否及时、有效	检测综合管理部门对客户质量投诉解决的及时性、准确性
6	质量体系评审不符合项数	年度质量体系评审发生的不符合项数	检测公司质量体系管理的完整性、准确性
7	质量检验的差错率	(产品检验差错数÷检验产品总数)×100%	检测产品检验人员的检验准确性
8	供方质量检验资料的保管情况	供方质量检验资料是否完整、准确×100%	检测质量检验人员日常工作情况
9	技改项目的完成率	(技改项目完成数÷技改项目计划数)×100%	检测公司技改项目的完成情况

指标10：人力资源指标

序号	指标	指标定义/计算公式	功能
1	员工增加率	[(本期员工数-上期员工数)÷上期员工数]×100%	检测一定周期内员工增加比例
2	员工结构比例	各层次员工的比例分配状况	检测人力资源结构的合理性
3	关键人才流失率	(流失的关键人才数÷公司关键人才总数)×100%	检测公司关键人才的流失情况
4	工资增加率	[(本期员工平均工资-上期员工平均工资)÷上期员工平均工资]×100%	检测工资增加情况
5	人力资源培训完成率	(周期内人力资源培训次数÷计划总次数)×100%	检测人力资源部门培训计划的执行情况
6	部门员工出勤情况	(部门员工出勤人数÷部门员工总数)×100%	检测部门员工的出勤情况
7	薪酬总量控制的有效性	(一定周期内实际发放的薪酬总额÷计划预算总额)×100%	检测人力资源部门在薪酬总额控制方面的有效性
8	人才引进完成率	(一定周期内实际引进人才总数÷计划引进人才总数)×100%	检测人力资源部门的招聘计划完成情况
9	考核工作完成的及时性、准确性	公司绩效考核完成得是否及时、准确	检测人力资源相关部门在绩效考核方面的有效性

指标11：采购供应指标

序号	指标	指标定义/计算公式	功能
1	采购计划完成率	(当期采购实际完成数÷当期物料需求计划)×100%	检测采购部门采购计划的完成情况
2	采购成本降低率	[(上期采购成本-本期采购成本)÷上期采购成本]×100%	检测采购部门降低采购成本的效果
3	供应商一次交货合格率	(供应商一次交货合格的次数÷该月所有供应商交货次数)×100%	检测采购供应部门对采购进程、采购质量的控制情况

(续表)

序号	指标	指标定义/计算公式	功能
4	供应商信息管理	供应商信息的完整性、准确性	检测采购供应部门是否及时录入供应商信息，以及是否及时更新
5	采购积压物资处理的及时性	是否及时、有效地处理仓库积压物资	检测采购供应部门对库存积压物资处理的及时性
6	采购资金使用率	(一定周期内采购资金付款数÷采购物资的总额)×100%	检测采购供应部门的采购资金使用情况

指标12：产品技术设计指标

序号	指标	指标定义/计算公式	功能
1	研发计划完成率	当期按计划完成的研发项目数占当期计划完成的研发项目数的比例	检测技术部门的研发计划完成情况
2	技术图档更改的及时性	是否及时更改技术图档	检测技术中心更改技术图档的效果
3	技术出图的及时性、准确性	是否按照生产进度及时、准确地出图	检测技术部门的工作效果
4	标准化审查的差错率	(标准化审查差错次数÷标准化审查总次数)×100%	检测标准化人员的工作效果